本书获教育部人文社科重点基地湘潭大学毛泽东思想研究中心资助出版

调查研究方法

毛泽东

周批改 著

MAOZEDONG
DIAOCHA YANJIU FANGFA

人民出版社

责任编辑：陈光耀　安新文
封面设计：石笑梦

图书在版编目（CIP）数据

毛泽东调查研究方法／周批改 著 . — 北京：人民出版社，2023.12
ISBN 978 - 7 - 01 - 025902 - 4

Ⅰ.①毛… Ⅱ.①周… Ⅲ.①毛泽东思想 - 社会调查 - 理论研究
　Ⅳ.① A841.64

中国国家版本馆 CIP 数据核字（2023）第 222493 号

毛泽东调查研究方法
MAOZEDONG DIAOCHA YANJIU FANGFA

周批改　著

人民出版社 出版发行
（100706　北京市东城区隆福寺街 99 号）

北京汇林印务有限公司印刷　新华书店经销

2023 年 12 月第 1 版　2023 年 12 月北京第 1 次印刷
开本：710 毫米 ×1000 毫米 1/16　印张：16.25
字数：262 千字

ISBN 978 - 7 - 01 - 025902 - 4　定价：65.00 元

邮购地址 100706　北京市东城区隆福寺街 99 号
人民东方图书销售中心　电话（010）65250042　65289539

目　录

序　言　李　捷 / 1

第一章　绪论：研究的问题与已有的研究 / 1

第一节　研究的问题及意义 / 1

第二节　已有研究综述 / 4

一、研究的过程 / 4

二、主要研究成果 / 9

三、研究述评 / 15

第三节　研究的方法与创新之处 / 16

第二章　毛泽东调查研究方法的产生基础 / 18

第一节　文化渊源和社会调查的传统 / 18

一、吸吮着传统文化的养分成长 / 19

二、经世致用文化的熏陶 / 20

三、对传统调查方法的继承 / 21

第二节　时代形势和改造社会的志愿 / 23

一、数千年未有之变局 / 23

二、对社会时局的关心 / 25

三、改造社会志愿的生成 / 26

第三节　西方文化和研究方法的影响 / 27

一、中西文化的冲突与调和 / 28

二、西方近代调查方法及对中国的影响 / 29

三、对西方文化和研究方法的学习 / 31

第四节　多种主义比较和马克思主义指导的确立 / 33

一、对改良维新派的向往 / 33

二、多种主义中的困惑 / 35

三、马克思主义指导的确立 / 36

第三章　毛泽东调查研究方法的演进轨迹 / 40

第一节　萌芽：游学 / 41

一、游学的想法 / 41

二、游学的经历 / 42

三、游学的收获 / 43

第二节　发展：考察 / 45

一、接受马克思主义指导开展工人农民考察 / 45

二、湖南农民运动考察的经过和方法 / 47

三、湖南农民运动考察的成果 / 49

第三节　形成：典型实地调查 / 51

一、土地革命斗争的需要 / 51

二、深入实地开展直接调查 / 53

三、调查研究方法的理论探索 / 54

第四节　完善：领导调查研究 / 56

一、大兴调查研究之风 / 56

二、进一步丰富调查研究方法 / 58

三、调查研究方法的理论概括 / 60

第五节　转变：向"走马看花"为主转变 / 62

一、新中国成立后毛泽东的调查研究活动 / 62

二、"走马看花"的调查方法 / 64

三、调查研究方法的反思和总结 / 66

第四章　毛泽东调查研究方法的结构体系 / 70

第一节　调研准备 / 70

一、调研主题：以问题为导向 / 71

二、调研地点：注重典型性 / 72

三、调研对象：强调多样性 / 74

第二节　搜集资料 / 75

一、观察 / 76

二、访问 / 76

三、座谈（开调查会）/ 77

四、表格调查 / 79

五、地方文献 / 79

第三节　分析资料 / 81

一、阶级分析 / 81

二、家庭收支分析 / 83

三、矛盾分析 / 84

四、典型案例与比较分析 / 85

五、历史地理分析 / 86

六、政策及其执行分析 / 87

第四节　写作报告 / 88

一、前言 / 89

二、结构与逻辑 / 89

三、数据和实例 / 90

四、语言风格 / 91

五、表达方式 / 93

第五章　毛泽东调查研究方法的理论品质 / 95

第一节　科学性 / 95

一、马克思主义的方法论 / 96

二、透过现象看本质 / 97

三、形成了完整的方法体系 / 98

第二节　直接性 / 100

一、直面现实问题 / 100

二、亲入现场与如实记述 / 102

三、从直接调查转向间接调查的教训 / 104

第三节　群众性 / 105

一、当群众的小学生 / 106

二、聚焦群众利益问题 / 107

三、与群众交朋友 / 109

第四节　实践性 / 110

一、在中国革命实践中产生和发展 / 111

二、理论与实践相结合的桥梁 / 112

三、为了取得正确的政策和策略 / 114

第六章　毛泽东调查研究方法在新时期的发展 / 117

第一节　党的领导调查研究的理论与实践 / 117

一、邓小平调查研究的理论与实践 / 118

二、江泽民调查研究的理论与实践 / 120

三、胡锦涛调查研究的理论与实践 / 122

第二节　为改革开路的农村调查 / 124

一、地方党政机关的农村调查 / 125

二、"农发组"的农村调查 / 126

三、中央的农村调查与五个"一号文件"的出台 / 128

第三节　进入乡村社会的学术调查 / 129

　　一、"小城镇大问题"调查及其方法 / 130

　　二、"黄河边的中国"调查及其方法 / 132

第四节　"吃透两头"的政策调查 / 134

　　一、"吃透两头" / 134

　　二、向农民学习 / 136

　　三、从实地出发 / 137

　　四、"反弹琵琶" / 139

　　五、为政策而作 / 141

第七章　毛泽东调查研究方法的当代价值 / 144

第一节　为新时代理论创新提供方法基础 / 144

　　一、习近平亲力亲为做调查研究 / 145

　　二、习近平调查研究方法的特征 / 149

第二节　为认识中国社会提供科学路径 / 151

　　一、实证主义研究方法的演变 / 152

　　二、人文主义研究方法的特征 / 153

　　三、人文主义方法与实证主义方法的结合与超越 / 155

第三节　为思想政治工作提供生动教材 / 157

　　一、思想斗争的经验与教训 / 157

　　二、感人至深的忠诚担当和艰苦奋斗精神 / 159

　　三、践行为人民服务宗旨的基础环节 / 161

第四节　为调查研究方法发展提供引领力量 / 163

　　一、改革开放以来调查研究方法发展的成绩 / 164

　　二、新型调查研究方法蓬勃发展 / 165

　　三、强化毛泽东调查研究方法的引领作用 / 168

第八章　当代继承和发扬毛泽东调查研究方法的途径 / 172

第一节　毛泽东调查研究方法是认识中国社会的根本方法，

必须毫不动摇地坚持 / 172

一、坚持问题导向 / 173

二、坚持直接调查 / 175

三、坚持群众路线 / 177

第二节　西方调查统计方法是认识中国社会的有用技术，

必须加强学习借鉴 / 180

一、传统调查方法与现代调查方法的比较 / 180

二、正确认识西方现代调查统计方法 / 182

三、推动实地调查与问卷调查融合 / 184

第三节　互联网与大数据是认识中国社会的强大工具，

必须科学运用 / 187

一、网络调查的利与弊 / 188

二、综合应用现代科技工具 / 190

三、发挥大数据在搜集资料分析资料上的重要作用 / 192

结　语 / 195

参考文献 / 198

附录 1：毛泽东调查研究活动简表 / 205

附录 2：《寻乌调查》已有研究的知识图谱与内容分析 / 228

序　言

李　捷

习近平总书记指出，调查研究不仅是一种工作方法，而且是关系党和人民事业得失成败的大问题。中国共产党在革命、建设、改革各个历史时期坚持调查研究，并不断总结经验教训，打造了一个认识和改造中国社会的传家宝，这个传家宝的源头就是毛泽东调查研究方法。过去，对毛泽东调查研究方法的研究，主要是关于其历史过程和价值意义的分析，少有关于方法本身的具体研究。这部专著围绕着"毛泽东调查研究方法究竟是什么？新时代是否要坚持毛泽东调查研究方法？新时代如何继承和发扬毛泽东调查研究方法？"等核心问题从理论到实践展开研究，在分析毛泽东调查研究方法的产生基础、演进轨迹、结构体系、理论品质、当代价值的基础上，提出了当代继承和发扬毛泽东调查研究方法的路径。这样既系统全面又聚焦集中的研究，有助于我们科学、准确地理解毛泽东调查研究方法。

"最有价值的知识是关于方法的知识"。中国改革开放以来，引进了西方社会科学研究方法，促进了各学科与世界接轨。但在此过程中，一些人视西方方法为"圭臬"，一些著作和论文充满了难以看懂的模型、术语和逻辑推理，而所得的成果与中国现实往往难以吻合，有时甚至南辕北辙。一些人单纯用源于西方（主要是英美）的理论和方法来认识中国，实际上在某种程度上产生了新的教条主义。此书对这一问题进行了深层次的剖析，鲜明提出以学习毛泽东调查研究方法反对新的教条主义，牢固树立中国共产党的方法自信。更进一步，作者从国际社会科学研究方法演变的大趋势出发，分析了西方的实证主义、人文主义传统面临的科技革命带来的挑战，指出一些所谓经典的研究范式越来越难以解释迅速变化的现代社会。在国际社会科学研究方法处于转型发展的关键时期，挖掘毛泽东调查研究方法这个宝库，无疑有助于在社会科学研究方法领域形成中国的学术体系和话语体系。

中国学术自立自强，是在全面建设社会主义现代化国家新征程中面临的艰难而重要的任务。中国特色、中国风格、中国气派的新文科建设，是当代中国学者的使命担当，也是中国人文社会科学适应时代要求服务于新征程的必然要求。新文科建设需要正本清源。毛泽东是中华文明发展的集大成者，也是用马克思主义的立场观点方法系统整理中华文明的第一人。将马克思主义基本原理与中国革命和建设的实践相结合，实现这一真理的中国化、本土化，这是毛泽东非常了不起的创举，也是他留给我们的宝贵精神财富。从方法角度总结毛泽东留给我们的宝贵财富，可以为当代新文科建设提供智慧指引和前进动力。这部专著立足扎实史料，提炼毛泽东调查研究方法的概念、命题和逻辑过程，是新阶段构建认识中国方法体系的尝试，实际上也是在探索中国新文科建设的基础工程。

周批改同志曾在毛泽东的家乡韶山市政府工作，长期运用毛泽东调查研究方法从事实践工作。二十年前他在中国社会科学院读博士研究生时，学的是社会学，后来又攻读中共党史第二博士学位。他在潜心研究基础上，形成了这部专著《毛泽东调查研究方法》。作为一本关于"方法"的书，这部专著在传承党史研究传统的基础上，具有创新性。作者社会学学术训练的背景，使得这部专著具有难得的理论、技术和实施路径相结合的特点。

这部专著有以下特点和贡献。一是研究资料方面。这部专著比较系统搜集整理相关文献资料，对其进行甄别和谨慎规范采用。作者还走访毛泽东当年从事调查研究的地点，搜集毛泽东调查研究散布在当地的文献资料。这样，文献资料和实地调查资料相结合，能够比较全面和如实展示毛泽东当年从事调查研究时运用的方法。二是研究方法方面。这部专著聚焦分析毛泽东社会调查的准备、搜集资料、分析资料等过程，利用知识图谱和内容分析工具，以《寻乌调查》为例进行系统深入剖析，使关于毛泽东社会调查方法的研究从理论和历史分析走向具体方法和技术分析。三是研究视角方面。作者结合其多年实地调查的经验，总结国际上社会调查方法发展的趋势，探讨大数据等现代信息科技发展给社会调查方法带来的机遇和挑战，从社会调查方法融合的视角探寻新时代继承和发展毛泽东社会调查方法的路径。四是理论观点方面。书中提出的"毛泽东调查研究方法是认识中国社会的根本方法、西方统计调查方法是认识中国社会的有用技术、互联网与大数据是认识中国社会新的强大工具"等观点，以及"坚持毛泽东调查研究方法的基本特性，借鉴西方调查统计方法，推进实地调查与问卷调查融合，综合应用现代科技工具，发挥大数据在搜集资料分析资料上的重要作用，立足新时代的发展需要创新调查研究的方法和技术"等建议，既富有理论价值又具有现实操作性。

中国共产党已走过百年春秋。胸怀千秋伟业，百年恰是风华正茂。科学的调查研究方法，是确保中国共产党历经百年而依然生机勃发的历史奥秘。始于科学，成于实践，为了人民——从毛泽东到习近平，调查研究映照着中国共产党不变的初心和使命。展望第二个百年奋斗征程，我们更加珍惜调查研究这个传家宝，更要持续打造和磨砺中国共产党的调查研究方法。

（作者系中国史学会会长，《求是》杂志社原社长）

2022 年 7 月

第一章　绪论：研究的问题与已有的研究

第一节　研究的问题及意义

中国共产党自成立以来，长期实行的基本工作方法是"调查研究"。以毛泽东为代表，中国共产党人进行了一系列前无古人的调查研究工作。这些调查研究是世界调查研究历史上最具实际效用和最富成果的重要部分，[①] 其中蕴含的科学与激情、经验与教训、曲折与胜利，凝聚成中华民族伟大复兴道路上弥足珍贵的精神力量。

调查研究作为一种工作方法，本身有其源流和发展问题。中国共产党的路线、方针和政策的正确，首先在于调查研究方法的正确。从一定意义上说，中国共产党领导中国革命、建设和改革的历史，就是一部调查研究的历史，也是一部探索和发展调查研究方法的历史。

何为调查研究方法？虽然学界还没有提出准确的定义，但一般认为，调查是搜集有关社会现象的资料，属于感性认识阶段；研究是对搜集来的材料进行分析、综合，作出描述和解释，属于理性认识阶段。[②] 而方法，现代汉语词典的定义是"关于解决思想、说话、行动等问题的门路、程序

---

① 徐素华：《调查研究方法与实用社会学方法的比较》，《毛泽东邓小平理论研究》1991 年第 4 期。

② 参见周德民等：《社会调查原理与方法》，中南大学出版社 2006 年版，第 55 页；水延凯：《全国第二届社会调查方法学术研讨会综述》，《社会学研究》1997 年第 2 期；社会学概论编写组：《社会学概论》，天津人民出版社 1984 年版。

等"①。综合起来，调查研究方法一般是指搜集社会现象资料并进行分析的工具，是观察、分析和解决社会问题的途径。

以毛泽东为代表的中国共产党人，在马克思主义指导下，继承中华优秀传统文化，立足中国实际，在领导中国革命和建设的实践中形成和发展起来的调查研究方法，是中国共产党从事调查研究集体智慧的结晶，是毛泽东思想的重要组成部分。这种方法与毛泽东思想活的灵魂"实事求是、群众路线、独立自主"密切相连，凝结着中国共产党的宝贵精神财富和光荣传统，过去是、新时代依然是认识中国社会的根本方法。

然而，一段时间以来，在理论上一些人对毛泽东调查研究方法产生了怀疑，在实践中不少人轻视和偏离毛泽东的调查研究方法，产生了多种不良的后果。在建设新时代中国特色社会主义进程中，面临着新矛盾和新任务，必须回答：毛泽东调查研究方法究竟是什么？新时代是否要坚持毛泽东调查研究方法？新时代如何继承和发扬毛泽东调查研究方法？本研究立足新时代的发展需要，围绕这些问题展开深入研究，具有重要的理论和现实意义。

1. 有助于树立中国共产党人的方法自信

要始终坚持和发展中国特色社会主义，必须自觉地增强道路自信、理论自信、制度自信、文化自信。而增强"四个自信"的前提，是要对中国共产党的方法充满自信，也就是要对以毛泽东为代表的中国共产党人开创和发展的调查研究方法充满自信。然而一段时间以来，社会上出现对毛泽东调查研究方法的批评，动摇了这种方法自信。一些人认为毛泽东调查研究方法过时了，不适应越来越复杂、科学技术越来越先进的现代社会；一些人认为毛泽东调查研究方法单一，容易出现片面认识；一些人认为毛泽东调查研究方法属于个案调查研究法，典型性难以确定，不可避免具有非科学性因素。② 学界乃至政界对西方调查方法趋之若鹜，觉得西方的方法比中国共产党传统的调查研究方法好。对自己长期坚持的方法缺乏信心，

---

① 《现代汉语词典》第 6 版，商务印书馆 2012 年版，第 365 页。

② 严家明对批评毛泽东调查研究方法的观点进行了全面反驳。参见严家明：《毛泽东同志的农村调查方法仍然是现代社会调查的主要方法》，《兰州学刊》1984 年第 2 期。

对中国特色社会主义就难以有坚定信心。必须清醒地认识毛泽东调查研究方法的历史价值和现实意义，才能牢固树立中国共产党人的方法自信，从而自觉增强"四个自信"。

2. 进一步丰富马克思主义方法的研究

马克思主义是认识世界、改造世界的理论，更是方法。恩格斯说："马克思的整个世界观不是教义，而是方法。它提供的不是现成的教条，而是进一步研究的出发点和供这种研究使用的方法。"① 毛泽东特别重视马克思主义的方法，他认为："要把马克思主义当作工具看待，没有什么神秘，因为它合用，别的工具不合用。"② 毛泽东调查研究方法是马克思主义方法的继承和发展，是认识中国社会的工具。作为工具，其本身需要不断地发展创新，与时俱进。然而，在一些人那里，毛泽东调查研究方法也成了一成不变的教条，不需要研究，不需要创新，照搬就行。这样，表面上是坚持了毛泽东调查研究方法，实则窒息了毛泽东调查研究方法，也削弱了马克思主义方法在中国的发展和应用。只有科学、准确地理解毛泽东调查研究方法，推动新时代调查研究方法创新，才能在新的历史条件下更好地坚持和丰富马克思主义的理论和方法。

3. 对实践中从事调查研究提供方法上的指导

由于中共中央的倡导，调查研究已经成为中国党政机关和社会科学界最基本的工作方法，乃至主要的工作形式和研究方式。然而在党政机关，一些人尤其是一些领导干部偏离了正确的调查研究方法。习近平指出："应该看到，当前在领导干部中，不重视调查研究、不善于调查研究的问题还是存在的。……有的调研走过场，只看'盆景式'典型，满足于听听、转转、看看，蜻蜓点水、浅尝辄止。"③ 在学界，一些人大搞书本调查、数字游戏，不深入实际，对中国国情没有基本的认识，却挟西方方法自以为科学。党政机关和社会科学界在调查研究中存在的种种不正之风，"严重

---

① 《马克思恩格斯选集》第4卷，人民出版社1995年版，第742—743页。
② 《毛泽东文集》第8卷，人民出版社1999年版，第263—264页。
③ 习近平：《谈谈调查研究》，《学习时报》2011年11月21日。

影响决策的科学性，妨碍党的路线方针政策的贯彻执行"①，也妨碍了中国社会科学的发展。在新时代只有坚持和弘扬毛泽东调查研究方法，才能落实中央八项规定中"改进调查研究"的要求，不断提高党政干部和社会科学研究者从事调查研究的素质和能力。

第二节　已有研究综述

改革开放以来，关于毛泽东调查研究方法的研究经历了由少到多、由浅入深的过程，取得了一批有价值的成果。这些研究围绕毛泽东调查研究方法，对其体系、具体方法、特征及当代价值等多个方面进行探讨，所提出的观点和建议不仅具有学术价值，而且富有现实参考意义。然而，已有研究还存在聚焦不够、质量不高、学科局限等问题，需要聚焦毛泽东调查研究方法，进一步加大研究力度和拓展研究思路。

一、研究的过程

（一）20世纪八九十年代的研究

改革开放后，党中央重新确立了解放思想、实事求是的思想路线。与此同时，急剧的社会变迁迫切需要科学的调查研究理论的指导。面对改革开放的新形势，一些学者强调要继承和发扬毛泽东调查研究方法。也有少数学者在学习和引进西方调查研究方法的过程中，对毛泽东调查研究方法提出了质疑。

开展毛泽东调查研究方法的研究，是社会学学科重建后提出的重要任务。苏驼在《社会学通讯》上撰文提出，在研究中共调查研究方法的时候，首先要研究毛泽东关于调查研究的理论、实践和方法。毛泽东把马克思主义的辩证唯物主义与历史唯物主义作为调查研究的理论基础，不但从高层

---

① 习近平：《谈谈调查研究》，《学习时报》2011年11月21日。

次方法论上研究调查研究方法，而且很重视较低层次的具体方法和具体技术问题。① 费孝通等人主编的《社会学概论》对毛泽东调查研究的理论和方法进行了归纳总结，认为毛泽东运用辩证唯物主义和历史唯物主义的立场、观点、方法亲自做调查研究的实践，对调查研究过程的认识论、调查研究的方法和技术问题的探索，现在和今后都具有重要的指导意义。②

　　一些学者从历史的角度对毛泽东调查研究的理论和方法进行研究，其中的代表作是孙克信等人编著的《毛泽东调查研究活动简史》。该书系统地考察了毛泽东调查研究活动的历史，分析了毛泽东调查研究的理论和方法形成发展的各阶段，阐明毛泽东调查研究方法的特征，以及毛泽东调查研究的理论和方法在改革开放形势下的指导意义。③ 这部著作以其清晰的逻辑和翔实的资料，成为之后研究毛泽东调查研究方法时重要的参考文献。

　　随着改革开放的深入，西方社会研究思想逐步引入到国内学界，少数学者在引进西方调查研究方法的过程中，对毛泽东调查研究方法提出了质疑和批判。在一些学者对毛泽东调查研究方法产生怀疑和进行批判之时，陆学艺、徐逢贤撰文全面阐述了毛泽东调查研究的历史、理论与方法。文章从历史的角度回顾了青年时期、北伐战争时期和土地革命战争时期、抗日战争时期、解放战争时期、新中国成立后毛泽东调查研究的发展过程，从方法的角度分析了毛泽东开调查会、"典型调查"的基本形式，从理论的角度揭示了毛泽东农村调查研究方法在认识论、方法论方面的理论价值，高度评价了毛泽东的调查研究对革命和建设事业的历史性贡献。这一文章扭转了当时社会学领域的"非毛"趋势，为之后研究毛泽东调查研究方法开辟了正确路径。④

---

　　① 苏驼：《重视研究毛泽东同志关于社会调查研究的理论和实践》，《社会学通讯》1983 年第 4 期。

　　② 社会学概论编写组：《社会学概论》，天津人民出版社 1984 年版。

　　③ 孙克信、于良华、佟玉琨、徐素华：《毛泽东调查研究活动简史》，中国社会科学出版社 1984 年版。

　　④ 陆学艺、徐逢贤：《毛泽东与农村调查——纪念中国共产党诞生七十周年》，《社会学研究》1991 年第 5 期。

（二）21 世纪前十年的研究

纪念毛泽东诞辰 110 周年后，国内产生了毛泽东研究热，关于毛泽东调查研究方法的研究成果逐年增加。这一时期，学界对西方调查研究方法有了比较清醒的认识，走出了之前少数人批判毛泽东调查研究方法带来的影响，充分肯定毛泽东调查研究方法的科学性和重大价值，在历史、案例和理论等方面都取得了一批有价值的研究成果。

历史研究方面进一步拓展。陶永祥编著的《毛泽东与调查研究》以时间为序，以纪实的方式，从毛泽东联系群众和艰苦奋斗等方面着笔，叙述了毛泽东调查研究感人至深的故事，其中搜集关于毛泽东调查研究方法的实地资料。[1] 李晋玲编著的《毛泽东调查研究实践与理论的历史考察》，对毛泽东一生的调查研究实践作了比较系统的历史考察，对毛泽东调查研究的方法进行分析概括，阐述了毛泽东在调查研究实践、理论与方法上所作的卓越贡献。[2]

案例研究方面进一步深化。石仲泉研究中央苏区毛泽东的调查活动，认为毛泽东调查研究的方法在中央苏区已初步形成体系。毛泽东将调查研究提到从未有过的哲学高度，将调查研究视为思想路线问题，指出了革命战争年代作社会经济调查的根本目的和内容，系统地概括了实际调查的方法和技术。[3] 胡为雄研究《兴国调查》及其当代意义，认为《兴国调查》的真实，在于调查者毛泽东得到的信息真实，在于主客体都处于一种真实的环境。调查者立足于为广大人民群众和革命事业谋利益，具有平易近人的作风。被调查者都是朴实的农民，没有任何外在压力。这种主客体的良性互动，保证了调查研究的质量，使毛泽东能够掌握革命过程中农村各阶级的关系及其变化情况，以制订正确的革命政策。[4]

---

① 陶永祥编著:《毛泽东与调查研究》，中央文献出版社 2004 年版。

② 李晋玲编著:《毛泽东调查研究实践与理论的历史考察》，中共中央党校出版社 2008 年版。

③ 石仲泉:《中央苏区调查与毛泽东对马克思主义中国化的贡献》，《毛泽东邓小平理论研究》2005 年第 5 期。

④ 胡为雄:《读毛泽东〈兴国调查〉的启示》，《毛泽东邓小平理论研究》2006 年第 1 期。

理论研究方面进一步提升。刘圣陶的博士论文《毛泽东调查研究思想探析》，将毛泽东调查研究理论概括为准备期、形成期、系统化广泛应用期、丰富发展期以及晚年的偏离期等几个阶段，概括了每一个历史时期毛泽东调查研究方法的特征。论文认为，毛泽东晚年之所以偏离调查研究的正确航向、偏离实事求是思想路线，既有毛泽东本人认识上的原因，也有党的领导体制和复杂的国际因素影响。但不容置疑的是，什么时候党坚持正确的调查研究方法，党的作风就好，党的决策就更为科学，反之，就要为之付出代价。这是历史留给我们的深刻经验和沉重教训。①

（三）近几年的研究

习近平对毛泽东调查研究方法给予了高度评价。2011 年，他在中央党校作《谈谈调查研究》的讲话时强调："这种深入、唯实的作风值得我们学习。"② 习近平的讲话，引起了学界对毛泽东调查研究方法的特别关注。尤其是 2012 年十八届中共中央政治局通过了关于改进工作作风、密切联系群众的八项规定，八项规定将改进调查研究列为第一条，之后学界进一步加大了对毛泽东调查研究方法的研究力度。

研究资料进一步丰富。李捷、于俊道主编的《实录毛泽东》，精选了与毛泽东接触过的人员的回忆，详细叙述了毛泽东青少年时期游学、湖南农民运动考察、《寻乌调查》和《论十大关系》调查研究的经过，如实记录了回忆者对毛泽东调查研究的感受和评价。③ 这是新时期发掘的研究毛泽东调查研究方法的重要史料来源。

立足新时代需要进一步阐释。张珊珍、李凌晨着重解读毛泽东寻乌调查方法的社会学价值，认为《寻乌调查》不仅具有高度的政治意义，同时还在社会学研究中占有一席之地。《寻乌调查》一文中体现的"本土化"特色、实证研究、定性和定量研究的结合以及经济分析法的运用，使《寻乌调查》在社会科学领域尤其是应用社会学方面的价值极为显见。正是这种政治性和科学性的结合，使得《寻乌调查》至今仍不失为中国共产党所倡导

① 刘圣陶：《毛泽东调查研究思想探析》，湖南师范大学博士论文，2007 年。

② 习近平：《谈谈调查研究》，《学习时报》2011 年 11 月 21 日。

③ 李捷、于俊道主编：《实录毛泽东》，长征出版社 2013 年版。

的调查研究的典范。① 王小康、陆卫明立足新时代需要阐释毛泽东农村调查研究的内容和方法，认为毛泽东的农村调查系统全面、方法科学、卓有成效，不仅强化了他本人关于中国国情的深刻认识和宏观把握，而且切实推动了土地革命向前发展。在新时代，回顾和总结毛泽东农村调查研究的内容、方法，有助于党政干部提升调研意识，培养调研作风，改进调研方法，增强调研实效。②

　　一些研究生在导师的指导下也参与到毛泽东调查研究方法的研究中。马楠楠的硕士论文《毛泽东调查研究思想及其当代意义》，认为毛泽东运用马克思主义关于调查研究的理论，吸收、借鉴中国古代传统文化中关于调查研究的思想和实践，并结合中国革命和建设的具体实际，逐步形成了关于调查研究的系统完整的思想和方法。③ 柳庆的硕士论文《毛泽东寻乌调查与兴国调查的历史经验及当代价值研究》总结了毛泽东寻乌调查和兴国调查的历史背景和主要内容，分析了毛泽东调查研究方法的历史经验和当代价值。④ 续文念的硕士论文《论毛泽东社会学研究方法》探讨了毛泽东"典型调查法"、"开调查会法"、"实地考察法"、"文献调查法"和"普遍调查法"等搜集资料的方法，以及毛泽东运用阶级分析法、以经济标准为主分析资料的方法。⑤

　　国外学者也加入到研究毛泽东调查研究方法的行列。熊丙纯（Hsiung, Ping—Chun）从社会学的角度，对毛泽东调查研究方法进行了比较深入的探讨。他认为毛泽东调查研究方法与欧美调查研究方法有相同的科学取向，"蹲点"类似于田野定性调查，通过选择有代表性的典型"解剖麻雀"可以理解为配额抽样定量研究。毛泽东调查研究方法强调与被调查者"同

---

　　① 张珊珍、李凌晨：《解读毛泽东〈寻乌调查〉的社会学研究价值》，《苏区研究》2015 年第 3 期。

　　② 王小康、陆卫明：《毛泽东农村调查研究的内容、方法及现代启示》，《甘肃社会科学》2019 年第 2 期。

　　③ 马楠楠：《毛泽东调查研究思想及其当代意义》，中央民族大学硕士论文，2013 年。

　　④ 柳庆：《毛泽东寻乌调查与兴国调查的历史经验及当代价值研究》，南昌大学硕士论文，2015 年。

　　⑤ 续文念：《论毛泽东社会学研究方法》，曲阜师范大学硕士论文，2014 年。

吃同住同劳动"，强调立足贫苦大众的立场，而欧美调查方法强调调查主体对调查对象进行客观中立描述，这种区别显示了毛泽东调查研究方法的独特性，同时也是学界质疑其客观性的地方。①

二、主要研究成果

关于毛泽东调查研究理论和历史的研究，成果已经非常丰富，一般都涉及了调查方法问题，但由于侧重于理论和历史研究，大都对调查方法只是作一般性的介绍。综观专注于毛泽东调查研究方法的研究，虽然相对研究毛泽东调查研究历史和理论的成果数量上较少，但内容上已经涉及毛泽东调查研究方法的体系、具体方法、特征及当代价值等多个方面，所提出的观点不仅具有学术价值，还富有现实意义。

（一）关于毛泽东调查研究方法的体系

仇立平认为，毛泽东在大量的调查研究实践中，总结了许多宝贵的用于指导调查的原则和方法，特别是详细分析了"解剖麻雀"的典型调查方法、开调查会的方法技术，形成了以革命为导向的调查研究方法体系。②

舒金城从十七个方面论述了毛泽东调查研究的方法：一是"必须建立对这一工作的深刻认识"；二是有"眼睛向下的兴趣和决心"及"放下臭架子、甘当小学生的精神"；三是要明确调查研究所要达到的"主要目的"；四是必须"亲身出马"；五是把"亲身出马"与"组织调查研究的班子"和其他途径结合起来；六是必须坚持以马克思主义为指导；七是做到"走马看花"与"下马看花"；八是"开调查会作讨论式的调查"；九是必须"和群众做朋友"；十是"下去蹲点"；十一是既"详细地占有材料"，又"抓住要点"；十二是注意事物的数量方面；十三是"系统的由历史到现状的"考察和了解；十四是对调查所得材料加以"周密思索"或"改造制作"；十五是根据对立统一观点进行科学的分析和综合；十六是使调查研究的过程成

---

① Hsiung, Ping—Chun, MAO's Legacy of Investigative Research,Pursuing Qualitative Research From the Global South. Forum: Qualitative Social Research, Volume16,2015.

② 仇立平：《社会研究方法》，重庆大学出版社 2015 年版。

为"从群众中来，到群众中去"的不断循环上升的过程；十七是"深切地了解一处地方或一个问题"。①

（二）关于毛泽东调查研究的具体方法

韩明汉认为，毛泽东给了我们一整套调查研究的具体方法。毛泽东下马看花、"解剖麻雀"的调查方法，新中国成立后发展到"蹲点"调查。蹲点调查与"解剖麻雀"不同的地方就是由调查者较长期或间隙性地，本着干部与人民群众同吃同住同劳动和向人民群众学习的精神，驻扎在一个麻雀点上，进行系统深入的调查研究。②

陈智认为，毛泽东进行调查研究时，主要采用"游学"、访谈、听取汇报、文献调查四种方法。③

周批改将毛泽东调查研究方法分为下马看花和走马看花两类，分析了下马看花的三种形态：实地考察、开调查会、个别访问；也分析了走马看花的三种形态：视察、组织调查组、请下面的人上来。④

杨明伟认为，毛泽东解剖麻雀式的调查方式，观一点而知全貌；短暂的专题调查方式，及时纠正政策和认识上的偏差；大规模的系统性调查方式，详细摸底了解情况。⑤

高燕认为毛泽东在实践中创立了独特的调查方法，如典型调查、解剖麻雀、开调查会等，直到今天还在使用。⑥

潘绥铭等人认为，毛泽东调查研究中的具体方法可分为搜集资料的方法和分析资料的方法；毛泽东最常用资料收集方法有：表格调查、座谈会、个别访谈、典型调查、视察、组织调查组、请下面的人上来等，其中最具

---

① 舒金城：《不做正确的调查同样没有发言权——论毛泽东关于调查研究方法的思想》，《毛泽东思想研究》2014 年第 4 期。

② 韩明汉：《中国社会学史》，天津人民出版社 1987 年版。

③ 陈智：《毛泽东的社会调查方法》，《四川师范大学学报》1994 年第 3 期。

④ 周批改：《下马看花、走马看花——关于毛泽东社会调查方法的思考》，《毛泽东思想研究》1999 年第 4 期。

⑤ 杨明伟：《毛泽东对调查研究的思考——以毛泽东早期的几个调查报告为例》，《毛泽东邓小平理论研究》2013 年第 12 期。

⑥ 高燕、王毅杰：《社会研究方法》，中国市场出版社 2008 年版。

特色的方法是座谈会；毛泽东分析资料使用最多的是阶级分析法和典型分析方法。①

（三）关于毛泽东调查研究方法的比较分析

周沛就上个世纪 20 年代至 40 年代毛泽东的农村调查研究与职业社会学家的农村调查研究进行了多视角的比较分析，指出二者调查立场和目的不同、调查的方法不同、所运用的理论不同，最终得出的结论与要解决的问题亦不同，这些不同是由观察问题所站角度的高与低、分析问题所采取的理论方法科学与否所决定的。②

谭炳华对"文革"前十年毛泽东与刘少奇调查研究实践进行了比较，认为"文革"前十年，毛泽东侧重于间接调查；刘少奇有间接调查，也有直接调查，调研方法的不同导致毛泽东与刘少奇在一些问题上发生重大分歧。③

孙飞艳从陈翰笙与毛泽东农村调查的时间、地点、原因、调查方法、调查成果对中国社会影响等方面进行了比较，认为陈翰笙的调查采用的方法较为科学和全面，得到的数据也较为精准。毛泽东的调查方法稍显单一且较多定性分析。④

郝建林、张檀琴将毛泽东与陈云的调查研究方法进行了比较，认为毛泽东与陈云的调查方法的联系在于目的都是实事求是，为了保证信息的全面性和真实性；区别在于调查对象及组织形式不同，可信度的控制方式以及调查的广度和深度不同。⑤

―――――――――

①　王东、潘绥铭、黄盈盈：《毛泽东社会调查理论与方法对社会学方法本土化的价值——作为本土资源和成功典范的毛泽东社会调查理论与方法》，《甘肃理论学刊》2008 年第 3 期。

②　周沛：《毛泽东农村社会调查与职业社会学家农村社会调查分析》，《南京大学学报》1995 年第 4 期。

③　谭炳华：《"文革"前十年毛泽东与刘少奇调查研究实践的比较研究》，湖南师范大学硕士论文，2006 年。

④　孙飞艳：《陈翰笙毛泽东农村调查比较研究》，扬州大学硕士论文，2013 年。

⑤　郝建林、张檀琴：《陈云和毛泽东的调查方法比较》，《山西高等学校社会科学学报》2011 年第 3 期。

（四）关于毛泽东社会调查方法的当代价值

余荣佩认为，毛泽东的《实践论》、《矛盾论》为调查研究奠定了理论基础，《农村调查》树立了调查研究的典范，《反对本本主义》具体地阐明了调查技术。[①]

严家明认为，毛泽东的农村调查方法仍然是现代社会调查的主要方法；毛泽东的农村调查方法是一个完整的科学体系；毛泽东的农村调查方法揭示了一个完整的认识运动的过程；毛泽东的农村调查方法与现代西方社会学的调查方法的关系是基本方法同一般技巧的关系。[②]

陆学艺认为要学习毛泽东蹲点作典型调查，用"解剖麻雀"的方法深入农村调查研究，继续发扬党的实事求是的优良作风；在农村调查基础上做到"情况明、决心大、方法对"，认真解决农业现代化过程中出现的新问题。[③]

彭承福分析了毛泽东社会调查方法的涵义、实质和原则，认为毛泽东赋予调查研究以认识论的意义，把调查研究作为认识过程中两次飞跃的基本环节，从方法上解决了实事求是问题。[④]

秦红增、周大鸣认为，从学科规范上来说，毛泽东的田野当然有所不足，这一不足使他无法超越在经验基础上形成的农民视野。但是就当时来说，他对中国农村的认识是最科学的，丝毫不影响田野的真实性与客观性。[⑤]

潘绥铭等人认为，毛泽东社会调查方法是以毛泽东为代表的中国共产党人践行马克思主义的产物，是本土化的成功典范，是一笔独具本土特色的社会调查财富。[⑥]

---

①　余荣佩:《毛泽东社会学思想研究》,《社会科学战线》1983 年第 1 期。

②　严家明:《毛泽东同志的农村调查方法仍然是现代社会调查的主要方法》,《兰州学刊》1984 年第 2 期。

③　陆学艺、徐逢贤:《毛泽东与农村调查——纪念中国共产党诞生七十周年》,《社会学研究》1991 年第 5 期。

④　彭承福:《毛泽东论调查研究方法》,《西南师范大学学报》1993 年第 4 期。

⑤　秦红增、周大鸣:《田野工作的情感——兼论毛泽东早期调查的田野价值》,《思想战线》2002 年第 4 期。

⑥　王东、潘绥铭、黄盈盈:《毛泽东社会调查理论与方法对社会学方法本土化的价值——作为本土资源和成功典范的毛泽东社会调查理论与方法》,《甘肃理论学刊》2008 年第 3 期。

　　熊扬勇认为，毛泽东调查研究充当了马克思主义中国化的桥梁。这种桥梁作用，在于它促成了用以指导中国革命实践的毛泽东思想的产生和发展。毛泽东从事调查研究的过程就是使马克思主义与中国革命实践相结合的过程，也即毛泽东思想萌芽、形成、发展和成熟的过程。①

（五）关于毛泽东调查研究方法的质疑和争论

　　有研究，就会有质疑和批评。一些学者从其研究角度对毛泽东调查研究方法提出了质疑，甚至批评，并不是、也不会全盘否定毛泽东调查研究方法，对于进一步深化研究毛泽东调查研究方法也有一定参照意义。对毛泽东调查研究方法的质疑和争论，主要有以下论点。

　　一是过时论。正如严家明所批评的，一些学者对毛泽东倡导的调查研究方法持怀疑态度，对毛泽东典型调查方法产生偏颇的认识。认为现代社会越来越复杂，科学技术越来越先进，过去老一套的调查已经不奏效了。毛泽东典型调查方法是"小生产式的"手工作业，容易以偏概全，不严密、不系统、不科学，因此，要用西方社会学的调查方法取代。②还有人指出，毛泽东调查研究的全部实践乃至他的一生，注重阶级分析，以阶级斗争为纲，是他持之以恒的观点和一贯作风。这种分析方法曾经在建国后产生过严重负面影响，在当今时代已过时。③

　　二是片面论。孙飞艳从陈翰笙与毛泽东农村调查的时间、地点、原因、调查方法、调查成果对中国社会影响等方面进行了比较，认为陈翰笙的调查采用的方法较为科学和全面，毛泽东的调查方法稍显单一且较多定性分析，容易产生片面认识。④还有人指出，毛泽东的调查主要集中在农村和一些小城市，调查研究的重点放在社会阶级关系上，这在解放前是正确的。但是，新中国成立后为数不多的调查研究，仍然将调查研究的目标

---

①　熊扬勇：《毛泽东调查研究思想在思想政治教育中的价值》，《思想政治教育研究》2009年第4期。

②　严家明：《毛泽东同志的农村调查方法仍然是现代社会调查的主要方法》，《兰州学刊》1984年第2期。

③　童星：《在新形势下继承和发展毛泽东社会调查的理论》，《全国毛泽东生平和思想研讨会论文集（上）》，1993年。

④　孙飞艳：《陈翰笙毛泽东农村调查比较研究》，扬州大学硕士论文，2013年。

集中在土地改革、春耕、粮食等问题上，而对城市工作关注不够，这就显示了其调查研究的片面和偏颇之处。

三是主观论。卢光明、刘耀杰认为，个案调查研究方法是非科学性主观调查方法，具有调查研究对象的非确定性、程序的非规范性、结论推广的盲目性、分析方法的思辨性。毛泽东以典型调查为基础的调查研究方法属于个案调查研究法，因而不可避免具有非科学性因素。[①] 毛泽东晚年的调查研究，主观因素增加。1958年8月，毛泽东到河北、河南、山东就人民公社问题进行调查。从表面上看，建立人民公社是经过调查研究的。那么为什么还是出了问题？这与调查研究的方法有关。因为毛泽东在视察前，已经有了并小社为大社、在农村建立人民公社的想法。这次调查就是印证自己想法是否可行。下面的干部自然投其所好，毛泽东一路听到的，都是粮食大增产、办大社好的汇报。[②]

四是单一论。认为毛泽东调查方式比较单一，主要是实地调查、典型调查的方法。1961年，毛泽东说："调查研究工作，并不那么困难，时间并不要那么多，调查的单位也不要那么多。比如，在农村搞一两个生产队、一两个公社，在城市搞一两个工厂、一两个商店、一两个学校，加在一起也只有十个左右。""这些调查并不都要自己亲身去搞。自己亲身搞的，农村有一两个、城市有一两个就够了。要组织调查研究的班子，指导他们去搞。"[③] 这说明当时对调查研究方法的认识是简单、片面的，这种单一的调查方法，是造成调查结果不全面、欠真实的重要原因。毛泽东时代，调查机构也很单一。1952年高校院系调整，使社会学的教学和科学研究活动在高校中完全停止。直接后果就是，在新中国成立后的社会调查中，只能看到党和政府的身影，没有了高校社会学专业人员的调查活动，没有来自专业调查研究机构和专业调查人员的声音，使得这一时期的调查研究带有唯上主义和官僚主义色彩。[④]

---

① 卢光明、刘耀杰：《对传统社会调查研究方法的反思》，《求索》1989年第2期。
② 水延凯：《中国社会调查史》，中国人民大学出版社2017年版，第317页。
③ 《毛泽东文集》第8卷，人民出版社1999年版，第234页。
④ 水延凯：《中国社会调查史》，中国人民大学出版社2017年版，第343页。

三、研究述评

改革开放以来，学界关于毛泽东调查研究方法的研究，经历上个世纪八九十年代的探索，21 世纪以来尤其是近几年来的发展，取得了一批有价值的成果，对坚持和发展毛泽东调查研究方法、推动改革开放进程发挥了积极作用。然而，与毛泽东丰富而精深的调查研究方法相比，与社会发展对科学调查方法的需要相比，现有的研究成果还远远不够。未来需要围绕毛泽东调查研究方法，进一步加大研究力度，拓展研究思路，深化研究内容。

一是存在学科分割与局限。研究毛泽东的大部分是哲学和史学学者，还有部分政治学、经济学学者，社会学学者研究毛泽东的相对较少。而要研究毛泽东调查研究方法，往往需要与西方社会学调查方法进行比较分析，这就必须要有社会学的方法知识，尤其是社会调查和统计方面的专门知识。新中国成立以后，社会学作为一个独立学科消失。中国的社会学自1979 年重建以来，一直偏重于介绍和引进西方的社会学理论和方法，并在移植过程中出现了一些不符合中国国情的弊端。这样，各学科关于毛泽东调查研究方法的研究互相分割，而且各学科的研究都在浅层次徘徊。

二是理论解释力较弱。已有研究大多从历史和价值角度研究毛泽东调查研究方法，缺乏对其基本原理、逻辑线索、层次结构的深入分析，尚未展示毛泽东社会调查方法的清晰范式，尚未构建起科学方法的概念、命题和逻辑框架。

三是实践指导性不强。关于毛泽东社会调查方法的已有研究大多停留在方法论、基本特征和方法体系等宏观研究，对毛泽东社会调查的准备、资料搜集、资料分析等具体方法和工具的研究较少，因而难以在实践中发挥指导作用。正如王潮等人指出，现在关于毛泽东调查研究的研究存在着重复性研究多、创新性研究少、综合性研究少、学术思路不够宽广、对现实指导性不强等不足。①

---

① 王潮、洛蒙：《关于国内毛泽东调查研究思想的研究综述》，《黑龙江史志》2015 年第 11 期。

四是需要进一步聚焦方法。关于毛泽东调查研究理论和历史的研究，一般都涉及到了调查方法问题，但不能算是对毛泽东调查方法的具体研究。正如陈智在上个世纪 90 年代所言，学术界对毛泽东调查研究的理论和实践的研究和论述较多，但专门探讨他的调查研究方法的则少见。① 进入 21 世纪后，关于毛泽东调查研究方法的研究从各方面得到了拓展，但迄今还少见关于毛泽东调查研究方法的专著；改革开放以来关于毛泽东调查研究方法的研究论文，从中国知网上可搜集到的也就 10 余篇。由此可见，毛泽东调查研究方法还是毛泽东研究中的薄弱环节，需要聚焦进行深入系统研究。

第三节　研究的方法与创新之处

本研究遵循"是什么、为什么、怎么办"的逻辑，围绕毛泽东社会调查的方法，立足新时代马克思主义理论发展与中国共产党人方法自信的现实需要，在分析毛泽东调查研究方法历史背景和演进轨迹的基础上，揭示毛泽东调查研究方法结构体系，探讨毛泽东社会调查方法的基本特征和当代价值，提出新时代继承和发展毛泽东社会调查方法的路径。主要研究方法是：

1.辩证分析法。以唯物辩证法为指导，提炼毛泽东社会调查方法的核心概念、基本命题和逻辑框架，分析毛泽东社会调查方法的基本特性，揭示新时代继承和发展毛泽东社会调查方法的影响因素。

2.文本分析法。以《毛泽东农村调查文集》中的调查报告（主要是《寻乌调查》）为研究文本，深入分析毛泽东社会调查的方法论、基本方法、具体的搜集资料和分析资料的方法。

3.实地调查法。沿着毛泽东调查研究的路线进行走访，重点到寻乌、兴国、上杭等地进行实地调查，搜集关于毛泽东从事调查研究的实地资料。

---

① 陈智：《毛泽东的社会调查方法》，《四川师范大学学报》1994 年第 3 期。

4.比较研究法。将毛泽东调查研究方法与西方调查统计方法、当代大数据方法进行比较，发现共性与差异，提出相互结合的方式与途径。

通过文献搜集、实地调查、思考写作和反复多轮的修改，本研究在已有研究基础上，在以下方面力图创新和形成特色：

1.研究资料方面：本研究全面搜集整理相关文献资料，对其进行甄别和谨慎规范采用。走访毛泽东当年从事调查研究的地点，搜集毛泽东调查研究散布在当地的文献资料。这样，库存文献资料和实地调查资料相结合，能够比较全面和如实展示毛泽东当年从事调查研究时运用的方法。

2.研究方法方面：本研究聚焦分析毛泽东社会调查的准备、搜集资料、分析资料等过程，利用知识图谱和内容分析工具，以《寻乌调查》为例进行系统深入剖析，使关于毛泽东社会调查方法的研究从理论和历史分析走向具体方法和技术分析。

3.研究视角方面：本研究结合本人多年实地调查的经验，总结国际上社会调查方法发展的趋势，探讨大数据等现代信息科技发展给社会调查方法带来的机遇和挑战，从社会调查方法融合的视角探寻新时代继承和发展毛泽东社会调查方法的路径。

4.理论观点方面：本研究概括和提炼毛泽东社会调查方法的核心概念、基本命题和逻辑框架，提出"毛泽东调查研究方法是认识中国社会的根本方法、西方统计调查方法是认识中国社会的有用技术、互联网与大数据是认识中国社会新的强大工具"等观点，以及"坚持毛泽东调查研究方法的基本特性，借鉴西方现代调查统计方法，推进实地调查与问卷调查融合，综合应用现代科技工具发挥大数据在搜集资料分析资料上的重要作用，立足新时代的发展需要创新调查研究的方法和技术"等建议，既富有理论价值又具有现实操作性。

第二章　毛泽东调查研究方法的产生基础

　　毛泽东调查研究方法是其所处的文化土壤和所属的那个时代形势的产物。刘易斯认为，19世纪的最后25年是一个非常重要的历史时期，目前世界上工业国与非工业国、现代国家与非现代国家的基本格局，就是在这个时期确定的。[①] 毛泽东正是诞生与成长在这个世界历史发生重大转折的时期，也是中国历史发生重大转折的时期。[②] 古老的封建帝制在列强的枪炮面前土崩瓦解，形形色色的西方思潮长驱直入，绵延悠长的传统、急剧变化的经济社会以及各种社会研究方法的风云际会，构成了毛泽东调查研究方法产生的文化底蕴和社会条件。

第一节　文化渊源和社会调查的传统

　　毛泽东1893年出生于湖南湘潭韶山，这一带在近代是深受中国传统文化浸染的地区。毛泽东自幼饱读国学典籍，特别是深受湖湘文化熏陶，中国传统文化构成了其思维的底层系统。他的调查研究方法也是在吸吮着中国传统文化的乳汁中萌发，承继了中国士大夫社会调查的传统。青少年毛泽东喜欢游学、喜欢读无字之书，以及他终生对实地调查的偏好，是受到中国传统文化和传统调查方法影响的鲜明表现。

---

　　① 转引自许纪霖、陈达凯编：《中国现代化史：1800—1949》第一卷，学林出版社2006年版，第210页。

　　② 王兴国、李吉：《青年毛泽东的思想轨迹》，湖南出版社1993年版，第1页。

一、吸吮着传统文化的养分成长

毛泽东在 2 岁至 8 岁期间，曾寄住在湘乡唐家圫外婆家。他外婆家是一个讲究耕读传家的大家族，传统文化影响深远。他 8 岁回到韶山冲开始上私塾，17 岁进入湘乡东山高等小学堂，20 岁进入湖南省立第四师范（后合并于第一师范），中国传统文化是他青少年时期接受的主要教育内容。可以说，毛泽东吸吮着传统文化的养分成长，中国传统文化不仅建构了他思想的基本框架，也提供了主要材料。

中国传统经典是毛泽东的启蒙。少年毛泽东在塾师的指导下从读《三字经》等童蒙读物开始，之后《论语》、《孟子》、《公羊春秋》、《左传》等经史典籍成为了主要教材。毛泽东的记忆力很好，学习刻苦，许多读过的书都能背得出来。毛泽东后来回忆自己少年时代的学习时说：我过去读过孔夫子的书，读了"四书"、"五经"，读了六年。背得，可是不懂。那时候很相信孔夫子，还写过文章。① 毛泽东在读四书五经等传统经典之余，喜读《精忠传》、《水浒传》、《三国演义》、《西游记》、《隋唐演义》等古典传奇小说。他边读边思考，发现里面没有种田的农民，并立志以后写农民的书。②

1910 年秋，毛泽东到湘乡县立东山高等小学读书，半年后进入湘乡驻省中学就读，以后又在湖南省图书馆过了半年的自修生活。毛泽东自学内容广泛，从古代到近代的哲学、历史和文学，从先秦哲学、楚辞、汉赋、唐宋古文到宋明理学以及明末清初思想家和文学家的著作，毛泽东都有涉及，并作了大量笔记。③ 由此奠定了他厚实的国学功底。④

---

① 高菊村等：《青年毛泽东》，中共党史资料出版社 1990 年版，第 12 页。
② 高菊村等：《青年毛泽东》，中共党史资料出版社 1990 年版，第 12 页。
③ 杜艳华：《20 世纪中国思想转变的缩影——毛泽东文化思想的演变及其影响》，吉林大学出版社 2004 年版，第 21 页。
④ 王凤贤主编：《毛泽东与中国传统文化》，安徽人民出版社 1996 年版，第 22—23 页。

二、经世致用文化的熏陶

以治国安民为核心的经世致用传统，在中国儒家思想中源远流长。"经世"强调要立足现实、建功立业，倡导人们勤奋向上、志存高远、利国利民。"致用"强调实干实效，理论联系实际，从实际出发思考问题。孔子提出"言必有征"，墨子提出"取实予名"，都强调通过实行来对各种言论进行检验，倡导身体力行、言行合一。李泽厚认为，这种入世精神可称之为中国式的"实用理性"，或中国文化内含的自发的"实践理性"。[①] 在这种经世致用的思想影响下，一代又一代中国知识分子将"国家兴亡、匹夫有责"视为理所当然，上下求索治国安民的道路。

中华传统文化在演变衍生过程中，在湖南积淀形成了一个具有历史（时间）与地域（空间）双重鲜明属性的文化子系统——湖湘文化。王夫之是湖湘文化的代表人物之一，他在总结湖湘学派关于知行关系思想的基础上，全面系统地提出了"知行相资以为用"、"并进而有功"的辩证知行统一观，为近代湖南思想开放奠下了基础。[②] 湖湘文化承继儒家经世致用传统并进一步强化，讲究有用之术，主张抛弃虚无幻想，从"日用之实"中去寻求治国安民之道，凸显自强不息的创新精神和忧国忧民的爱国主义精神。[③] 湖湘文化的这些特质激发湖湘士人在近代中国适应形势改革图强。魏源提出了学习西方科学技术的课题，陶澍大声疾呼学术、政治直面现实问题。曾国藩、左宗棠等人把学习西方变成了产业救国行动，掀起了波澜壮阔的洋务运动。

湖南长沙、湘潭一带是湖湘文化发祥之地，近代在这一带密集产生的一大批思想家、政治家、外交家、军事家，无论是洋务派、维新派还是革

---

① 李泽厚：《中国古代思想史论》，人民出版社 1985 年版，第 306 页。

② 田光辉：《湖湘文化融入湖南高校文化建设的实践研究——以怀化学院为例》，中国社会出版社 2018 年版，第 19 页。

③ 杜艳华：《20 世纪中国思想转变的缩影——毛泽东文化思想的演变及其影响》，吉林大学出版社 2004 年版，第 22—23 页。

命派，都无一例外地是经世致用、实干报国的倡导者与实践者。① 毛泽东从小就喜欢听近代湖湘政治家和军事家建功立业的故事，上学后他怀着崇敬的心情阅读很多他们的经典。青年毛泽东视曾国藩为偶像，他说"愚于近人，独服曾文正"，他效仿曾国藩努力学习，期望成为"立德立功立言三不朽，为师为将为相一完人"。

三、对传统调查方法的继承

社会调查是从人类社会实践中产生和发展的，早期主要是服务于行政管理、军事行动以及某些社会经济管理的需要。② 中国社会调查的起源可以追溯到公元前 21 世纪，大禹治水划九州，开始进行人口与土地的调查。③ 中国古代还建立了民意调查的相关制度和机构。周代和汉代的采诗制度就是一种民意调查安排。统治阶级进行采诗的目的，除了满足制礼作乐、点缀太平的需要外，政治目的是为了"观风俗"、"知得失"、"自考正"，也就是了解各个群体的意见和态度，以制定有针对性的方针政策，从而达到对人民的有效统治。④

在统治阶级的调查之外，一些史学家、思想家通过社会调查来寻找事实材料。中国古代学人讲究百闻不如一见，把读万卷书与行万里路作为提升修养和加强学问的途径。孙武的《孙子兵法》、班固的《汉书》、李时珍的《本草纲目》等著作，在写作过程中都开展了大量走访和实地考察。⑤ 司马迁一生几乎走遍了汉王朝统治区域，实地调查对《史记》的创作及成功具有重要意义。譬如在写《淮阴侯列传》的时候，他亲自到韩信的故乡了解情况，搜集资料；在写《游侠列传·郭解传》的过程中，不仅当面访

---

① 周秋光：《湖湘文化的个性特征与历史缺陷及现实价值》，《湖南省社会主义学院学报》2009 年第 3 期。

② 周德民、廖益光：《社会调查原理与方法》，中南大学出版社 2012 年版，第 18 页。

③ 王高飞：《社会调查理论与方法》，哈尔滨工程大学出版社 2016 年版，第 22 页。

④ 高歌今：《我国古代的民意调查——采诗制度统计研究》，《统计研究》1984 年第 1 期。

⑤ 水延凯：《古代社会怎样搞调查》，《决策探索》（下半月）2015 年 12 期。

谈其人，而且搜集和采纳民间传说的材料。① 在游历过程中，他访问故老传说，参观历史古迹，考察民生利病，由此他对中国的自然环境、各地的社会生活有更深入细致的了解，特别是在社会调查过程中感受到了处于底层的劳苦人民的思想感情和愿望。中国史学深受司马迁的影响，调查也就成为了中国史学家从古至今的一种重要方法。

毛泽东从小就喜读历史，司马迁游历祖国的名山大川写《史记》的故事，给他很多启发，这也是他喜欢采用实地调查方法的历史渊源。他曾说："谈到调查研究，我们不妨学学宋代的沈括，他每到一个地方，总要把那里的城镇关隘、山脉河流，详细记载下来，并绘成地图，还把当地的土地物产、风俗人情都了解得一清二楚。"② 毛泽东阅读历史时，常在书上进行批注。他在阅读《南史·韦睿传》时，在"睿巡行围栅"处加了旁圈，并批道"躬自调查研究"；似犹嫌不足，又在"躬自"两字旁加了圈，以加重亲自作调查研究的重要意义；在"睿案行山川"处，他再次批道"躬自调查研究"。毛泽东强调做调查就是要亲自出马，"一定都要亲身从事社会经济的实际调查"③，这和古人亲临现场的做法是一脉相承的。

毛泽东不仅借鉴了古人做调查研究的方法，在调查报告的表述上也经常借用典故，使表达更加形象生动。例如，他在《反对本本主义》中就用孔子的"每事问"来强调调查就是解决问题。他说"迈开你的两脚，到你的工作范围的各部分各地方去走走，学个孔夫子的'每事问'"④；用"走马看花，下马看花"来形容面上的调查和典型调查；用"知己知彼，百战不殆"说明调查研究方法的重要性。从这些表述中，可以看出传统文化对毛泽东调查研究方法的深厚影响。

---

① 傅衣凌：《社会调查在历史研究上的作用》，《群言》1988 年第 1 期。
② 《毛泽东年谱（一九四九——一九七六）》第 1 卷，中央文献出版社 2013 年版，第 101 页。
③ 《毛泽东农村调查文集》，人民出版社 1982 年版，第 10 页。
④ 《毛泽东农村调查文集》，人民出版社 1982 年版，第 2 页。

第二节　时代形势和改造社会的志愿

毛泽东成长的时代，中国外有列强肆无忌惮的侵略，内部清政府腐败无能。国家主权遭到严重破坏，大量领土被分割，每次战败都伴随着巨额的赔款，人民生活处于水深火热之中。"山河破碎风飘絮"，中华民族到了最危险的时刻。为了救亡图存，无数中华儿女流血牺牲进行了前仆后继的英勇斗争。国家的危难、人民的斗争强烈地感染着毛泽东，酝酿了他改造社会的强烈愿望，推动他勇敢走向社会探求救国救民的道路。

一、数千年未有之变局

在鸦片战争之前，中国是当时世界上的第一人口大国和经济大国。有人估算，当时中国的 GDP 占全球 20% 以上。而且在对外贸易中，中国一直处于顺差地位，中国的丝织品、茶叶、瓷器等行销于世界各地。[1] 但这一切不过是封建社会的回光返照，闭关锁国的"天朝帝国"已经腐败糜烂。"三年清知府，十万雪花银"，清王朝卖官鬻爵、徇私舞弊、贪赃枉法从朝廷到各地蔓延，到了无以复加的地步。嘉庆四年，权臣和珅被抄家，其财产相当于清政府当时二十年的财政收入，清王朝骇人听闻的腐败由此可见一斑。[2]

自 1840 年鸦片战争始，清王朝在与西方列强强加的战争中相继战败。这些西方列强侵华的历史罪恶，"罄南山之竹，书罪无穷；决东海之波，流恶难尽"，带给中国人民无穷的灾难。[3] 清朝统治者对外奉行投降主义，赔款苟安，大肆出卖主权，对内却联合地主阶级势力对人民实行血腥镇压。太平天国起义、捻军起义等都是在清政府对外媾和的背景下，遭到残

---

① 商智、冷洋：《金融鸦片：我们与金融列强的博弈》，新世界出版社 2010 年版，第 3 页。

② 刘仁坤：《晚清社会思想之变迁》，黑龙江人民出版社 2015 年版，第 1 页。

③ 唐凯麟：《中华民族道德生活史》(近代卷)，东方出版中心 2015 年版，第 23—26 页。

酷镇压的。同时清政府大幅增加赋税和科派，以支付巨额赔款和弥补巨额财政亏空。各级官吏借机在征收钱粮时"捞油"，浮收勒扣、横征暴敛遍布全国。中国社会危机四伏，民不聊生，国家已经四分五裂。

面对"数千年未有之变局"，清政府中的一些有识之士也曾开展自强运动，但一次又一次失败了。其原因是他们没有认识到，在世界资本主义发展及工业革命的潮流面前，封建王朝的中国并不是某个局部的落后，而是整个社会已处于结构性落后的状态。虽然遭到列强的打击，清王朝还在拼命维系从古而来的"巨型官僚帝国"上下一元化的金字塔权力构架。其顶端是高度集中的绝对皇权，控制国家的核心经济社会权力，关心的只是自身权利在外部的冲击下减少损失。金字塔的中层是一个十分庞大的由俸禄供养的文治官僚系统，他们具有自身的利益且利用权力不断扩张自身利益，在一个变化的时代既缺乏改革精神又缺乏专业知识。金字塔的下层是一个散漫懦弱、人数巨量的底盘，这是以家族本位控制、由地主士绅操纵的半自然经济社会，对市场经济和先进技术一无所知并充满敌视。[①] 清政府的腐败以及对外一系列失败，都是由于这一结构与现代化的发展不相适应而形成的系统性的落后。

1840年鸦片战争打开了长期以自我为中心的中华大门，中国开始进入半殖民地半封建社会。半殖民地的性质决定了中国社会处于帝国主义的控制之下，半封建的社会性质表明中国仍然还有相当的以小农经济为基础的自耕自足的地域性的自然经济。列强的入侵，在战败和不平等条约的强制下，中国被迫向资本主义国家敞开门户，中国市场、中国经济从此与资本主义主宰的世界市场、世界经济接轨，中国经济逐渐由独立型向附属型转变。西方列强以攫取的各种特权和强大的经济实力为后盾，从中国的通商都市直至穷乡僻壤，造成了一个买办的和高利贷的剥削网。依仗这一无所不及的巨大剥削网络，列强长期操纵中国的进出口贸易和国内贸易。处于半殖民地的中国各方面都必须听凭列强的摆布。[②] 中国的小农经济，或

---

① 罗兹曼：《中国的现代化》，上海人民出版社1989年版，第274页。

② 李坚：《略论中国半殖民地半封建社会市场的特点》，《历史教学问题》1996年第2期。

说是农业和家庭手工业相结合的自然经济逐渐解体，人民大批地破产和日益贫困化。帝国主义与中华民族的矛盾、封建势力与人民大众的矛盾成为当时中国社会的主要矛盾。

二、对社会时局的关心

毛泽东出生和成长的韶山冲，是一片为湘潭、宁乡、湘乡三地包裹的"边区"。在中国近代史上，这一带各种社会势力盘根错节，风起云涌。曾国藩的老家就离毛泽东家乡不远。在与太平天国军队的战斗中，湘军的不少上层军官大发战争财，不断买地建房扩大家产。骁勇善战的湘军士兵先后被遣散，很多在社会上游荡，秘密结社，形成各种会党。会党起义与农民斗争结合在一起，此起彼伏。虽然先后失败，但在民间产生了持久的影响，也让年少的毛泽东从小听闻了外面世界的故事。

毛泽东从小就干农活，和农民有着密切的联系和感情，对封建社会给中国农民带来的深重苦难有着深切的感受，也非常同情被压迫的劳动人民。毛泽东13岁至15岁时，在家干农活和帮父亲记账，他从表兄文运昌处借了许多书籍，经常挑灯夜读。其中一本是郑观应的《盛世危言》，这是一本资产阶级改良主义的代表作。书中对时代局势的分析，提出的一整套改变中国贫弱的改良主义方法，以及饱含的爱国救国热情，使毛泽东非常感动，为之振奋。另一本是关于帝国主义列强瓜分中国的小册子，几十年后毛泽东还记得这本小册子开头的一句话："呜呼，中国覆亡有日矣！"毛泽东读了这本书后，心里常为祖国的前途和民族的存亡感到忧虑。

毛泽东密切关注社会上发生的事情，对处于社会底层人民的反抗抱着深切的同情。1910年春，长沙的饥民暴动给毛泽东很大震动。清政府调集大批军队镇压饥民，长沙城内血流成河。几个小贩从长沙逃出，路经韶山，把饥民暴动的消息传到了这个偏僻的山村。正在读书的毛泽东和同学听了都很愤怒，大家围绕着这件事议论了好几天。随着时间的推移，人们对这件事渐渐淡忘了，可毛泽东的心却久久不能平静。他觉得那些参加暴动的饥民，同自己的家里人一样，是善良的老百姓，只是被逼得走投无路才起来造反。他们无辜地被清朝统治者和帝国主义屠杀，这使他痛感到人间的不平。几十年后，他回忆起这些饥民，眼睛是湿润的。① 他深有感慨地说：这件事影响了我一生。②

三、改造社会志愿的生成

毛泽东在苦闷中积极寻找解救人民和改造社会的新思想。1909 年，一个维新派教师——李漱清来到韶山的清溪李家屋场，他常给韶山人讲各个地方的见闻，发表对时局的意见，谈有关维新运动的故事。村里守旧的人指责他，甚至加以诽谤。而毛泽东却很钦佩李漱清的胆识，经常去向他求教，向他坦陈自己心中的苦闷以及读书后的思考，两人之间形成了亦师亦友的亲密关系。毛泽东通过不断读书和向人请教，虽然没能摆脱心中的苦闷，但越来越清晰地认识到，世界正处于前所未有的大变化时代，守在韶山冲只能浑浑噩噩地过一辈子，应该走出去，投身到变革和斗争中去。③

1910 年秋，毛泽东离开韶山，赴湘乡的东山高等小学堂求学。临行前，他改写了一首诗，夹在父亲每天必看的账簿里："孩儿立志出乡关，学不成名誓不还。埋骨何须桑梓地，人生无处不青山。"这一大气、豪迈的诗，显示毛泽东小时候的志向何其高远！他还给自己取过这样一个名字——"子任"，也就是把救国救民作为自己的责任。在湘乡东山高等小学堂读书期间，他借阅了《世界英雄豪杰传》，被书中的华盛顿、林肯、拿破仑、彼得大帝等英雄的救国活动深深地吸引。他还书时对同学说："中国也要有这样的人物。我国应该讲求富国强兵之道，才不致蹈安南、

---

① ［美］埃德加·斯诺：《西行漫记》，董乐山译，三联书店 1979 年版，第 69 页。

② 汪澍白、张慎恒：《毛泽东早期哲学思想探原》，中国社会科学出版社、湖南人民出版社 1983 年版，第 12—15 页。

③ 汪澍白、张慎恒：《毛泽东早期哲学思想探原》，中国社会科学出版社、湖南人民出版社 1983 年版，第 23—27 页。

高丽、印度的覆辙。你知道，中国有句古话：‘前车之覆，后车之鉴’，而且我们每个国民都应该努力。"① 那时，毛泽东在心中把华盛顿、林肯、拿破仑、彼得大帝等英雄当作了自己的榜样。他只在东山高等小学堂读了半年，1911 年春，他来到长沙求学，以更大的决心探求改造社会的道路。在辛亥革命时期毛泽东还参加新军，为"完成革命尽力"②。

随着毛泽东把改造社会付诸行动，对于改造社会的方法产生了困惑。③1920 年 2 月，他在致陶毅的信中指出："我觉得好多人讲改造，却只是空泛的一个目标。究竟要改造到那一步田地（即终极目的）？用什么方法达到？自己或同志从那一个地方下手？这些问题有详细研究的却很少。""我们想要达到一种目的（改造），非讲究适当的方法不可。"④ 这时，毛泽东开始迫切地寻找改造社会的方法，为其以后调查研究方法的探索提供了思想源头。

第三节　西方文化和研究方法的影响

毛泽东出生的年代，绵延传承数千年的中华文化遭遇前所未有的危机，西方列强的武力和中国连续的战败打破了原有的中国文化格局，形成了激烈的文化冲突。西方社会调查理论和方法伴随西方列强的侵略进入中国，客观上促进了中国现代社会调查方法的发展。毛泽东青少年时代广泛涉猎、刻苦学习中西文化经典，确立了放眼看世界的思维。他也接触了西方社会调查理论和方法，并产生了浓厚兴趣。

---

① 萧三：《毛泽东同志的青少年时代和初期革命活动》，湖南大学出版社 1988 年版，第 22 页。

② ［美］埃德加·斯诺：《西行漫记》，董乐山译，三联书店 1979 年版，第 117 页。

③ 李景源、李为善等：《毛泽东方法论导论》，中国社会科学出版社 2019 年版，第 12 页。

④ 《毛泽东早期文稿》，湖南出版社 1990 年版，第 464—465 页。

一、中西文化的冲突与调和

在清王朝的封建专制统治之下，中国传统文化达到了至高无上的地位，也步入了黑暗的专制主义文化道路。清朝经学大盛，学者注重师承和家法，程朱理学成为高踞庙堂的正统学术。在"经学即理学"的呼声中，经学考据上升为学术主流，走上了"回归典籍"的不归路，不可避免地形成了排他倾向。① 空言心性的理学和繁琐考证的经学，禁锢着整个社会思想文化界，形成了万马齐喑的封闭、陈腐、僵化的状态。② 自鸦片战争开始，西方列强用中国人从未见过的坚船利炮，轻而易举打开了中国的大门，使数千年独自为王的中华民族陷入了深刻的危机。这种危机不仅是原来经济政治的解体，从根本上说，是中华民族的文化危机。③

抗拒和抵制西方文化，是中国文化面对外来挑战进行自我保护的本能反应。中西方文化在价值观念、思维方式、行为方法以及生活习俗感情等很多方面，都有着重大差异。西方文化中，也并非都是民主科学的东西，夹杂着大量西方腐朽的生活方式和种族歧视理论。然而，无论优劣，这些西方文化借助炮舰、鸦片和传教士一起涌入中国。中国人民在抗击侵略的同时，必然对西方文化表现出排斥心理和行为。④ 保守主义者痛斥"西方强盗"，责骂西方文化道德败坏，侵略成性。他们笃守中国封建的纲常礼教，认为中国的传统文化是"海外诸国，皆奉正朔"的文化。他们甚至主张"以礼仪为干橹，以忠信为甲胄"去应对西方列强的"坚船利炮"，结果只能在滚滚洪流的西方器物和文化中败下阵来。⑤

向西方学习，是面对西方文化侵略的痛苦选择。在西学科学主义的强烈对比冲击下，中国一些士大夫开始突破经学独尊、儒学万能的观念，逐

---

① 龚书铎：《中国文化发展史》（晚清卷），山东教育出版社 2013 年版，第 3—4 页。
② 龚书铎：《中国文化发展史》（晚清卷），山东教育出版社 2013 年版，第 3—4 页。
③ 汪洋：《党内文化新论》，云南大学出版社 2012 年版，第 369 页。
④ 龚书铎：《中国文化发展史》（晚清卷），山东教育出版社 2013 年版，第 3—4 页。
⑤ 孔庆榕：《中华民族向心力研究》，广东人民出版社 2014 年版，第 243 页。

步认同、容纳和学习西学。魏源发出了向西方学习的思想先声，振聋发聩地提出"师夷长技以制夷"。冯桂芬提出了"以中国之伦常名教为原本，辅以诸国富强之术"①，被认为开启了"中体西用"的滥觞。张之洞明确提出和倡导"中体西用"的思想，认为根本的是坚持中国传统的"体"，学习西方的坚船利炮的"用"是为了反抗西方。洋务派高举"中体西用"的思想旗帜，企望通过引进西方的科学技术来维护清朝的统治，挽救中国封建社会的文化基础。这种中西文化的调和，比文化保守主义前进了一步，但是中西对立、体学二元的主张，违背了文化从冲突走向整合的一般规律。正如严复所说，洋务派的"中体西用"文化解决方案是行不通的，"牛体不能马用"，"体"和"用"是不可分开的。② 洋务运动的失败正说明了这一点。

当中国士大夫还在对如何应对西方文化进行探讨和摸索的时候，西方文化已经进入了中国社会和人民的生活。在中国广大地区，特别是在通商口岸和沿海地区，经受西方文化的浸染，社会生活、风俗习惯发生着或快或慢、或大或小的变化。"洋火"、"洋油"、"洋伞"等日用洋货由绅商之家渐及一般民众，由通都大邑渐及邻近乡村。城市西洋街景成为时尚之地，火车、轮船改变了人们的出行方式。一些女性不再缠足，不再固守于闺门之内，纷纷外出谋生。③ 西方文化给中国带来的这些新气象，冲破了陈腐的封建禁锢，给中国人民以崭新的体验。但西方屡次侵略带给中国人民的伤害，让学习西方的中国人陷入了"老师总欺负学生"的痛苦矛盾深渊。

二、西方近代调查方法及对中国的影响

虽然调查方法在西方可以追溯到亚里士多德时代，但科学系统的社会调查理论和方法是伴随近代科学主义的发展，在资本主义发展过程中产生

① 冯桂芬：《校邠庐抗议》，上海书店出版社 2002 年版，第 57 页。
② 汪洋：《党内文化新论》，云南大学出版社 2012 年版，第 370 页。
③ 龚书铎：《中国文化发展史》（晚清卷），山东教育出版社 2013 年版，第 9—11 页。

和发展的。18世纪末期以来，西方社会调查方法飞速发展，体现出鲜明特点：一是西方近代的社会调查是在为资本主义社会正常运行服务中发展起来的，从目的上看是服务于资产阶级维护和拓展自身利益的需要。二是以实证主义为指导形成了多种社会调查方法和工具，包括观察、访问、问卷、统计等方法基本成型，这些方法具有客观性和中立性。三是侧重于社会问题的调查，期望如医生那样对社会问题进行诊断，对社会问题对症下药，解决问题。四是近代西方社会调查存在共同的缺陷，即重视事实的描述，缺乏正确的理论指导。特别是受自由主义影响的资产阶级学者进行的社会调查，往往否定社会发展的规律性，割裂社会调查和社会发展规律之间的联系。因而这些调查并不能深刻反映西方社会问题和找到解决西方社会内在矛盾的办法。①

中国古代有进行社会调查的传统，但直到近代受到西方调查方法的影响，才发展出现代意义上的调查方法。1840年鸦片战争后，西方社会调查方法在"西学东渐"的潮流中传入中国。来到中国的外国人希望通过社会调查来研究和认识中国社会。一些教会学校的外国教授指导和带领学生，采用西方搜集与分析资料的技术来研究中国社会的现状和问题，起初的调查样本规模都比较小，后来逐渐扩大样本。②美国传教士约翰·步济时在1914—1915年对北京人力车夫的调查，设计了问卷，进行了访问，这被认为是现代社会调查在中国的开端。③为系统地组织社会调查，传教士们还成立了北京社会调查社，开展了一系列研究北京社会情形的调查。这些传教士所做的调查虽然是从基督教社会服务的理念出发，但客观上促进了中国社会调查方法的发展。

中国知识分子受到传教士在中国社会调查的影响，认识到西方社会调查方法的先进性，希望通过社会调查认识自己的社会。中国也有一批留学

---

① 王高飞：《社会调查理论与方法》，哈尔滨工程大学出版社2016年版，第26—27页。

② 范伟达、王竞、范冰：《中国社会调查史》，复旦大学出版社2008年版，第36—37页。

③ 阎明：《一门学科与一个时代：社会学在中国》，清华大学出版社2004年版，第17页。

生到西方学习社会学，他们回国后在各地开展社会调查活动，在调查中使用了访谈法、问卷法、统计图表、记账法等西方调查中通行的方法。随着学界社会调查的兴起，政府也开始推进社会调查活动。1920 年，北洋政府拨出专项经费，邀请外籍顾问主持创办经济讨论处，从大学毕业生中广泛招募调查员，以认识和解决经济问题为主，在全国开展"切实及有系统之调查"①。这一时期，无论学界的社会调查还是政府组织的调查，都深受西方调查方法的影响，对中国社会调查的发展起了积极作用，同时也不可避免地存在着与西方传教士对中国社会调查的类似局限——研究者对中国社会生活缺乏深切体验，其分析有时会片面、肤浅，甚至错误。②

三、对西方文化和研究方法的学习

毛泽东青少年时代受西学的影响不小，其中包括西方社会学理论和方法。1910 年秋，毛泽东离开韶山进入的是一所新式的学校——湘乡东山高等小学堂，他在那里开始接触西学。1912 年，毛泽东在湖南省立图书馆自修，在图书馆大厅的墙上第一次看到了《世界坤舆大地图》，兴奋不已。他每次经过这里，都要停步仔细看一看，对外面的世界充满了好奇。毛泽东后来谈到自学的内容，给他印象最深的，主要是达尔文的进化论，亚当·斯密的经济学著作，孟德斯鸠、卢梭的法律学和政治学著作，约翰·穆勒的逻辑学著作，斯宾塞的社会学著作等，这些基本上是严复翻译的。毛泽东对严复给予很高的评价，他说："洪秀全、康有为、严复和孙中山，代表了在中国共产党出世以前向西方寻找真理的一派人物。"③ 严复曾留学英国，他翻译的西方社会学理论的集大成之作——斯宾塞的《社会学原理》（译名《群学肄业》），深受毛泽东喜爱。严复十分赞同孔德和斯宾塞的观点，认为群学是各学科之后的"最高学问"，曾说"群学治，而

---

① 关永强、王玉茹：《近代中国官方经济调查的发端——经济讨论处系列机构初探（1920—1937）》，《清华大学学报》2015 年第 4 期。

② 范伟达、王竞、范冰：《中国社会调查史》，复旦大学出版社 2008 年版，第 37—39 页。

③ 《毛泽东选集》第 4 卷，人民出版社 1991 年版，第 1469 页。

后能修齐治平"。① 通过严复的著作，毛泽东接触到了西方的社会学思想和方法。

在第一师范学习时，受杨昌济和黎锦熙的影响，毛泽东在传统文化的基础上加强了西学的学习。杨昌济是一位纯正的儒者，国学根基很深，但他了解外面的世界，先后留学日本、英国，回国后在教授国学的同时大力倡导西学。杨昌济"在长沙五年，弟子著录以千百计，尤欣赏毛泽东、蔡林彬"②。他教毛泽东国文及修身课，强调学以致用，要求学生以通今为主，着重研究现实的学问。他强调"博学、深思、力行"，并把这六个字作为他达化斋的"不二法门"赠给学生。杨昌济将传统文化"发挥而广大之"以及通今致用、放眼世界的思想，给毛泽东深刻的影响。在一师对毛泽东影响很大的还有黎锦熙。1915 年毛泽东在给萧子升的一封信中谈到："学校浊败，舍之以就深山幽泉，读古坟籍，以建基础，效康氏、梁任公之所为，然后下山而涉其新"。黎锦熙对毛泽东去深山钻研古籍的幻想进行了批评，指出学历史是为了"观往迹制今宜者"，"诸科在学校不可缺"。这些意见使毛泽东幡然醒悟。③ 在杨昌济和黎锦熙等学者的影响下，毛泽东在第一师范刻苦学习和钻研中西文化经典，不仅打下了扎实的传统文化基础，也接触了西方的思想，确立了放眼看世界的思维。

毛泽东曾指出："自从一八四〇年鸦片战争失败那时起，先进的中国人，经过千辛万苦，向西方国家寻找真理。"④ 新文化运动中，毛泽东更加注重阅读译介新思想、新文化、新思潮的书刊，接受了用实证主义认识社会的理念。⑤ 他在北京大学图书馆工作期间，大量阅读了介绍各种新思潮的书籍，也了解到西方学者在中国进行的调查研究，并对此产生了浓厚兴趣。这些，都为他调查研究方法的形成和发展提供了重要的启发和帮助。1959 年 5 月 15 日他在会见智利政界人士时回忆说：那时"我相信亚当·斯

---

① 《严复集》第 1 册，中华书局 1986 年版，第 7 页。
② 李肖聃：《本校故教授杨怀中先生事迹》，《北京大学日刊》1920 年 1 月 28 日。
③ 王凤贤：《毛泽东与中国传统文化》，安徽人民出版社 1996 年版，第 24—26 页。
④ 《毛泽东选集》第 4 卷，人民出版社 1991 年版，第 1469 页。
⑤ 陈晋：《毛泽东与"西学"》，《党的文献》2014 年第 6 期。

密的政治经济学，赫胥黎的天演论，达尔文的进化论，就是资产阶级那一套哲学、社会学、经济学"①。西方思想尤其是社会学理论和方法对青年毛泽东产生过重要影响，为他后来开展社会调查时综合采用多种方法提供了重要的借鉴。

第四节　多种主义比较和马克思主义指导的确立

"中国近代的特点是在一百多年内走完西方几百年走过的历程"②。在思想界，传统社会的道统依然根深蒂固，而西方的各种思潮集中涌入被迫打开国门的中国社会。近代中国成为各种社会思潮的集散地，先进的中国知识分子接受了一个又一个思想，当作灵丹妙药一样欢迎，并在实践中进行了多种试错。青年毛泽东面对各种思潮也曾感到混乱和迷茫，但通过艰苦探索和反复比较，最后选择了马克思主义，而且一旦选择，从未改变过。接受马克思主义后，毛泽东的社会调查得到了正确方法论指导。由自发走向自觉调查研究，成为他认识社会、开展革命的强大武器。

一、对改良维新派的向往

鸦片战争及之后连续失败，带来中国三千年未有之变局，部分"先进的中国人"在困顿中寻找"善后之策"和"御夷之方"，各种救国主张纷纷在中国登台亮相，又如走马灯般地变幻无常。"中学为体、西学为用"是地主阶级先进分子提出的最早的应对危机的口号，并在此指导下开启了洋务运动。洋务运动在当时能被社会一般价值观念和普通人的情感所接纳，在于从学习西方军事的器物层面入手改造社会，对社会伦理的冲击较低，遭到的阻力较弱。然而，随着国门不断被打开，试图"以新卫旧"的

①　《毛泽东年谱（一九四九——一九七六）》第 4 卷，中央文献出版社 2013 年版，第 51 页。

②　《冯契文集》第 7 卷，华东师范大学出版社 1997 年版，第 685 页。

洋务运动在外来侵略和西学东渐的潮流中无能为力。1894 年，洋务运动的重点成果——北洋海军在中日甲午战争中全军覆没，标志着历时 30 余年的"中学为体、西学为用"思潮的破产。

中日甲午战争的失败，使中国知识分子痛切感到，只有器物的更新不足以强兵救国，必须有体制的改革。维新派提出了"除旧布新"的"新学"。新学打破了洋务派"中体"与"西用"的分割状态，主张以西方文化为指导、以西方社会为标本全面改造中国传统文化和社会，"西学救中国"逐步成为中国思想界的主流。维新派提出的君主立宪、发展工商业、废科举、倡西学等思想，体现了中国新兴民族资产阶级的利益要求，在当时有积极进步的意义，但又明显带有阶级局限性和历史局限性。康有为等维新派为减少维新的阻力，在文化上奉孔子为教主、力图"托古改制"来证明变法的合理性，为获得帝国主义的支持在政治上对帝国主义抱有幻想。所以软弱的维新派轻易被慈禧太后扼杀了，也就宣告了维新方案的失败。①

毛泽东小时候并不反对封建帝制，对封建官吏抱有希望。他后来回忆说："那时候我还不是一个反对帝制派；说实在的，我认为皇帝象大多数官吏一样都是诚实、善良和聪明的人。"②后来他读到了郑观应的《盛世危言》，受到重大启示，开始接受资产阶级维新派改良的主张。在湘乡东山高等小学堂读书期间，他阅读了《新民丛报》，开始比较系统地接触维新派的"新学"。虽然毛泽东读《新民丛报》时，距离该刊停刊已近三年，但对他这个刚刚从偏僻山乡走出来的 17 岁的青年来说，仍然感到十分新鲜，"读了又读，直到可以背出来"。这时，他"崇拜康有为和梁启超"③，那时他的思想深受改良主义的影响。④

---

① 李敬煊：《中国现代化与马克思主义中国化互动关系研究》，华中师范大学出版社 2005 年版，第 34—37 页。

② ［美］埃德加·斯诺：《西行漫记》，董乐山译，三联书店 1979 年版，第 114 页。

③ ［美］埃德加·斯诺：《西行漫记》，董乐山译，三联书店 1979 年版，第 113 页。

④ 王兴国、李吉：《青年毛泽东的思想轨迹》，湖南出版社 1993 年版，第 156—158 页。

二、多种主义中的困惑

戊戌变法是近代中国在学习西方的思想指导下，具有资产阶级改良性质的运动，虽然失败了，但资产阶级民主革命思想得到了进一步传播。以孙中山为代表的新兴资产阶级知识分子抛弃了改良的道路，提出了三民主义的革命纲领，这个纲领是以西方资产阶级的天赋人权、自由平等学说为思想基础，试图以美国、法国的政治体制为蓝本改造中国。1911 年，辛亥革命爆发，资产阶级革命派用武装推翻了清王朝的统治，在中国竖起资本主义的旗帜并建立起中华民国。然而，袁世凯复辟，地方军阀割据导致国家分崩离析，各种利益复杂地交织，形成了尖锐的矛盾和冲突。

毛泽东是在辛亥革命的前夕，1911 年春天从湘乡东山高等小学堂到长沙读书的。"在长沙，我第一次看到报纸——《民力报》，……这个时候，我也听说了孙中山这个人和同盟会的纲领。"他曾主张，"把孙中山从日本请回来当新政府的总统，康有为当国务总理，梁启超当外交部长！"他把这个主张写成一篇小文章贴在墙上。这说明那时他还没有分清君主立宪和民主共和、改良和革命的差别，"思想还有些糊涂"。毛泽东曾嘲笑"假洋鬼子"，但到 1911 年夏天，毛泽东却主张"全部取消辫子"，这说明他的思想已从不反对帝制发展到主张取消帝制。对此，他后来感慨："政治思想是怎样能够改变一个人的观点呵！"①

辛亥革命后，各阶级各派系宣传的思想主张在社会传播中不断摩擦和交融，各种思潮异常活跃，理论论争迭起，呈现出多元化的特征。中国知识分子曾搬运了很多西方的思想理论，如宪政主张、自由平等博爱思想、民主主义、进化论、工读互助主义、新村主义、平民主义、无政府主义等等，都曾在中国得以宣传提倡，并不同程度付诸实施。② 中国知识分子借鉴这些外来政治思想，反观传统文化和社会形势，提出了多种多样的政治

---

① 　[美] 埃德加·斯诺：《西行漫记》，董乐山译，三联书店 1979 年版，第 115 页。

② 　冯学工：《马克思主义中国化的历史进程》，河北人民出版社 2016 年版，第 3—4 页。

主张，这些主张从价值的角度大致分为三种：保守主义、改良主义和激进主义。这三种主义可以从文化和政治两个层面加以识别。①在文化层面上，保守主义主张弘扬传统文化，激进主义则主张全盘反传统，改良主义主张在保持传统文化基础上接受西方文化；在政治层面上，保守主义主张维护封建皇朝统治，激进主义则主张推倒现存制度创建社会秩序，改良主义主张既维护君主统治又学习西方宪政制度实现民主自由。这三种政治思想互相纠结，左右中国近代的历史进程。

辛亥革命到中国共产党成立之前，毛泽东大部分时间是在湖南省立第一师范读书。在湖南一师，毛泽东是一个出了名的认真刻苦读书、充满激情关心时政的学生。他最喜欢的杂志是《新青年》，最喜欢看胡适和陈独秀的文章。受胡适和陈独秀的影响，他写作《体育之研究》一文，倡导尚武和锻炼，在《新青年》上发表，署名"二十八画生"。但那时社会上有各种思潮和主义，毛泽东都觉得有道理，思想还是混乱的。为解决思想上的困惑，1918年春，毛泽东创建了新民学会，组织起来学习各种政治主张。对那个时候比较有影响的社会达尔文主义、无政府主义、实用主义，毛泽东等人都探讨过。有一段时间，他对无政府主义很感兴趣。他后来回忆说："我读了一些关于无政府主义的小册子，很受影响"②。1918年6月，毛泽东在第一师范毕业后，在工读主义的影响下，进行半工半读、平等友爱的新村梦想的试验，联合志同道合、暂时没有找到工作的同学成立"工读同志会"。他还制定了一个详细的"新村建设"计划，并把其中一章发表在《湖南教育月刊》上。但新村梦很快破灭，毛泽东陷入空虚之中，感到学来学去的理论在现实中完全行不通。

三、马克思主义指导的确立

自鸦片战争以来，"中国几乎对西方出现过的各种现代化模式都进行

---

① 任宝玉：《试析20世纪前期中国自由主义的命运》，《天中学刊》2011年第6期。

② ［美］埃德加·斯诺：《西行漫记》，董乐山译，三联书店1979年版，第127—128页。

过快速的试选择"①，但没有一次成功。一代又一代先进的中国知识分子历尽曲折，艰苦探索，终于遇到了马克思主义。"影响于未来世纪文明之绝大变动"②的十月革命，如"春雷之启蛰"，促进了马克思主义在中国迅速而广泛地传播开来，"起翻天的巨浪，摇荡全中国"③。新事物的产生必将面临着严厉的考验和激烈的斗争，这是事物发展的普遍规律。马克思主义在中国也是这样，在传入的过程中与当时的各种社会思潮发生激烈角逐与斗争。这些争论促进了马克思主义在中国的传播，也提出了马克思主义中国化的命题。

马克思主义来源于西方工业文明，与中国传统文化截然不同，这导致中国民众刚开始接受马克思主义感到困难。但马克思主义与中国传统文化产生了某些交汇，存在若干意识形态层面的契合点。④正是在马克思主义与中国传统文化具有一定共同内核的基础上，才会有马克思主义中国化。中国早期马克思主义者在宣传马克思主义时，往往借用传统儒学中的某些观念和话语，以儒家"天下为公"的"大同"思想来阐述马克思对未来的构想。瞿秋白提出新文化的构建必须以马克思主义与传统文化相结合来实现。孙中山作为中国国民党和"三民主义"的创始人，对马克思主义的理解影响着近代中国革命思想和革命实践的发展。他在学习梳理各种现代西方思想的同时，对其中影响越来越大的马克思主义给予了特别的关注。孙中山看到自己曾经崇尚的欧美资本主义国家出现贫富两极分化，努力找寻避免走上资本主义阶级冲突的道路，后来改进了"三民主义"，将其发展为"联俄、联共、扶助农工"的"新三民主义"，这也是马克思主义影响中国社会思潮和改造方案的实例。

现代人看马克思主义在中国的传播，觉得是一种政治理念的宣传或外

---

①　罗荣渠：《现代化新论——世界与中国的现代化进程》，北京大学出版社1995年版，第339页。

②　《李大钊文集》第2卷，人民出版社1999年版，第216页。

③　《瞿秋白选集》，人民文学出版社1959年版，第20页。

④　刘志杨：《马克思主义与儒家文化：当代中国文化的传统与展望》，山东人民出版社2015年版，第8页。

来文化的侵入。其实，当年中国，没有哪一种政治力量或哪一个阶级人物的安排可以让人们必须接受马克思主义。马克思主义原本是无数在中国传播的西方思潮之一种，但它一旦传入，就表现出强大的生命力，其根本原因是其适应了中国社会变革的客观需要。中国先进的知识分子通过学习比较，通过实践探索，认识到了马克思主义的真理性。中国学习英国"光荣革命"、日本明治维新的戊戌变法失败了，学习法国、美国资产阶级革命的辛亥革命也失败了。马克思主义表现出的科学性与革命性，在五四运动后如滚雪球般越来越大，信的人越来越多。于是灾难深重的中华民族义无反顾地学习苏联，接受马克思主义的指导，走上了追求社会主义的道路。①

十月革命给中国送来马克思列宁主义，成为青年毛泽东政治思想的转折点。1918 年 10 月，经杨昌济介绍，毛泽东认识北京大学图书馆主任李大钊，获得了图书馆助理员的岗位，有更多机会接触李大钊等马克思主义者。同年 11 月，李大钊在《新青年》发表《庶民的胜利》和《布尔什维主义的胜利》两篇热烈赞扬十月革命的文章，提出"试看将来的环球，必是赤旗的世界"。毛泽东思想上受到强烈震动，开始专注学习马克思主义。1919 年，毛泽东创办《湘江评论》，在《民众的大联合》一文中，他首次赞扬了俄国十月革命，但那时他并不认同马克思主义的暴力革命。毛泽东呼唤通过联合进行社会革新，但他领导的湖南自治、"驱张运动"都被军阀镇压了。现实的一系列挫折和失败使毛泽东愈发认识到马克思主义的正确，逐步成为坚定的马克思主义者。他后来回忆说："我一旦接受了马克思主义是对历史的正确解释以后，我对马克思主义的信仰就没有动摇过。""到了一九二〇年夏，在理论上，而且某种程度的行动上，我已成为一个马克思主义者了，而且从此我也认为自己是一个马克思主义者了。"②

在接受马克思主义之前，毛泽东抱着救国救民的情怀进行社会调查，无论是运用中国古人的传统调查方法，还是通过西方著作接触到的社会调

---

① 冯学工：《马克思主义中国化的历史进程》，河北人民出版社 2016 年版，第 5 页。

② ［美］埃德加·斯诺：《西行漫记》，董乐山译，三联书店 1979 年版，第 131 页。

查方法，都只能得到一种模糊的认识，他由此进行的一些社会调查实践还是比较肤浅的尝试。他之所以选择马克思主义作为调查研究的指导，主要是马克思主义给了调查研究一个科学的框架，使他能够找到中国社会的症结和解决的办法。只有在马克思主义的指导下，毛泽东的社会调查方法才获得科学基础并沿着正确道路不断完善，他自己也在调查研究的实践中成长为一个坚定而杰出的马克思主义革命家。

第三章　毛泽东调查研究方法的演进轨迹

　　毛泽东读书时批注："不但要认识整个过程的根本性质，而且要认识这个过程各个阶段上性质的差异"①。对毛泽东调查研究方法的认识也应如此，要把握整体特征，也要分析各个阶段性质的差异。毛泽东调查研究方法的整体特征，将在后续章节中集中论述，本章论述毛泽东调查研究各个阶段的性质特点，从而展示其演进轨迹，大致分为五个阶段。青少年时期，毛泽东通过游学来了解社会，这是他调查研究方法的萌芽阶段。五四运动到大革命时期，毛泽东接受了马克思主义并在马克思主义指导下进行工人运动和农民运动考察，标志着毛泽东调查研究方法进入到一个有理论指导的新阶段。土地革命战争时期，毛泽东深入群众深入基层，抓住典型进行"下马看花"式实地调查，这是毛泽东调查研究方法形成时期。抗日战争和解放战争时期，毛泽东对自己的调查研究方法进行了系统的理论总结，推动全党开展调查研究，这是毛泽东调查研究方法的完善时期。新中国成立后，毛泽东依然高度重视调查研究，但其逐渐以"走马看花"为主，这是他调查研究方法的转变时期。毛泽东调查研究方法，经历了不同的历史阶段，体现了不同的特色，留下了宝贵的经验和深刻的教训。

---

　　① 《毛泽东哲学批注集》，中央文献出版社1988年版，第46页。

第一节　萌芽：游学

一、游学的想法

毛泽东成长在中国内忧外患的危机时代。19 世纪末到 20 世纪初，腐败无能的清政府统治下的古老中国，被西方列强一步步蚕食瓜分。辛亥革命后，袁世凯篡夺了革命果实，军阀割据混战，帝国主义加紧侵略，人民处于水深火热之中。面对这种时局，怀着救国救民热情的青年毛泽东，渴望了解中国社会的现实，走向改造中国的实践。然而以什么样的方式来了解社会、走向实践呢？毛泽东一直在探索。

在湖南第一师范求学期间，毛泽东刻苦勤奋，博览群书，每天学习到深夜。但"有字之书"还不能满足他求知的渴望。他经常对同学说，读书不但要善于读"死"的书本，而且还要善于读"活"的书本，不但要读有字之书，还要读社会这本"无字之书"。毛泽东在一师是学习极为认真的人，对一师的教学总体是满意的，但他对一师的教学和管理也有意见，觉得课程太多，共有 30 多门，学生负担太重，规矩太多，仅学生应遵守的秩序一项就达 35 条之多。①1915 年 7 月，他在给友人的一封信中流露对学校的极大怨气，认为自己"近年来所有寸进，于书本得者少，于质疑问难得者多"②。毛泽东对书本知识质疑越多，越渴望走向社会获得实践的经验。他常常利用课余时间，到工厂、农村进行访问。长沙、湘潭周边被他跑遍了，他觉得了解的面还是太窄，希望了解更广阔的世界。

毛泽东十分佩服王夫之倡导的"必以践履为主，不徒讲习讨论而可云学也"的履践笃实的精神，常常与蔡和森、萧子升等去"船山学社"聆听学术报告，并一起讨论如何开展"履践"。③他向往像中国古人一样"读

---

① 徐方平、许会丽：《青年毛泽东缘何"游学"——纪念中国共产党诞辰 80 周年》，《湖北大学学报》2001 年第 4 期。

② 《毛泽东早期文稿》，湖南出版社 1990 年版，第 13 页。

③ 夏佑新、杜兵：《试析青年毛泽东"游学"原因》，《毛泽东思想研究》2007 年第 1 期。

万卷书，行万里路"。在他学习过程中摘抄和记录的万余言的《讲堂录》中，曾这样写道："游之为益大矣哉！登祝融之峰，一览众山小；泛黄渤之海，启瞬江潮失。马迁览潇湘，泛西湖，历昆仑，周览名山大川，而其襟怀乃益广。"此时的毛泽东，有了效仿古人游学的想法。① 但是，他还没有下定决心采取行动。

直接促使毛泽东出发游历的，是同盟会的机关报《民报》上的一则消息。消息上说，两个学生徒步旅游全国，一直到达西康的打箭炉（今四川康定）。1936 年，毛泽东与斯诺谈话时回忆说："这件事给我很大的鼓舞。我想效法他们的榜样，可是我没有钱，所以我想应当先在湖南旅行一试。"② 毛泽东看到了《民报》上这则消息后，深受鼓舞，不再犹豫，马上采取行动。这样，游学便成了青年毛泽东有意识地了解社会的初始方式，也是他调查研究方法的萌芽状态。

二、游学的经历

1917 年 7 月中旬，毛泽东和同学萧子升漫游长沙、宁乡、安化、益阳、沅江五县，8 月 16 日，回到长沙楚怡学校，两人特意穿着游学时的衣服和草鞋，拍照留念，以纪念这次游学活动。这次游学，他们穿着草鞋，背着包袱，步行近千里，历时达月余。他们到过五县的一些城镇和农村，走访了各类人士包括学术名流、普通农民、小手工业者、小商人、和尚、地方官吏等，查阅了各类文献包括地方志、佛经和当地私藏书籍，了解了各地的风土人情。毛泽东在途中写下了许多笔记和诗文，师生们传阅了他的游学笔记后，纷纷赞誉毛泽东是"身无半文，心忧天下"③。

1917 年冬天，毛泽东一个人又到浏阳县文家市铁炉冲一带游学考察。

---

① 　参见马玉卿、张万禄：《毛泽东成长的道路》，陕西人民教育出版社 1986 年版，第107—108 页。

② 　[美] 埃德加·斯诺：《西行漫记》，董乐山译，三联书店 1979 年版，第 122 页。

③ 　周世钊：《第一师范时代的毛主席》，《新观察》1951 年第 2 期。

他晚上寄宿在同学家里，白天深入到当地农民中间，和农民一起挑水种菜，向农民宣传反封建、反迷信的道理。每天晚上，毛泽东住的地方挤满了贫苦农民，大家都愿意和"毛先生"谈心。针对这里农民没有栽树的习惯，他向农民宣传："前人栽树，后人乘凉"、"前人栽树，后人食果"，大家要替后人着想。他动员农民植树，并且自己亲手在铁炉冲栽了几棵板栗树。①

1918 年春天，毛泽东和蔡和森一道从长沙岳麓山蔡和森的家里出发，各带一把雨伞，伞柄上缠一条毛巾，脚穿一双草鞋，徒步游历了浏阳、湘阴、岳阳，绕洞庭湖半圈而返，历时一个多月回家。沿路他们接触各种人士，了解农村的风俗习惯、生产生活、交租情况及地主和佃农的关系等。一路上两人还详细商谈组织新民学会问题，决心为改造中国奋斗终身。

外出长途游学由于所需时间比较长，毛泽东在学生时代只能利用假期进行。野游是毛泽东经常进行的短途游学方式。野游既是毛泽东用来锻炼身体的一种形式，也是他走向社会、了解社会的一种途径。1917 年 9 月 16 日张昆弟的日记对他和毛泽东等的一次野游，作过细致的描述："今日星期，约与蔡和森、毛润之、彭则厚作一二小时之旅行。早饭后，彭君过河邀蔡君同至渔湾市会伴。余与毛君先到渔湾市。稍久，彭君一人来，蔡君以值今日移居不果行……三人遂沿铁道行，天气炎热，幸风大，温稍解。"② 他们行至湘潭，爬上昭山，至昭山寺。他们夜宿昭山寺，与和尚交谈，了解寺庙状况和当地风土人情。毛泽东在湖南一师求学期间，读书之余经常进行这样的野游，这是他在读有字之书的同时，坚持读无字之书。

三、游学的收获

游学是中国文人读书之余常用的古老方式，一些家境富裕的读书人借

---

① 马玉卿、张万禄：《毛泽东成长的道路》，陕西人民教育出版社 1986 年版，第 111—112 页。

② 转引自高菊村、陈峰、唐振南、田余粮：《青年毛泽东》，中共党史资料出版社 1990 年版，第 49—50 页。

此寻师访友，一些家境困难的读书人走家串户给人家写字作对联以谋生。毛泽东给这种古老的形式注入新的内容，利用"游学"来接触底层人民群众，了解社会和锻炼自身能力，学习书本上学不到的东西。[①] 游学对于青年毛泽东的成长具有多方面的意义。

通过游学，毛泽东了解了农村社会。毛泽东从小就很关心农民的疾苦，但对农民生产生活的状况究竟还不是很了解。通过游学或野游，毛泽东沿途考察各地的风俗习惯和农民的生产生活，丰富了对社会的实际知识，获得了认识社会的第一手材料。毛泽东还曾把游学途中的感受写成通讯，投寄湖南《通俗日报》，反映不平等的社会制度问题，以期研究和解决。

通过游学，毛泽东加深了与人民群众的感情。游学途中，毛泽东走到村里，就找个农家坐下来谈天说地。开始，有的农民对他们有怀疑，看见他们既不像一般的游学先生，也不像测八字算命的人，摸不清他们的底细。但是，毛泽东平易近人，语言通俗，没有一点架子。他关心农民生活，和农民一起劳动，想方设法帮助农民。农民逐渐地喜欢他，愿意与他交谈，热情招待他吃饭和住宿。在这个过程中，毛泽东感受到了中国农民的艰辛、纯朴和善良，也坚定了自己为贫苦人民打天下的决心。

通过游学，毛泽东锻炼自己的生存能力和克服困难的意志力。在游学时或野游时，毛泽东经常有意识地不带钱。他靠挨家挨户替农家做工换饭吃，有时候甚至靠行乞。[②] 有一次他几天不吃饭，只吃些硬豆和水——这又是一种"锻炼"肠胃的方法。遇到机关、学校、商店，就编一副对联，用红纸写好送去，有时还可得几个赏钱。遇着寺庙，就进去跟和尚聊天，顺便蹭个饭，晚上就住在寺庙。1917年夏天的游学，毛泽东与萧子升出发时身无半文，游历了一个多月后，返回时竟然还赚了两块多钱。这种游学是对其生存能力的一次重要锻炼，为他日后在任何艰难情况下都能生存和发展打下了基础。

---

① 高菊村、陈峰、唐振南、田余粮：《青年毛泽东》，中共党史资料出版社1990年版，第40页。

② [美] 埃德加·斯诺：《西行漫记》，董乐山译，三联书店1979年版，第68页。

在游学的过程中，毛泽东逐渐认识到，这样到处走走只能了解一些表面的现象。他积极组织赴法勤工俭学，但他自己却不愿去，认为"我对自己的国家还了解得不够，我把时间花在中国会更有益处"①。"吾人如果要在现今的世界稍为尽一点力，当然脱不开'中国'这个地盘。关于这地盘内的情形，似不可不加以实地的调查，及研究"。② 毛泽东深感游学难以产生对社会深刻正确的认识，但苦于没有一种理论的指导，还没有找到正确的调查研究方法。然而，他探求认识社会的热情不会熄灭，寻找调查研究正确方法的步伐也不会停止。

第二节　发展：考察

一、接受马克思主义指导开展工人农民考察

十月革命一声炮响，给中国送来了马克思列宁主义。北京知识界是较早接受和传播马克思主义的群体。在李大钊的指导和帮助下，毛泽东接触到马克思主义。他认真地阅读考茨基著的《阶级斗争》、陈望道翻译的《共产党宣言》等著作，第一次意识到要用阶级的方法来观察和分析社会。他说："可是这些书上，并没有中国的湖南、湖北，也没有中国的蒋介石和陈独秀。我只取了它四个字：'阶级斗争'，老老实实地来开始研究实际的阶级斗争。"③ 随着对马克思主义越来越多的了解，毛泽东意识到"马克思列宁主义这个最好的真理，作为解放我们民族的最好的武器，而中国共产党则是拿起这个武器的倡导者、宣传者和组织者"④。从此，他的调查研究掀开了新的一页，在马克思主义的指导下开展了大量的工人和农民调查。

---

① ［美］埃德加·斯诺：《西行漫记》，董乐山译，三联书店1979年版，第126页。

② 《毛泽东年谱（一八九三——一九四九）》修订本（上卷），中央文献出版社2013年版，第54页。

③ 《毛泽东农村调查文集》，人民出版社1982年版，第22页。

④ 《毛泽东选集》第3卷，人民出版社1991年版，第796页。

　　为了解工人阶级的生产生活状况，以及工人阶级同资产阶级的矛盾，1921 年秋至 1922 年冬，毛泽东多次到安源煤矿、水口山铅锌矿进行考察和开展斗争。他有意识地以马克思主义阶级分析方法为指导，对工人状况进行全面系统的调查，分析工人中的各个层次的政治态度。在开展调查研究的同时，毛泽东与工人们一起生活、劳动，从工人那里学到了许多知识，增长了才干。在调查研究的过程中，毛泽东初步把马克思主义的理论与中国社会相结合，不断探索从事调查研究的科学方法。

　　农村和农民问题一直是毛泽东调查研究的重点。1925 年 2 月 6 日，毛泽东和家人一起回到韶山，并带回一百多斤书籍。毛泽东一边养病一边作社会调查。到朋友、同学、亲戚和左邻右舍农家走访，或邀请亲友到韶山南岸家中，谈家常、讲时事。经过同各种人士的接触和调查，了解到韶山附近农民的生产、生活情况，农村的阶级状况和各种社会情况。① 同年 5 月，毛泽东到安化县，停留了十天左右，举行座谈会，召开有共产党员、贫苦农民参加的座谈会，了解阶级分布和社会革命情况，了解安化革命斗争情况。参加安化县国民党临时县党部成立会，鼓励他们发动农民，组织秘密农协，开展维护农民利益的斗争。

　　1925 年 11 月，毛泽东在填报少年中国学会改组委员会的《调查表上的答词》时，简要写了自己的经历："教过一年书，做过两年工人运动，半年农民运动，一年国民党的组织工作"，"现在注重研究中国农民问题"。毛泽东在掌握大量社会调查素材的基础上，依据自己领导工人农民运动的经验，在马克思主义阶级斗争学说的指引下，写作了《中国社会各阶级的分析》一文。这是一篇光辉的马克思主义文献，标志着毛泽东调查研究方法进入到一个有理论指导的新阶段。

　　1926 年 1 月 1 日，毛泽东在《中国农民》第一期发表《中国农民中各阶级的分析及其对于革命的态度》。这篇文章是运用马克思主义阶级分析方法调查中国社会的成果，文章将中国农村分为八个阶级和阶层，并具

---

① 《毛泽东年谱（一八九三——一九四九）》修订本（上卷），中央文献出版社 1993 年版，第 129—130 页。

体分析了各个阶层对于革命的态度。

1926 年 5 月至 9 月，毛泽东主持第六届农民运动讲习所。① 毛泽东以中共早期理论家张伯简所著《社会进化简史》等书籍为学员的课外理论读物，采取启发式教学方法，"在阅看之先，由专任教员于每书要紧部分列出问题，公布出去，然后命学生看书，根究所问，随看随作答案，限期交卷。由专任教员于答案中择出数份，加以改正，缮好张贴墙壁，名曰'标准答案'。然后将所有答卷一律发还学生，令照标准答案自行改正其错误。用此方法，助益学生之理论研究颇不小。"② 毛泽东不仅积极引导学员学习马列主义基本理论，还向学员印发调查表格，要求学员将自己知道的情况填写出来，仔细询问外出调查学员，与学员促膝长谈，了解农村与学员思想状况。毛泽东在农民运动讲习所的工作，进一步将马克思主义与社会调查相结合，不仅教育了学员，自己的调查研究方法也得到了提升。

1926 年，毛泽东在湖南湘潭西乡与佃农张连初进行会谈，根据会谈结果写作《中国佃农生活举例》，于 1927 年 3 月由农讲所出版。毛泽东详细记述了一个典型佃农家庭一年中的收入和开支，以准确细致的数据，揭示了"中国之佃农比牛还苦"的事实。这是现存的毛泽东最早的一篇关于农村实地调查的报告。

二、湖南农民运动考察的经过和方法

农民问题，是中国革命的基本问题。大革命时期，北伐军在湖南工农群众的支援下，把军阀部队全部逐出湖南。北伐军的胜利进军，促进了工农运动迅猛发展，湖南农民运动进入公开活动时期。在这个社会大变动的时刻，国民党中的一些右派出来责难农民运动，说农民运动是"土匪行

---

① 1961 年 3 月 23 日，毛泽东在中共中央工作会议上讲到调查研究时说：有几个典型材料丢失了，我比较伤心。在广东农民讲习所收集民歌几千首。民歌使人得到很多东西，丢了很可惜。

② 广州农民运动讲习所旧址纪念馆编：《广州农民运动讲习所资料选编》，人民出版社1987 年版，第 82 页。

动"、"痞子运动"，要限制农民运动，甚至取缔农民运动。以陈独秀为代表的一些共产党领导人面对种种责难，出现退缩和动摇。①

　　毛泽东自 1925 年就开始全力研究中国农民问题，按他的研究所得，中国革命基本就是农民革命。在农民运动受到"满城风雨"非议之时，毛泽东也感到心中无数。在此情况下，湖南召开全省农民第一次代表大会，毛泽东请求中央派他出席会议。毛泽东在会议上讲了这样一段话："我们现在还不是打倒地主的时候，我们要让他一步。"② 关于这个发言，毛泽东后来有个回忆，谈及自己当时对一些党的领导站在地主方面批评农民运动感觉不妥，但又无由反对，所以急于开展关于农民运动的调查以获得真相。③ 从 1927 年 1 月 4 日开始，毛泽东深入湖南农村进行实地考察。这次考察，历时 32 天，行程 5 个县 700 余公里。关于这次考察的方法，呈现如下特点：

　　一是在当地人员的陪同下进入调查现场。毛泽东当时担任国民党中央候补执行委员，这个身份可以为他进入现场进行调查提供便利。在毛泽东下乡之前，国民党湖南党部专门召开常务会议，决定派人陪同毛泽东进行考察，并议定将"巡视重要意义六项"④ 通告各县党部，要求各地协助做好考察工作。这样，毛泽东进行调查就有了便利条件，可接触到与农民运动相关的各个层次的人员。但被人安排和陪同，在获得便利的同时，也可能被规定路线，漏掉真实信息。毛泽东对此保持清醒头脑，决心不"走马观花"，了解真实全面的情况。

---

　　①　宋斐夫：《〈湖南农民运动考察报告〉发表前后》，《毛泽东重要著作和思想形成始末》，人民出版社 1993 年版，第 25—26 页。

　　②　《毛泽东年谱（一八九三——一九四九）》修订本（上卷），中央文献出版社 2013 年版，第 173 页。

　　③　张素华：《〈湖南农民运动考察报告〉四题》，朱贵玉、赵东立主编：《毛泽东著作研究文集》，中国经济出版社 1991 年版，第 11 页。

　　④　这六项是：1. 考察各种纠纷之原因，指导解决方法；2. 宣传农工运动之重要；3. 解决开放米禁问题；4. 指示解决民食问题的方法；5. 注重全国的革命问题；6. 宣传国民党中央各省联席会议决议案。长沙《大公报》1926 年 12 月 28 日。参见高菊村、陈峰、唐振南、田余粮：《青年毛泽东》，中共党史资料出版社 1990 年版，第 268 页。

二是调查对象涉及社会各个群体。毛泽东在湘潭县城召开座谈会，有县农协、工会、妇联、商协、青年组织的负责人参加，了解湘潭各地农民已经组织起来的情况。之后，每到一个地方，都邀请有代表性的农民及农运同志开调查会，找懂得"三教九流"的下层人士、县衙门的小职员、开明绅士等交谈。①

三是采取表格统计方法搜集资料。毛泽东把考察到的情况和各种数据进行分类、统计、分析，当他从统计表中看出贫农在农会中占百分之九十时，很高兴。

四是官方调查，视察、听汇报和发表讲话。毛泽东作为国民党中央候补执行委员，每到一处各县国民党党部都派人陪同视察，毛泽东听取汇报，并作工作指示讲话。在衡山县城期间，他两次视察县农民运动讲习所，与学员们交谈；视察县总工会、女界联合会和城郊农村，了解衡山工、农、青、妇、商等各方面情况。在衡山考察即将结束时，出席了国民党衡山县党部和县农协及各界团体举行的欢送会，称赞衡山农民运动和妇女的革命行动。

三、湖南农民运动考察的成果

1927 年 2 月 5 日，历时三十二天的湖南五县考察结束。原计划考察宁乡、新化、宝庆、攸县、武冈、新宁等县，因时间关系未能成行。在湖南农村考察过程中，毛泽东白天到各地视察和座谈，边问边记，晚上把白天搜集来的材料进行归纳、分析。在调查过程中，毛泽东目睹了农民运动的热潮，被农村出现的新情况所感动。他感到在乡村的所见所闻，与在武汉、长沙听到的完全两样。同时感到中央的农运政策有很大的缺点，很不适合农民运动的发展。②

---

① 高菊村、陈峰、唐振南、田余粮：《青年毛泽东》，中共党史资料出版社 1990 年版，第 269 页。

② 张素华：《〈湖南农民运动考察报告〉四题》，朱贵玉、赵东立主编：《毛泽东著作研究文集》，中国经济出版社 1991 年版，第 11 页。

　　回到长沙后，在中共湖南区委，毛泽东作了几次报告。据当时担任中共湖南区执行委员会书记的李维汉在他的《回忆与研究》中说，我们听取了毛泽东调查归来的报告后，改变了对待农民运动的错误观念。1927年2月，中共湖南区委给中央的报告，也认同了毛泽东"贫农猛烈之打击土豪劣绅实有必要"的观点。①1927年2月12日，毛泽东由长沙到武汉，继续整理总结考察情况，写作"视察湖南农民运动的报告"，之后，修改成了《湖南农民运动考察报告》。《湖南农民运动考察报告》于3月在中共中央机关刊物《向导》、汉口《民国日报》的《中央副刊》先后发表前两章；3月28日在《湖南民报》开始连载；4月，汉口长江书店以《湖南农民革命（一）》为书名、瞿秋白作序出版单行本；5月和6月《共产国际》的俄文版和英文版先后转载了《向导》刊印的《报告》。②

　　《湖南农民运动考察报告》洋洋洒洒两万多字，以真实、具体的案例，记录了处于社会底层的湖南农民起来争取自己权益的轰轰烈烈的实践，热情讴歌了农民的斗争精神。报告叙述了湖南农民所做的十四件大事，"攻击的形势，简直是急风暴雨，顺之者存，违之者灭。其结果，把几千年封建地主的特权，打得个落花流水"。"孙中山先生致力国民革命凡四十年，所要做而没有做到的事，农民在几个月内做到了。这是四十年乃至几千年未曾成就过的奇勋。这是好得很"。报告还提出，要"推翻地主武装，建立农民武装"。这个报告迅速得到了广泛的关注，产生了强烈的反响，成为指导正确认识农民问题和中国社会基本问题的重要文献，也成为毛泽东调查研究的一个新的里程碑。报告是在毛泽东口问手写的原始记录上写成。关于湖南农民运动考察的原始材料，毛泽东1931年在《寻乌调查》前言中提及："湖南五个放在我的爱人杨开慧手里，她被杀了，这五个调查大概是损失了。"③至今没能看到毛泽东关于五县的原始调查材料，但通过《湖南农民

　　① 《毛泽东年谱（一八九三——一九四九）》修订本（上卷），中央文献出版社2013年版，第179页。

　　② 《毛泽东年谱（一八九三——一九四九）》修订本（上卷），中央文献出版社2013年版，第182—183页。

　　③ 《毛泽东农村调查文集》，人民出版社1982年版，第41页。

运动考察报告》，就可见他的政治勇气和开展调查研究的工作方法。

在进行湖南农民运动考察过程中，毛泽东以马克思主义为指导观察中国农村社会，这种调查方式超越了以前的游学，达到了对当时社会现象的深刻认识。但正如毛泽东后来所说："在当时（指考察湖南农民运动的时候）我对于农村阶级的结合，仍不是十分了解的"①，这个时候毛泽东的调查研究方法仍处在继续探索和发展的阶段。

第三节　形成：典型实地调查

一、土地革命斗争的需要

毛泽东调查研究方法的形成，是到了井冈山之后的土地革命战争时期。引兵上井冈山的过程，是在武装斗争遇到挫折后经过调查研究决定的。大革命失败后，八七会议确定了实行土地革命、武装反抗国民党反动派的总方针，举起了武装斗争的大旗。毛泽东把八七会议总方针与湖南革命实际相结合，经过调查研究，1927 年 8 月 20 日写了《中共湖南省委给中央的报告》，提出了"要举共产党的旗帜不要国民党的旗帜"、"彻底实行土地革命"的建议。同年 9 月，毛泽东领导了湘赣边界秋收起义。秋收起义的部队按原计划进攻长沙，但遭到失利，部队不得不向浏阳一带撤退。毛泽东对部队何去何从进行了反复研究，决定开上井冈山，走上了农村包围城市、武装夺取政权的道路。

在部队上山前，毛泽东就向熟悉罗霄山脉情况的人作了大略的调查，了解罗霄山脉的地形和政治经济概况。1927 年 10 月 3 日，在古城会议上，讨论分析了井冈山地区情况，确定对袁文才、王佐两支武装采取团结、改造方针。带领部队上井冈山后，他的足迹遍及井冈山革命根据地及周边很多村庄，接触社会的各个阶层和经济的方方面面。10 月中旬，在酃县水

---

① 《毛泽东农村调查文集》，人民出版社 1982 年版，第 22 页。

口开展社会调查，了解罗霄山脉周围各县的敌情、山峰、大小河流、交通、气候等各种与战争相关的状况。同时深入农民家庭，了解农民生产生活情况，了解山区的社会结构和各阶级的政治态度。在调查的基础上，毛泽东对罗霄山脉的各个地段进行了比较分析，认为北段不如中段可进可守，决定将中段的井冈山作为革命根据地，进行武装割据建立红色政权。①

在残酷的对敌斗争中，毛泽东的社会调查，首先是为了生存和取得战争胜利的需要。这些调查主要是围绕土地问题展开，是为着土地革命的斗争、唤起民众，在战争空隙中或繁忙的工作会议上进行的。通过调查，毛泽东认识到，湖南兵多，土生土长，力量较强。江西多是客军，与当地反动武装有矛盾，战斗力也弱一些。所以毛泽东就提出雷公打豆腐——专拣软的欺，往江西遂川等地打。毛泽东还通过调查总结了打仗的经验：现在敌强我弱，不能硬拼；要像井冈山以前的"山大王"，叫作"不要会打仗，只要会打圈儿"。他概括起来说，赚钱就来，蚀本不干，这就是我们的战术。②

毛泽东注重把调查研究同实际工作结合起来，同时用正确的调查研究方法同错误的思想作斗争。1929 年 12 月，红四军在新泉整训，朱德抓军队整训，陈毅抓思想政治工作，毛泽东则集中精力搞调查研究。毛泽东召开由支队、大队的干部和士兵代表参加的各种座谈会，对红四军存在的各种错误思想及其表现进行调查。调查会采取讨论的形式，启发大家就会上提出的问题进行思考，还进行个别交流。毛泽东将收集的素材分门别类地梳理，为红四军党的九大作了充分准备。在毛泽东起草的古田会议决议中，社会经济的调查研究成为红军指战员和党员干部的重要任务，要求通过调查研究来决定斗争策略和工作方法。③ 会议强调要用调查研究取代唯

---

① 孙克信、于良华、佟玉琨、徐素华：《毛泽东调查研究活动简史》，中国社会科学出版社 1984 年版，第 41 页。

② 《毛泽东年谱（一八九三——一九四九）》修订本（上卷），中央文献出版社 2013 年版，第 226—227 页。

③ 古田会议决议指出纠正唯心观念的方法：（一）教育党员用马克思主义的方法去做政治分析和阶级势力的估量，以代替唯心方法的分析和估量。（二）使党员注意社会经济的调查和研究，由此来决定斗争策略和工作方法，使同志们知道离了实际调查，便要堕入空想和盲动的深坑。

心主义的分析和估量，纠正红四军内滋长的非无产阶级思想。

二、深入实地开展直接调查

毛泽东领导土地革命过程中，面临着许多具体的政策问题，如：应该怎样处理农村中地主、富农、中农、贫农各阶级的关系？怎样正确地分配土地？如何区分城市中自食其力的工商业者和资产阶级的界限？如何处理好保护城市工商业、维护城市繁荣和解决红军筹款的关系？这些问题解决得好不好关系到红军和革命根据地的前途和命运。[①] 要解决这些问题，不能依靠本本，没有现成的答案。毛泽东认为，"只有向实际情况作调查"[②]。他亲力亲为，深入基层，直接接触群众，开展了大量的实地调查。

寻乌调查是毛泽东所进行的规模较大的一次社会调查，是他调查研究活动的一个新的高峰。1930 年蒋介石同国民党军阀的中原大战爆发，无暇顾及红军的行动。5 月红军攻克寻乌后，毛泽东在寻乌县委书记古柏的陪同下，对寻乌进行了十多天深入的实地调查。寻乌调查作风之踏实、史料之翔实、数据之精细、论述之严密，都堪称调查研究的经典范本。但毛泽东觉得寻乌调查还存在不少缺点，同时感觉对农村问题还是把握不够，多方寻找机会开展进一步的调查研究。

1930 年 10 月初，红军进到袁水流域，兴国送了许多农民来当红军。毛泽东兴奋地抓住这个机会，找了八个人，对兴国第十区即永丰区进行了调查。1931 年 1 月 26 日，在江西宁都小布圩，毛泽东整理调查得到的材料，写成了《兴国调查》。他还写了"整理后记"，介绍了这次调查的经过、调查的主要问题、调查的目的等，并详细介绍了调查的方法。

兴国调查后，毛泽东继续围绕着农村的土地斗争，以及制定正确的土地政策，毫不放松地坚持调查。1930 年 10 月，做了永丰及北路的分田后富农问题的调查。11 月，做了东塘等地调查，了解村乡两级苏维埃在

---

① 胡日旺：《毛泽东寻乌调查的历史考察》，中共中央文献研究室毛泽东研究组编：《寻乌调查与马克思主义中国化的起步》，中央文献出版社 2006 年版，第 24 页。

② 《毛泽东农村调查文集》，人民出版社 1982 年版，第 4 页。

土地斗争中的组织和活动情况，发现了以村为单位分配土地的严重性。11月，毛泽东做的调查还包括：赣西南土地分配情形、江西土地斗争中的错误，以及分青和出租问题、木口村调查等。

　　1933 年新生的苏维埃政权遭到国民党反动派的两次围攻，根据地军民面临极大困难。苏维埃的一些上级机关只知道发指示和作决议，却不知道乡苏维埃是如何运作的。为了解决这一问题，毛泽东在 1933 年冬对江西兴国县的长冈乡、福建上杭县的才溪乡进行了深入的调查研究。毛泽东的长冈乡调查和才溪乡调查，有几个显著的特点：第一，把调查同总结工作经验结合起来；第二，把调查同宣传、推广先进经验结合起来；第三，把调查同批评官僚主义结合起来；第四，把调查同推动革命任务的完成结合起来。①

　　毛泽东在土地革命战争时期所做的这些实地调查，为开辟农村包围城市、武装夺取政权道路提供了认识基础。通过调查，毛泽东认识到了中国革命与俄国等国革命不一样的特点，根据国内形势变化、敌我双方力量对比，得出了农村包围城市、武装夺取政权的结论。② 同时，通过调查"得到正确的阶级估量，接着定出正确的斗争策略"③，为中国革命斗争历尽曲折却能纠正错误沿着正确道路前进奠定了基础。

三、调查研究方法的理论探索

　　土地革命战争时期，毛泽东主要采用实地调查方法，他对这种方法进行了反思和总结。寻乌调查中，毛泽东认为，"要拼着精力把一个地方研究透彻"，他还在这句话上加上着重号，以显强调。同时，他批评指出，倘若"到处只问一下"，这种"走马看花"，不能了解问题的深处。在兴国调查中，毛泽东特别强调："详细的科学的实际调查，乃非常之必需"。他

---

　　① 孙克信、于良华、佟玉琨、徐素华：《毛泽东调查研究活动简史》，中国社会科学出版社 1984 年版，第 76 页。

　　② 《中国共产党的九十年》，中共党史出版社、党建读物出版社 2016 年版，第 124 页。

　　③ 《毛泽东农村调查文集》，人民出版社 1982 年版，第 5 页。

在整理后记中，清楚说明了兴国调查采用的方法。① 但他觉得兴国调查还不是很深入，只是"较之我历次调查要深入些"②。

为了进一步向党内和红军内的同志说明调查研究的重要意义和推进科学的调查方法，毛泽东 1930 年 5 月在寻乌做调查研究期间，写作了《调查工作》一文。据毛泽东回忆，他"先写了一篇短文，题名《反对本本主义》，是在江西寻乌县写的。后来觉得此文太短，不足以说服同志，又改写了这篇长文，内容基本一样，不过有所发挥罢了"。根据这个情况，1964 年公开发表这篇文章时，作者将原题《调查工作》改为《反对本本主义》。③ 这篇毛泽东非常珍视的文章，响亮喊出了"没有调查，没有发言权"这个口号，而且详细地阐述了调查的目的和调查的技术。《反对本本主义》是毛泽东对调查研究方法进行理论总结的早期著作，也是毛泽东许多重要思想的发祥之作，群众路线、独立自主、实事求是等毛泽东思想活的灵魂在这一著作中结合调查研究已经初步提了出来。

毛泽东在坚持实地调查的同时，也对表格调查的应用进行了探索。1931 年 4 月 2 日，中央革命军事委员会以总政治部主任毛泽东的名义，向红军各政治部和地方各级政府发出关于调查人口和土地状况的通知。通知充分阐述了表格调查的重要意义，"更具体地以铁的事实来解答我们现在许多问题"。通知还要求"调查的人要不怕麻烦"，按照规定步骤开展表格调查的正确方法。这个通知的最后，鲜明提出的口号是："一，不做调查没有发言权。二，不做正确的调查同样没有发言权。"④ 这个呼唤正确的调查研究的口号，唤起了人们对调查研究方法的注意，对于那些读了很多马列主义著作却不了解中国实情，以及对于那些虽积极走向社会调查研究

---

① 在兴国调查的整理后记中，毛泽东介绍了所使用的调查方法："由我提出调查的纲目，逐一发问并加讨论，一切结论，都是由我提出得到他们八个同志的同意，然后写下来的，有些并未做出结论，仅叙述了他们的答话。我们的调查会是活泼有趣的，每天开两次甚至三次，有时开至深夜，他们也并不觉得疲倦。"

② 《毛泽东农村调查文集》，人民出版社 1982 年版，第 183 页。

③ 龚育之：《"没有调查就没有发言权"口号的产生和发展》，《毛泽东重要著作和思想形成始末》，人民出版社 1993 年版，第 41 页。

④ 《毛泽东农村调查文集》，人民出版社 1982 年版，第 13 页。

却不讲究方法的人，具有振聋发聩的意义。

土地革命战争时期，毛泽东抓住战争的空隙，随时随地，采取多种方式搜集资料和分析资料，仅以"调查"命名的著作就有《永新调查》（遗失）、《宁冈调查》（遗失）、《寻乌调查》、《调查工作》（后改名为《反对本本主义》）、《兴国调查》、《东塘等处调查》、《木口村调查》、《长冈乡调查》、《才溪乡调查》等，这些调查为农村包围城市、武装夺取政权的道路奠定了基础。土地革命战争时期的毛泽东农村调查，是他一生中所作的时间最为集中、对象最为底层、座谈最为深入、内容最为丰富、材料最为翔实、文字最为生动的调查。① 他在调查实践中采取的多种方法以及他对调查研究的理论总结，构建了一个系统的调查研究体系，所形成的调查报告和《反对本本主义》等理论文章是中国共产党调查研究历史上的光辉篇章，标志着毛泽东调查研究方法基本形成。

第四节　完善：领导调查研究

一、大兴调查研究之风

由于王明"左"倾路线，教条主义在党内盛行，讲究一切从调查出发的毛泽东遭到排挤，离开了红军的决策中心。第五次反"围剿"失败后，红军被迫长征。经过严酷的挫折和失败，党中央和红军指战员认识到毛泽东是正确的，在遵义会议上重新确立了毛泽东在红军中的领导地位。由此，中国革命开创了新局面。毛泽东的正确理论和方法，包括调查研究方法逐渐被全党同志所接受。毛泽东调查研究方法本身也进入了系统化和理论总结阶段。他在继续亲自开展调查研究的同时，推动全党同志深入实际深入基层开展调查研究，使调查研究成为了马克思主义与中国革命实践相

---

① 石仲泉：《中央苏区调查与毛泽东对马克思主义中国化的贡献》，《毛泽东邓小平理论研究》2005 年第 5 期。

结合的重要途径。①

在毛泽东和党中央领导下，延安成为了全中国人民向往的圣地，广大老百姓对党中央和毛泽东衷心拥护。但也有少数老百姓因为具体困难而产生种种抱怨。1941 年 6 月，安塞县的一位老农民在市场上购买东西，他的驴拴在木桩上，打雷时被雷电击死了。这个老农非常伤心，又哭又骂："老天爷不长眼，你咋不打死毛泽东，要打死我们家的驴?"毛泽东听说了这件事后，特别要求延安保卫部门不能处理骂他的农民，而是思考：群众骂人，说明政府的政策和工作有毛病。这些毛病是什么呢，原因又在哪里? 毛泽东认为，只有通过调查研究才能找到答案。

毛泽东决心开展调查研究活动，树立全党科学决策方法，转变党员干部的作风，促进党员干部全心全意为人民服务。1941 年 8 月 1 日，中共中央发出了调查研究史上的一个重要文件《关于调查研究的决定》。同日，中央还发布了《关于实施调查研究的决定》，提出了落实《关于调查研究的决定》的具体办法。这两个《决定》发布后，从中央到各个抗日根据地，纷纷成立了各种调查团，在全党掀起了调查研究之风，调查研究活动在全党广泛深入地开展起来。

中共中央西北局响应号召，组织调查组于 1941 年 9 月到 11 月，用两个月的时间在陕甘宁边区的固临县挨家挨户进行调查，走遍了 2 个区 4 个乡 12 个村，最后形成了十几万字的《固临调查》一书。书中对当时农民的生产生活有详细的描述，揭示了当时农村中存在的问题："粮草的征收率较重于商业税及其他副业税收的比例，勤耕苦力的农民，有因负担重而出卖牛羊的。"《固临调查》是在毛泽东号召下，中央机关在西北的系列调查之一。汇总各地调查结果之后，毛泽东认真研究，提出了"发展经济，保障供给"的方针，号召根据地军民自力更生，开展了轰轰烈烈的大生产运动。

为使调查研究深入持久地开展下去，中共中央宣传部贯彻毛泽东的号

---

① 孙克信、于良华、佟玉琨、徐素华：《毛泽东调查研究活动简史》，中国社会科学出版社 1984 年版，第 78 页。

召，1948 年责成于光远编写了中学政治课本《调查研究》的教材。当时指出，在中学开设调查研究课的目的有三：其一，通过学习这门课程，结合课外作调查研究，使学生们能够从实际调查研究中增进对现社会的正确了解；其二，能够由此获得关于调查研究的若干知识，以便在今后工作与学习中应用；其三，使学生由此对马列主义的科学精神有所领会，以养成实事求是、切实朴素的工作作风与学习态度。这本书出版后，对普及调查研究知识起到了很好的作用。①

二、进一步丰富调查研究方法

延安时期，党中央和毛泽东运筹帷幄，决胜千里，取得了一个又一个的伟大胜利。毛泽东把马克思主义的基本原理与中国革命的具体实际结合起来，成功推进和实现了马克思主义的中国化，开辟了一条中国革命通向成功的道路。在中国革命力量由弱到强、革命事业由挫折走向胜利的过程中，毛泽东思想得以发展成熟，而作为毛泽东思想重要组成部分的调查研究方法，也变得更加丰富和完善。

1. 蹲点

毛泽东指出，为了弄清事物的真相、性质和规律，"一定要下一番苦功，要切切实实地去调查它，研究它。要下去蹲点"②。1942 年，张闻天亲自率领一个调查团，在陕甘宁边区的神府、绥德等地，作了一年半的蹲点式调查研究，写出了《出发归来记》，对典型调查方法在调查研究中的地位和作用进行了深入分析，丰富了毛泽东调查研究方法的理论。蹲点中调查者成为被调查者中的一员，亲自实践一番，是比开调查会等更深入群众、贴近实际的方法。调查者与当时当地的工作结合起来，与被调查者"同吃同住同劳动"，可以更深切地了解问题的症结所在。调查结果可以随时在实践中检验，不断修正，有助于抓住事物的本质，找到解决问题的有

---

① 孙克信、于良华、佟玉琨、徐素华：《毛泽东调查研究活动简史》，中国社会科学出版社 1984 年版，第 114 页。

② 《毛泽东文集》第 8 卷，人民出版社 1999 年版，第 303 页。

效途径。

2. 试点

毛泽东指出，到乡村、到工厂、到商店去蹲点的过程，同时也应该是试点的过程。[①] 决定采取某种措施、推行某种政策，在全面铺开之前，先在点上试验，发现利弊，使之不断完善改进。在《关于领导方法的若干问题》一文中，毛泽东指出，必须抓住一个典型，集中力量突破，才能取得经验再指导其他单位。[②] 他举例说："例如一九四二年的各地整风，凡有成绩者，都是采用了一般号召和个别指导相结合的方法；凡无成绩者，都是没有采用此种方法。"毛泽东认为，试点是一般号召和个别指导相结合的环节，各项政策都要先试点，总结经验后，再全面铺开。

3. 谈话与聊天

延安时期，毛泽东经常通宵达旦地工作，但总要抽出时间或利用一点一滴的空闲进行调查研究。时间和精力所限，调查研究活动形式变得更加多样，随时随地进行，谈话聊天也成了他时常进行调查研究的方式。1941年秋，陕甘宁边区政府举办一个农业展览会，毛泽东在参观时，遇到了劳动模范郝光华。进行初步交谈后，他找到边区政府主席林伯渠办公的地方，特意邀请来郝光华，单独仔细询问家庭状况和粮食的生产情况。后来，他又邀请郝光华到家里，聊农村发展的情况。毛泽东对郝光华非常尊敬，与他一直保持着密切联系。当毛岸英从苏联回到延安，毛泽东就让其先上中国的"劳动大学"，到吴家枣园拜郝光华为师。

4. 致信与函调

在繁忙的工作中，毛泽东发展了致信与函调等书面调查方式。1944年7月，毛泽东为了对几项工作作决策和指示，致电李先念等七位同志，详细地提出了十项问题。他要求七位同志分别作一次，或分作几次答复。

---

① 《毛泽东著作选读》下册，人民出版社1964年版，第109页。

② 原文是："任何工作任务，如果没有一般的普遍的号召，就不能动员广大群众行动起来。但如果只限于一般号召，而领导人员没有具体地直接地从若干组织将所号召的工作深入实施，突破一点，取得经验，然后利用这种经验去指导其他单位，就无法考验自己提出的一般号召是否正确，也无法充实一般号召的内容，就有使一般号召归于落空的危险。"

他还提出，每项的回答不必太详，以能扼要说明问题为限。①1948 年 1 月 14 日，毛泽东就新解放区的政策策略问题，专门致电邓小平，提出了六项具体问题。②1 月 22 日，邓小平给毛泽东复电，详细地汇报了对六个问题的看法，得到了毛泽东的赞许。毛泽东 2 月 6 日再度电询邓小平，进一步探讨新解放区土改的策略。邓小平在 2 月 8 日的回电中，又一次对所提问题作出明确而具体的答复。毛泽东于 2 月 17 日转发了这份电报，特别指出："小平所述大别山经验极可宝贵，望各地各军采纳应用。"③1948 年 11 月 8 日，毛泽东致信刘少奇等人，要求"事先调查政治、经济、文化诸种情况，拟定处理方案"，对北平等地解放后的管辖、干部及粮食问题进行统筹安排。④

三、调查研究方法的理论概括

延安时期，是毛泽东对调查研究方法进行理论总结和深化的时期。相对稳定的生活和工作环境为毛泽东读书和思考创造了条件。为了总结党成立以来中国革命的经验和教训，1937 年毛泽东亲自整理，将经过长征还保存下来的自己以前所做的调查研究，编为《农村调查》一书，并写了序言。1941 年再次编印，又写了序言和跋。毛泽东在序言中特别强调，"所以印这个材料，是为了帮助同志们找一个研究问题的方法。"⑤他鲜明指出："用马克思主义的基本观点，即阶级分析的方法，作几次周密的调查，乃是了解情况的最基本的方法。"《农村调查》的序言和跋对调查研究的态度、搜集资料的方法、分析资料的方法都作了系统的阐述。

毛泽东感到，党内对调查研究的重视和对调查研究方法的掌握远远不

---

①《毛泽东文集》第 3 卷，人民出版社 1996 年版，第 198—199 页。

②《毛泽东文集》第 5 卷，人民出版社 1996 年版，第 17 页。

③《毛泽东年谱（一八九三——一九四九）》修订本（上卷），中央文献出版社 2013 年版，第 282—283 页。

④《毛泽东书信选集》，中央文献出版社 2003 年版，第 283 页。

⑤《毛泽东农村调查文集》，人民出版社 1982 年版，第 15 页。

够，必须在党内造就大量的调查研究专家。1941 年 8 月，毛泽东亲自起草、中共中央发布的《关于调查研究的决定》，是毛泽东对自己调查研究经验的总结，也是在总结中国革命经验和教训的基础上根据新的形势做出的重大决策。《决定》明确了调查研究的组织形式和责任分工，特别是对于调查研究的方法作了详细规定。《决定》中规定的调查研究方法包括：书报法，收集敌、友、我三方的报刊书籍；调查会，从研究典型着手，由一典型再及另一典型；阶级分析，在农村和城市中对各阶级的生活情况及其相互关系的详细调查；写名人列传，凡地主、资本家以及流氓头、名优、名娼等，写一数百字到数千字的传记；个别口头询问，或派人去问，或调人来问；收集县志、府志、省志、家谱。

1941 年 9 月，毛泽东在延安对中央妇委与中共中央西北局联合组成的关于妇女生活的调查团，发表了《关于农村调查的讲话》，对调查研究的重要意义、调查研究的方法和调查中的具体事项，都作了详细介绍。他概括的调查方法主要是两点。一是对立统一，阶级斗争。要针对农村中的各个阶级，进行分析综合，把握他们的主要特点和彼此的关系。二是详细地占有材料，抓住要点。要把握社会的主要矛盾，搜集很多材料，但只是采用最能表现特点的部分。他还对开调查会和怎样找典型作了具体说明。

1943 年 6 月，毛泽东在《关于领导方法的若干问题》一文中指出："从许多个别指导中形成一般意见（一般号召），又拿这一般意见到许多个别单位中去考验（不但自己这样做，而且告诉别人也这样做），然后集中新的经验（总结经验），做成新的指示去普遍地指导群众。"[1] 这里所讲的从个别到一般、再从一般到个别的过程，实际上就是调查（搜集众多个别的现象）——研究（形成一般的意见和规律）——调查（拿着一般的意见和规律性认识再到个别单位去考验）的过程。[2]

1949 年 3 月，在中共七届二中全会上，毛泽东在谈领导方法时，要求对事物有基本的数量的分析，任何时候都要做到胸中有"数"。他认为，

---

① 《毛泽东选集》第 3 卷，人民出版社 1991 年版，第 900 页。

② 水延凯：《中国社会调查史》，中国人民大学出版社 2017 年版，第 275 页。

调查研究要有定性分析，把握客观事物内在的规律性，还要把握决定事物质量的数量界限。在这里，毛泽东实际上提出了定性研究与定量研究相结合的问题。把对客观事物的数量分析，引进到调查研究的方法中来，表明毛泽东调查研究的方法更加精确化了。

第五节　转变：向"走马看花"为主转变

一、新中国成立后毛泽东的调查研究活动

新中国成立以后，毛泽东日理万机处理国务中依然高度重视调查研究，多次强调，全党特别是领导干部要继承和发扬调查研究的优良传统。1955 年 5 月 28 日，毛泽东亲自起草了《调查粮食征购和供销情况的通知》，要求中共中央上海局、各中央分局和各省市党委在接到通知后一个月的时间里，将有关统购统销的几个问题调查清楚报告中央。中央起草的《农村粮食统购统销暂行办法》和《市镇粮食定量供应暂行办法》，就是在调查研究基础上作出的决策。

为了加快农业合作化速度，1955 年 4 月毛泽东前往南方视察，认真地编写《中国农村的社会主义高潮》一书。毛泽东称，该书编辑过程是他"建国后的第一次调查"。关于这次调查，毛泽东在 1961 年 3 月中共中央召开的广州会议上，回忆说："看过一百几十篇材料，每省有几篇，编出了一本书，叫做《中国农村的社会主义高潮》。有些材料看过几遍，研究他们为什么搞得好，我调查研究合作化问题就是依靠了那些材料。"①

1956 年，毛泽东先后对农业、工业进行了广泛的调查研究，之后在他的提议下，中央政治局用一个多月的时间，听取了 9 个省、34 个中央和国务院部门的工作汇报，查阅了大量资料，实地视察了一些地方。在调查研究的基础上，经政治局反复研究讨论，最后由毛泽东概括、撰写了

---

① 《毛泽东文集》第 8 卷，人民出版社 1999 年版，第 261 页。

《论十大关系》。①这篇重要的调查报告，主要是通过调查会的方式形成的。毛泽东后来说：如果没有那些人的谈话，那个十大关系怎么会形成呢？不可能形成。②这次调查，毛泽东认为是新中国成立后自己进行的第二次有重大意义的社会调查。

1958年毛泽东为了适应新的发展形势，总结自己多年积累的工作经验，征询各方意见，经历了杭州会议和南宁会议的讨论，主持起草而成《工作方法六十条》。1月21日在南宁会议的总结讲话，主要讲工作方法六十条，他说："我这个脑筋不产生任何东西，没有原料。蹲在北京使人闷得慌，官气太厉害，一跑出去就觉得有点东西。原料都是从工人、农民中间来的，我们可以加工，我们是个制造工厂。"③《工作方法六十条》对调查研究作了明确要求，譬如，"（十八）普遍推广试验田。这是一个十分重要的领导方法。这样一来，我党在领导经济方面的工作作风将迅速改观。在乡村是试验田，在城市可以抓先进的厂矿、车间、工区和工段。突破一点就可以推动全面。""（二十五）中央和省、直属市、自治区两级党委的委员，除了生病的和年老的以外，一年一定要有四个月的时间轮流离开办公室，到下面去作调查研究，开会，到处跑。应当采取走马看花、下马看花两种方法。哪怕到一个地方谈三四小时就走也好。要和工人、农民接触，要增加感性知识。"④从《工作方法六十条》成文过程和其内容来看，它是毛泽东通过调查研究集中大家智慧的结晶，也是在新阶段对自己调查研究方法的总结。

1960年，面对大跃进造成的严重问题，毛泽东多次要求恢复党的实事求是、调查研究的优良作风。1961年1月，在中共八届九中全会上，毛泽东多次强调，一切从实际出发，大兴调查研究之风。全会后，毛泽东

---

① 水延凯：《中国社会调查史》，中国人民大学出版社2017年版，第316页。

② 毛泽东说："那个十大关系怎么出来的呢？我在北京经过一个半月，每天谈一个部，找了34个部的同志谈话，逐步形成了那个十条。"参见中共中央文献研究室：《毛泽东周恩来刘少奇朱德邓小平陈云论调查研究》，中央文献出版社2006年版，第263页。

③ 《毛泽东年谱（一九四九——一九七六）》第3卷，中央文献出版社2013年版，第291页。

④ 《毛泽东文集》第7卷，人民出版社1999年版，第349、354页。

派出田家英、胡乔木、陈伯达三位秘书，各带一个调查组，到浙江、湖南和广东等地农村开展调查。要求他们各调查一个最坏的生产队和一个最好的生产队，为期 10 天至 15 天。毛泽东自己乘火车从北京前往广州，经过近一个月，沿途同省、县干部谈话，听取了河北、山东等省委和田家英等三个调查组组长的汇报。中央其他领导人也分别深入各基层进行调查，各省、市、县的干部也纷纷深入基层深入群众，形成了浓厚的调查研究风气，密切了干群关系，解决了经济社会发展中存在的许多问题。

二、"走马看花"的调查方法

新中国成立后，毛泽东的调查方法与新中国成立前，特别是与土地革命战争时期的实地调查有明显的变化。除了《论十大关系》等是通过开调查会进行比较广泛深入的调查之外，大量的是通过视察、请下面的人上来、通过身边的工作人员等方式，进行间接的非系统的调查研究。此外，毛泽东对各部门各地方的调查报告高度重视，亲自审阅，这也是一种间接调查。这种间接调查，毛泽东称之为"走马看花"，认为"总比不走不看好。"

1. 考察与视察

新中国成立后，每年毛泽东都有相当长的时间在全国各地进行考察和视察。为了了解到真实情况，他经常在中途随时停下来，到附近村庄的农民家里，亲自看看，并详细询问其家庭人口、劳力、收入，有什么困难、要求等等。走家串户多了，就可推知当地农村的大致情况。1952 年 10 月，中央考虑毛泽东过度操劳，决定让毛泽东休假。毛泽东同意休假，却提出休假时去考察黄河。他亲自确定线路，从黄河下游溯黄河而上，决定走遍历史上黄河泛滥的流域。接着，确定随行人员。毛泽东决定轻车简从，只同意几个身体好的警卫随行，行前对随行人员作了严格要求。每到一地，请来当地水利专家咨询。毛泽东尽量不打扰地方政府。行程中，毛泽东数次停下专列，走到实地，到老百姓家里了解情况。在这次调查中，毛泽东认真地考虑了从长江"借水"到黄河的计划，指示"一定要把黄河的事情办好"。毛泽东的这次黄河考察，不仅是一次政治性的视察，也带有学术考察的性质。考察比视察要深入。随着年岁的增长，毛泽东深入实地的考察变得越来越少，更多的是到各地视察。毛泽东一生中最后一次视察是1971年对上海等地的巡视。从那以后，由于国内外形势和身体方面的原因，毛泽东再也没有离开过北京。

2. 请下面的人上来

毛泽东不仅喜欢亲自到各地考察和视察，也喜欢把下面的人请上来进行调查。他曾说："要解决问题，一定要自己下去，或者是请下面的人上来。"毛泽东请人来，一方面是表示尊重，另一方面是了解情况，解决问题。1958年1月，毛泽东到杭州视察，请来谈家桢、周谷城和赵超构，了解工业、农业、历史、科学研究等方面的情况，询问科学研究中有什么障碍和困难。在他的亲自关照下，在复旦大学成立遗传学教研室。毛泽东请人，十分注重代表性和多样性，晚年对来自一线的工人、农民尤其欢迎。1964年12月26日，毛泽东71岁生日。他用自己的稿费请客，邀请了著名科学家钱学森，知识青年上山下乡的带头人邢燕子、董加耕，大庆"铁人"王进喜和大寨党支部书记陈永贵，参加自己的生日宴。他表示，不是要祝寿，要"三同"，与工人、农民、解放军在一起；不光吃饭，还要谈话。他在餐桌上谈笑风生，同时细致地了解各地的情况。①

3. 组织身边工作人员参加调查

新中国成立后，毛泽东听汇报的时候多了，视察时也受到各种限制，他对自己了解到的情况感到不踏实。为了了解到真实情况，毛泽东训练警卫员，帮助搞社会调查。他要求新选调的警卫员，最好有高中文化，除了担任警卫任务外，还要承担调查任务。针对一些警卫员文化程度低，他把警卫班变成了学校，自己当校长，要求警卫员中文化高的做教师，文化低的做学员。每年警卫员回家都要搞社会调查，回来后向毛泽东汇报。1955年，农业合作化快速发展，毛泽东心里既高兴又担心。为了具体了解农业合作化中的问题，毛泽东要求中央警卫团的战士回家乡去搞社会调查。警卫员出发前，毛泽东专门谈话，讲调查方法和纪律。警卫员从家乡

---

① 龚焕军：《毛泽东最后一次公开生日宴会——宴请劳模》，《新湘评论》2013年第8期。

实地调查归来，毛泽东都要求个人单独写报告，讲真话。他听汇报时非常高兴，伸出三个指头比喻说：你们见到农民，我看到你们，就间接见到农民，就离这么远。毛泽东还建议警卫员每个月写一次信，了解家里的问题。他说：你们每年写四五封信，回信给我看，那我就消息灵通了。毛泽东就这样通过身边工作人员回乡、通信等多种渠道和方式间接进行社会调查，以此了解人民群众的实际情况，从中足见毛泽东进行社会调查的一片苦心。①

4.审阅各部门各地方的调查报告

新中国成立后，毛泽东虽然自身难以亲自调查，但他对各地方各部门的调查报告特别敏感，经常审阅来自地方和部门的调查报告。1951 年 4 月 17 日，山西省委向中央、华北局写了一份题为《把老区互助组织提高一步》的报告，在报告中提出，逐步地动摇、削弱直至否定私有制基础，从而把互助组提高一步。中央一些领导看了报告后，认为现在动摇私有制的步骤，条件不成熟。毛泽东看了报告后，明确支持山西省委的意见，提出了先合作化后机械化的论断。1953 年 3 月、4 月间，中共中央统战部就资本主义工业的改造问题进行了调查，向中共中央和毛泽东写了一个调查报告。毛泽东在报告上批示："党的任务是在 10 年至 15 年或者更多一些时间内，基本完成国家工业化和社会主义的改造。"毛泽东要求各地方和各部门的调查报告直接报送给他，他经常就调查报告中的问题进行讨论和作出批示，一些重大的决策就是在审阅地方和部门调查报告的基础上形成的。但由于审阅报告的间接性，使得难以掌握真实的情况，在别人报告基础上所作的决策也就难免出现一些偏误。

三、调查研究方法的反思和总结

新中国成立后，毛泽东虽然不能像以前那样身体力行开展调查研究，

---

① 周批改：《下马看花、走马看花——关于毛泽东社会调查方法的思考》，《毛泽东思想研究》1999 年第 4 期。

但他在理论上对调查研究方法有很多精辟的论述。1956 年 9 月，来自拉丁美洲的一些党代表访问中国，毛泽东与他们亲切交谈，特别讲了调查方法。他说："调查有两种方法，一种是走马看花，一种是下马看花。"这是毛泽东从路径的角度对调查研究方法的分类，这种分类在认识论上具有重要意义。

毛泽东所讲的下马看花，主要是深入基层深入群众，抓住典型深入剖析，找到事物本质规律的调查方法。毛泽东把这种方法叫作"解剖学"，他解释道："麻雀虽然很多，不需要分析每个麻雀，解剖一两个就够了。党的领导机关，包括全国性的、省的和县的负责同志，也要亲自调查一两个农村，解剖一两个'麻雀'，这就叫做'解剖学'"。[①] 这种调查方法是一种直接调查，在实地与人民群众的直接接触中，发现问题的真相，获得对事物的感性认识。通过大量的感性认识再上升到理性认识，这是毛泽东一贯倡导的认识事物的正确路径。

毛泽东所讲的走马看花，主要是指通过大略的观察或者文献的阅读，了解事物的一般现象的方法，主要是一种间接调查。调查者与被调查者是分离的，调查者通过中间人的材料来了解情况，这样调查者就缺乏对具体事物的感性认识，由此抽象出来的理性认识也就容易偏离事物的真正本质。土地革命战争时期，毛泽东对走马看花有尖锐的批评，认为"这种研究方法是显然不对的"[②]。新中国成立后，毛泽东也有清醒的认识，认为"走马看花，不深入，因为有那么多的花嘛。还必须用第二种方法，就是下马看花，过细看花，分析一朵'花'，解剖一个'麻雀'"。[③]

面对艰难的形势，毛泽东特别强调不能靠逐级的报告，要亲自了解基层的情况。他尖锐批评有些干部"忙于事务工作，不作亲身的典型调查，满足于在会议上听地、县两级的报告，满足于看地、县的书面报告，或者满足于走马看花的调查"[④]。毛泽东大力倡导用"解剖麻雀"、进行"蹲点"

---

① 《毛泽东文集》第 7 卷，人民出版社 1999 年版，第 134 页。
② 《毛泽东农村调查文集》，人民出版社 1982 年版，第 56 页。
③ 《毛泽东文集》第 7 卷，人民出版社 1999 年版，第 134 页。
④ 《毛泽东文集》第 8 卷，人民出版社 1999 年版，第 250—251 页。

的调查方法来解决问题。他说:"我的那篇《关于调查工作》的文章也请同志们研究一下,那里提出的问题是作系统的亲身出马的调查,而不是老爷式的调查,因此建议同志们研究一下。可以提出反对意见,但不要置之不理。"① 毛泽东自己对解剖式调查情有独钟,也对党内同志提出殷切希望:"我希望同志们回去之后,要搞调查研究,把小事撇开,用一部分时间,带几个助手,去调查研究一两个生产队、一两个公社。在城市要彻底调查一两个工厂、一两个城市人民公社。"② 这个"彻底调查一两个"的方法,是毛泽东调查研究方法的精髓。

毛泽东在战争年代,最常用的调查方法是开调查会,那时他对于开调查会的方法提出的具体要求是:"必须给予时间,必须有调查纲目,还必须自己口问手写,并同到会人展开讨论。"③ 1961 年,毛泽东总结自己长期调查研究的经验,对开调查会提出了"要诀":"要开调查会,做讨论式的调查;调查会各种人都要;调查纲目要事先准备好;要亲自出马,从乡政府主席到中央政府主席,从大队长到总司令,从支部书记到总书记,都要亲自出马;要从个别问题深入,深入解剖一个麻雀,了解一处地方或一个问题;要自己做记录。"④ 由此可见,毛泽东将开调查会与"解剖式"蹲点调查结合起来,体现了在理论上对自己前期调查研究方法的超越。

毛泽东对自己的调查研究方法保持警惕,工作中出现重大问题常从调查研究方法的角度寻找原因。在 1961 年,面对大跃进等政策失误带来严重困难,毛泽东分析说:"做领导工作的人要依靠自己亲身的调查研究去解决问题。书面报告也可以看,但是这跟自己亲身的调查是不相同的。自己到处跑或者住下来做一个星期到十天的调查,主要是应该住下来做一番

---

① 《毛泽东年谱》(一九四九——一九七六)第 4 卷,中央文献出版社 2013 年版,第 555 页。

② 《毛泽东年谱(一九四九——一九七六)》第 4 卷,中央文献出版社 2013 年版,第 523 页。

③ 《毛泽东农村调查文集》,人民出版社 1982 年版,第 16 页。

④ 《毛泽东年谱》(一九四九——一九七六)第 4 卷,中央文献出版社 2013 年版,第 566—567 页。

系统的调查研究。"① 他对自己进行了尖锐的批评：这几年出的问题，大体上都是因为不作深入调查研究，胸中无数，情况不明。他自我检讨："我这个人就是官做大了，我从前在江西那样的调查研究，现在就做得很少了。"② 他的"检讨"，表达了一个长期从事调查研究的革命家在新的历史阶段对调查研究方法的真诚反思。

---

① 《毛泽东文集》第 8 卷，人民出版社 1999 年版，第 253 页。

② 《毛泽东年谱（一九四九——一九七六）》第 4 卷，中央文献出版社 2013 年版，第524 页。

第四章　毛泽东调查研究方法的结构体系

调查研究方法就其结构而言存在着多个层次。调查研究的最高层次，既是方法也是理论，要解决的是以什么理论作为指导的问题。在第二层次，是调查研究的基本方法。在第三层次，是一些具体的研究手段和工具。毛泽东调查研究的方法论，是以马克思主义辩证唯物主义和历史唯物主义为指导的，这一点将在本书第五章集中论述。本章主要探讨毛泽东调查研究的基本方法和具体工具。主要基于《毛泽东农村调查文集》①，探讨毛泽东调查研究的准备、搜集资料、分析资料以及调研报告写作的过程中采用的具体方法和技术。从中可以看到，毛泽东调查研究方法是一整套易学习、可操作的体系，形成了我们认识社会的底层架构。

第一节　调研准备

毛泽东一向重视准备工作，他把调查研究当成一种战斗，强调不打无准备之仗。他说："我们的调查工作，是要有耐心地、有步骤地去作，不

---

① 1941 年，毛泽东将从 1926 年到 1934 年自己从农村搜集得来的材料和写作的调研报告进行整理，编辑成《农村调查》一书，并题写序言和跋。1982 年中共中央文献研究室在《农村调查》一书基础上增补一些著作，编辑成《毛泽东农村调查文集》。《毛泽东农村调查文集》全面体现了毛泽东调查研究的方法，是值得认认真真、原原本本地学习的调查研究的范本。

要性急。"① 毛泽东在正式调查之前，都深思熟虑，反复斟酌调研的主要问题，慎重选择调研地点和人员，而且事先多次探索性了解情况，以便更有针对性地实施调查，从而取得实效。

一、调研主题：以问题为导向

调研主题规定了调研的性质、方式和路径，提出主题和明确研究问题是从事调查研究的第一步。毛泽东的调研有鲜明的问题导向，在他看来，调查就是解决问题。"你对于那个问题不能解决吗？那末，你就去调查那个问题的现状和它的历史吧！你完完全全调查明白了，你对那个问题就有解决的办法了。"② 毛泽东根据革命斗争的需要，既抓住主要问题，又重视细节问题，通过调查研究把握问题的实质，寻找解决问题的办法。

土地问题是中国革命的根本性问题，是农村包围城市、武装夺取政权的决定性问题。毛泽东紧扣土地问题，进行反复调查研究，力求取得解决农民土地问题的正确策略。经过宁冈、永新调查，毛泽东对井冈山周边土地状况有了清楚认识，以解决农民土地问题为主要内容的土地革命目标明确树立起来。1928 年 12 月，在对永新西乡塘村土地革命试点 40 多天调查的基础上，毛泽东主持制定了中国第一部苏维埃土地法——井冈山《土地法》，以法律形式保障了农民对土地的使用权。毛泽东后来深入土地斗争第一线，进行调查研究发现了这个土地法的几个问题：（一）没收一切土地而不是只没收地主土地；（二）土地所有权属政府而不是属农民，农民只有使用权；（三）禁止土地买卖。③ 在井冈山《土地法》制定后第四个月，红军到赣南兴国发布经毛泽东修改过的《土地法》，将"没收一切土地"改为"没收一切公共土地及地主阶级的土地"，这是对前一个《土地法》原则错误的修正。④ 兴国《土地法》颁布之后，毛泽东继续深入调查土地

①　《毛泽东农村调查文集》，人民出版社 1982 年版，第 21 页。
②　《毛泽东农村调查文集》，人民出版社 1982 年版，第 2 页。
③　《毛泽东农村调查文集》，人民出版社 1982 年版，第 37 页。
④　《毛泽东农村调查文集》，人民出版社 1982 年版，第 37 页。

问题，1930 年根据调查的结果对《土地法》进行了进一步修订，逐步形成了一条完整的土地革命路线。

毛泽东对社会上的各种争论非常敏感，但他不会凭主观臆断，而是通过调查来认识和了解争论的问题。《湖南农民运动考察报告》是为了答复当时党内外对于农民革命斗争的责难而写的。当时，党内以陈独秀为首的右倾机会主义者被国民党反动派的嚣张气焰所吓倒，不敢表态支持已经起来了和正在发展的农民革命斗争。毛泽东对农民运动究竟是"糟得很"还是"好得很"、有没有过分、是否"痞子运动"等问题，根据自己的经验有初步的认识，但还没有确切的实际认识。在农民运动的关键时候，他排除各种困难，围绕着革命斗争中这个急需解决的问题，用一个月的时间在湖南农村进行调查。

毛泽东调查研究不仅关注革命斗争中的问题，而且特别关注自身建设问题。兴国调查和东塘等处调查，使毛泽东对区、乡、村三级苏维埃在土地斗争中的组织和活动情形有了初步了解。在调查中毛泽东发现，许多上级工作人员对于基层的具体工作情况并不了解，只知道发出命令与决议，同群众的关系不好，大大阻碍了苏维埃任务与计划的执行。在兴国调查中，毛泽东专门调查了政府人员的弊病问题："第一，是官僚主义，摆架子，不喜接近群众……第二，是没收了反动派的东西，不发与贫民，拿了卖钱……第三，是调女子到政府办事……第四，这是最大的一项，就是强奸民意。"[1]毛泽东对官僚主义最痛恨，针对这些问题持续追踪调查和加强指导监督，使调查研究成为解决党和政府自身问题的重要手段。

二、调研地点：注重典型性

实地调查是从个别到一般的逻辑过程，这个"个别"须有代表性和重要性，才能有效推断"一般"。毛泽东指出："但就有同志要问：'十样事物，我调查了九样，只有一样没有调查，有没有发言权？'我以为如果你调查

---

[1]　《毛泽东农村调查文集》，人民出版社 1982 年版，第 245—246 页。

的九样都是一些次要的东西，把主要的东西都丢掉了，那末，仍旧是没有发言权。"① 这句话，实际上在"没有调查，没有发言权"和"不做正确的调查同样没有发言权"的著名论断基础上，进一步提出了"没有调查主要的东西仍旧没有发言权"的重要论断。

　　关于为何选择寻乌作为调查研究的地点，毛泽东指出："寻乌这个县，介在闽粤赣三省的交界，明了了这个县的情况，三省交界各县的情况大概相差不远（作者注：调查对象的代表性）。"② 具体有四个方面的原因：一是寻乌地处江西赣南与广东东江地区商品流通的中站地位，对于了解城镇工商业状况能够提供很好的资料。二是寻乌受湖南、广东等邻近省份及井冈山革命斗争的影响，党的群众基础较好，组织较为健全，政权建设较为巩固。早在 1926 年冬，就有了中共寻乌党小组，1927 年秋，建立了中共寻乌支部，有力地领导了寻乌的革命斗争运动。1928 年春，党组织领导了震撼闽粤赣边的"三·二五"农民武装暴动，同年 8 月，正式成立了中共寻乌县委。寻乌人民在党的领导下，打土豪、分田地，土地革命开展得如火如荼。三是红四军在毛泽东、朱德、陈毅等率领下曾三次来到寻乌进行革命活动，推动了寻乌革命斗争的蓬勃发展，实现了全县"赤化"，建立了苏维埃政权，加速了寻乌的革命进程。四是根据前委决定，红四军分兵在安远、寻乌、平远做发动群众工作，毛泽东有充分的时间深入开展社会调查。③

　　在做兴国调查时选择永丰区，他也特别说明了原因，是因为"永丰区位于兴国、赣县、万安三县的交界……明白了这一区，赣、万二县也就相差不远，整个赣南土地斗争的情况也都相差不远"④。在《兴国调查》中，毛泽东还特地做了八个家庭的调查，作为农村土改前后农民生产生活变化的典型。毛泽东选择寻乌和兴国作为调查对象，是要以此作为典型，了解

---

　　① 《毛泽东农村调查文集》，人民出版社 1982 年版，第 25 页。
　　② 《毛泽东农村调查文集》，人民出版社 1982 年版，第 42 页。
　　③ 寻乌调查陈列馆讲解词，http://www.xunwu.gov.cn/tszt/xwxgmlsjng/clzl/201501/t20150112_134893.html。
　　④ 《毛泽东农村调查文集》，人民出版社 1982 年版，第 182 页。

革命根据地的一般情况。

《长冈乡调查》、《才溪乡调查》是对两个先进典型的调查。为解决苏维埃基层政权中的问题，总结先进乡苏维埃工作的经验，毛泽东进行了长冈乡调查和才溪乡调查。这两个调查在宣传乡苏维埃模范工作的同时，又弥补了兴国调查中没有开展儿童、妇女、商品交易、物价变动、土地革命后的农业生产以及文化教育调查的不足。1934年1月，中华苏维埃共和国临时中央政府曾经油印长冈乡调查和才溪乡调查单行本，原来的题目是：《乡苏工作的模范（一）——长冈乡》，《乡苏工作的模范（二）——才溪乡》。之所以要调查这两个乡，毛泽东说明了目的："发扬这些经验，收集更多的经验，供给一切落后的乡苏、市苏以具体的榜样，使他们的工作提高到先进乡苏、市苏的地位"[1]。

三、调研对象：强调多样性

开调查会请什么人，毛泽东是认真考虑的，"要是能深切明了社会经济情况的人"[2]，同时要具有多样性。他认为，"以年龄说，老年人最好，因为他们有丰富的经验，不但懂得现状，而且明白因果。有斗争经验的青年人也要，因为他们有进步的思想，有锐利的观察。以职业说，工人也要，农民也要，商人也要，知识分子也要，有时士兵也要，流氓也要。"他还进一步指出："自然，调查某个问题时，和那个问题无关的人不必在座，如调查商业时，工农学各业不必在座。"[3]

《寻乌调查》的引言中，详细记录了调查对象的基本情况。提供资料有11人。经常到调查会大量提供材料的是"郭友梅、范大明、赵镜清、刘亮凡"四人。有的学者认为，曾两任寻乌商会会长的郭友梅和小学教师范大明对毛泽东提供的资料最多，属于调查对象的核心人物。[4] 间或到调

①　《毛泽东农村调查文集》，人民出版社1982年版，第287页。

②　《毛泽东农村调查文集》，人民出版社1982年版，第9页。

③　《毛泽东农村调查文集》，人民出版社1982年版，第9页。

④　刘意：《关于毛泽东〈寻乌调查〉的研究述评》，《成都大学学报》2012年第3期。

查会有"李大顺、刘茂哉"两人，提供了一部分材料。还有"刘星五、钟步赢、陈倬云、郭清如"四人，到过一二次调查会，稍微供给了一点材料。① 寻乌调查提供资料的 11 个人中，最年轻的 23 岁，最年长的 62 岁，其中 29 岁以下的 4 人，30 至 40 岁的 2 人，40 至 50 岁的 1 人，50 至 60 岁的 3 人，60 岁以上的 1 人。从出身看，小学教师 3 人，做小生意 3 人，办事员 1 人，当兵 1 人，贫农 2 人，其他 1 人。这些不同年龄、不同出身的调研对象，保证了调查的全面性。当时中共寻乌县委书记古柏，是调查中的一个特殊人物，既是调查的对象，也是调查的组织者，全程协助毛泽东进行调查。

才溪乡调查中，毛泽东找来的主要是长汀县里的 6 种人：老佃农、老裁缝工人、老教书先生、老钱粮师爷、老衙役以及流氓头。为什么主要找老人？因为老人对情况比较了解，对生活的感悟更加深刻。老佃农对农村情况比较了解，明白豪绅地主占有的田地和剥削情况；老裁缝工人走家串户，有机会为地主、豪绅、商家做衣服，了解他们的生活状况；老教书先生善于观察和总结，懂得当地文化和各种礼教；老钱粮师爷掌管过地方经济，清楚国民党地方政府钱粮捐税的征收情况；老衙役属于地方政治和官场人物，清楚豪绅地主同衙门勾结底细；流氓头接触社会各个阶层，明了社会各种势力状况。把这六种人提供的材料进行综合，就能比较全面地了解才溪乡政治、经济和社会的情况。②

第二节　搜集资料

搜集资料是调查研究最基础的环节。毛泽东认为，"材料是要搜集得愈多愈好"③。毛泽东用非常认真的态度，不断在调查研究中改进和拓展资料搜集方法。从《毛泽东农村调查文集》来看，毛泽东搜集资料主要有观

---

① 《毛泽东农村调查文集》，人民出版社 1982 年版，第 41 页。

② 《务实之风：没有调查没有发言权》，《解放军报》2014 年 9 月 26 日。

③ 《毛泽东农村调查文集》，人民出版社 1982 年版，第 25 页。

察、访问、座谈（开调查会）、表格调查、地方文献等方法，其中最有特色的是开调查会。

一、观察

毛泽东进行调查之前，都要到该地进行多方面的观察。譬如寻乌调查，第一天由古柏带领，首先登上高处观察县城，然后，在城内大街小巷转悠起来。毛泽东把这叫作"走马观花"，认为有助于对寻乌城有个整体的印象。为了得到更全面、真实、准确的情况，毛泽东多次到商会、苏维埃政府、工会、乡村等地进行实地查看。

观察是了解事物的初步方法，也是获得感性认识的基本方法。毛泽东说："例如有些外面的人们到延安来考察，头一二天，他们看到了延安的地形、街道、屋宇，接触了许多的人，参加了宴会、晚会和群众大会，听到了各种说话，看到了各种文件，这些就是事物的现象，事物的各个片面以及这些事物的外部联系。这叫做认识的感性阶段，就是感觉和印象的阶段。"① 他认为，这种感性阶段，是认识事物的坚实基础。

二、访问

访问是与被调查者面对面，通过语言交流了解情况的方法。毛泽东在深入观察的同时，注重与群众直接的访问和交谈。《中国佃农生活举例》就是毛泽东在湖南湘潭西乡与佃农张连初详尽会谈的记录。这看似偶遇调查，实则毛泽东对这些问题观察思考已久，所以才有明确的问题和深入的访谈。

在寻乌调查中，毛泽东进行了广泛的访问调查。他在寻乌城走到哪，就问到哪。在豆腐店、水货店、杂货店，毛泽东问价钱，问品种，还问哪些商品卖得好，为什么好，从哪里进的货。毛泽东直到问得商家确实答不

---

① 《毛泽东选集》第 1 卷，人民出版社 1991 年版，第 285 页。

上了，才不得不离开。从店里出来，古柏向毛泽东建议："毛委员，你想了解寻乌的商业，我带你去会一位县城通。"毛泽东非常高兴，急忙问："在哪里？他叫什么名字？""他叫郭友梅，是个杂货店主，曾任县商会会长。他的店离这里不远。""太好了！快去！"毛泽东走到郭友梅的店里，说："我们共产党和苏维埃政府要制定出正确的工商业政策，就要对工商业现状有个透彻明白的了解，所以我很希望郭先生赐教！"毛泽东从郭友梅那里了解到许多情况，但他还是觉得不够。①

　　毛泽东在访问中很讲究方法，以使对方说真话。他曾这样介绍经验："怎样使对方说真话？各个人特点不同，因此，要采取的方法也各不相同。但是，主要的一点是要和群众做朋友，而不是去做侦探，使人家讨厌。群众不讲真话，是因为他们不知道你的来意究竟是否于他们有利。要在谈话过程中和做朋友的过程中，给他们一些时间摸索你的心，逐渐地让他们能够了解你的真意，把你当做好朋友看，然后才能调查出真情况来。群众不讲真话，不怪群众，只怪自己。"②

三、座谈（开调查会）

　　座谈（开调查会），是毛泽东在搜集资料时的特色途径。"开调查会，是最简单易行又最忠实可靠的方法，我用这个方法得了很大的益处，这是比较什么大学还要高明的学校"③。他对开调查会提出了具体要求："开调查会每次人不必多，三五个七八个人即够。必须给予时间，必须有调查纲目，还必须自己口问手写，并同到会人展开讨论。"

　　在土地革命战争时期，毛泽东做的一系列调查研究，如《寻乌调查》、《兴国调查》、《长冈乡调查》、《才溪乡调查》等，主要是采用开调查会的方式进行资料搜集。寻乌调查中，为了了解农民卖儿卖女的情况，毛泽东

---

① 　彭嘉陵、鄢来雄：《"统计的魂在寻乌"——重温毛泽东苏区调查精神系列报道之寻乌篇》，《中国信息报》2014年6月5日。
② 《毛泽东农村调查文集》，人民出版社1982年版，第27页。
③ 《毛泽东农村调查文集》，人民出版社1982年版，第16页。

特邀了刘亮凡、李大顺、梅治平三个农民开调查会。三个农友分别向毛泽东谈了富福山、黄砂、兰田三个村穷苦人卖儿卖女的惨景。毛泽东把他们的谈话一字一句地记下。在调查记录上，他加了下面一段话："所有我的调查都很谨慎，都没有过分的话。我就是历来疑心别人的记载上面写着'卖妻鬻子'的话未必确实的，所以我这回特别下细问了寻乌的农民，看到底有这种事情没有？细问的结果，那天是三个人开调查会，他们三个村子里都有这种事。"①

为了解基层苏维埃的工作，1933 年 11 月，毛泽东亲自率领临时中央政府检查团，来到兴国县长冈乡进行实地调查，座谈会在列宁小学教室里举行。毛泽东主持调查会，邀请了长冈乡 8 位村民，大家围坐在一张八仙桌上，围绕着长冈乡的乡苏下的委员会、地方部队、群众生活、合作社运动等工作，进行了详细深入的交谈。这次调查，毛泽东掌握了苏维埃基层工作和人民生活的大量第一手材料，对新生苏维埃下的妇女、儿童、劳动互助组、贫农团等新情况作了详细了解，总结长冈乡这个"苏维埃工作的模范"的基本经验："因为他们与群众的关系十分密切，他们的工作收得了很大的成效。"②他认为，正是由于长冈乡苏维埃政府的干部把关心群众生活与支援前线的扩红、筹粮筹款工作结合起来，才赢得了广大群众的拥护和支持。③

毛泽东在调查会中，与被调查者进行面对面直接交流，还关心被调查者的情绪和生活细节。在兴国调查中，请了几个农民来谈话。开始时这些农民很拘束，不知道要把他们怎么样。毛泽东请他们吃饭，安排给他们温暖的被子。后来就无话不谈，亲切得像自家人一样。④这样的调查会，保证毛泽东与被调查者密切接触，能够得到被调查者的配合，也就能够得到真实的情况。

---

①　《毛泽东农村调查文集》，人民出版社 1982 年版，第 150 页。

②　《毛泽东文集》第 1 卷，人民出版社 1993 年版，第 277 页。

③　魏本貌、熊婷婷：《重温"长冈乡调查"》，http://www.wenming.cn/hswh/hsly/201309/t20130921_1480139.shtml.

④　《毛泽东农村调查文集》，人民出版社 1982 年版，第 27 页。

四、表格调查

表格调查类似于当代的报表和问卷调查，便于收集全面情况和数据型资料。毛泽东对表格调查很熟悉。1926 年，毛泽东还担任国民党农民运动委员会书记的时候，曾经负责搜集 21 个省土地统计。[①] 关于表格调查的重要性，他在《总政治部关于调查人口和土地状况的通知》中，说得很清楚："现在这两种表格，我们如能照深刻注意实际的正确的统计填写起来，是能解决我们许多问题的，特别是现在分配土地中的许多实际问题。深望红军政治部每到一处注意填写，地方政权机关逐乡去填写，尤望红军中和政府中每个负责人随时随地做此种调查和统计。"[②] 这个《通知》的结尾，鲜明提出了"不做正确的调查同样没有发言权"的著名论断。在毛泽东看来，正确进行表格调查，是进行正确调查的必要手段。

对于表格调查的方法，毛泽东做了详细阐述：将表格发给根据地各地方政府和红军指战员，由政府的工作人员和红军的指战员逐乡进行填写工作。具体要求是："调查这一乡，必须找到他们的分田的人口和土地调查本子，找到这一乡的经手分田的土地委员和熟悉这一乡情形的人，先把每一家人的阶级成分和每一亩田为哪个阶级占有分别清楚，再用硬算的办法统计清楚，按照实际数目填写上去。"[③]

五、地方文献

地方文献是认识一个地方历史和现状的基础资料。毛泽东每到一个地方都很注重收集地方志、碑记、家谱和各种民俗、制度等地方文献。1929年 4 月中旬，毛泽东率领一个警卫排，从于都经赣县来到兴国县城，一边深入兴国召开各种调查会，一边查阅《兴国县志》，了解兴国的历史文化

---

① 　[美] 埃德加·斯诺：《西行漫记》，董乐山译，三联书店 1979 年版，第 126 页。
② 　《毛泽东农村调查文集》，人民出版社 1982 年版，第 12 页。
③ 　《毛泽东农村调查文集》，人民出版社 1982 年版，第 12—13 页。

渊源和经济社会发展过程。

毛泽东在调查中搜集了大量地方文献，有时在报告中直接引用。这些地方文献在当代已经变得十分稀缺和难得，成为研究当地的重要文史资料。譬如《寻乌调查》中直接引用了当时社会上"卖奶子"的"过继帖"：

"立过继帖人某某，今因家贫无奈，告借无门，人口嗷嗷，无力养育，情愿商请房族戚友将所生第几男过继于某宗兄为男，当得身价洋若干元。自过继之后，任凭养父教读婚配，倘有打骂等情，生父不得干涉。两方甘愿，并无勒迫，不敢生端异说。恐口无凭，立此过继帖一纸为据。

媒人某押

某押

某押

房族某押

某押

某押

戚友某押

某押

某押

父某押

母某押

兄某押

弟某押

某某代笔

某年某月某日立"①

---

① 《毛泽东农村调查文集》，人民出版社 1982 年版，第 150—151 页。

第三节　分析资料

将资料搜集上来后，不能把资料堆砌在一起，"特别要注意的是分析"①。毛泽东举例说明，一个初来延安的人，观察和参观延安后，第二个步骤就是"用分析方法把延安的各部分有秩序地加以细细的研究和分析"②。唯物辩证法是毛泽东分析资料的总的指导，他说："方法问题，第一是唯物论，第二是辩证法"③。关于毛泽东分析资料的具体方法，从《毛泽东农村调查文集》中可以看到，综合采用了阶级分析、家庭收支分析、矛盾分析、比较分析、历史地理分析、制度分析等方法，其中最核心的是阶级分析。

一、阶级分析

阶级分析在毛泽东调查研究方法中处于核心地位，决定着毛泽东认识中国社会的基本视角。④ 阶级分析是宏观的社会结构分析，是根据历史唯物主义的基本原理，调查社会中各阶级的政治、经济客观状况和态度意愿等主观因素，发现社会现象的本质和规律性方法。他很反感不作阶级分析的调查，批评其"调查的结果就像挂了一篇狗肉账，像乡下人上街听了许多新奇故事，又像站在高山顶上观察人民城郭"。他鲜明指出："我们的主要目的，是要明了社会各阶级的政治经济情况。我们调查所要得到的结论，是各阶级现在的以及历史的盛衰荣辱的情况。"⑤

社会的阶级分层结构，是毛泽东调查研究的基本框架，也是毛泽东调

---

① 《毛泽东农村调查文集》，人民出版社 1982 年版，第 24 页。

② 《毛泽东农村调查文集》，人民出版社 1982 年版，第 23 页。

③ 《毛泽东年谱（一九四九——一九七六）》第 1 卷，中央文献出版社 2013 年版，第 324 页。

④ 童星：《在新形势下继承和发展毛泽东社会调查的理论》，《毛泽东百周年纪念——全国毛泽东生平和思想研讨会论文集（上）》，1993 年。

⑤ 《毛泽东文集》第 2 卷，人民出版社 1993 年版，第 5 页。

查研究关注的重点。譬如《兴国调查》第三节，具体分析斗争中各阶级的状况，以及他们的政治态度。将当时的阶级分为地主、富农、中农、贫农、手工工人、商人、游民等八个阶级，每个阶级具体到什么人，做了什么事都有详细记载和精当分析。这样依据农村当时的阶级结构，层层深入地找到社会问题的本质和原因，弄清了革命的朋友和革命的对象。

《寻乌调查》专辟第四节从阶级的角度，研究旧有的土地关系。在概括了农村人口成分和旧有的田地分配之后，详尽分析公共地主、个人地主、富农和贫农等阶级情况。将公共地主细分为祖宗地主、神道地主、政治地主，将个人地主细分为大地主、中地主、小地主，分析了其土地占有情况，也分析其对于生产的态度和政治思想倾向。《寻乌调查》第四节之（八），专门分析剥削状况，分为地租剥削、高利剥削、税捐剥削三类，每类下又分小类。剥削状况这一部分一万两千多字，对劳苦人民所受剥削描写和分析的细致深入，在中国学术史上无人能及。

"（八）剥削状况

A. 地租剥削

　　1. 见面分割制

　　2. 量租制

　　3. '禾头根下毛饭吃'

　　4. 批田

　　5. 批头、田信、田东饭

　　6. 谷纳、钱纳

　　7. 铁租、非铁租

　　8. '要衫裤着去捞'

　　9. 劳役

　　10. 土地买卖

B. 高利剥削

　　1. 钱利

　　2. 谷利

　　3. 油利

　　　4.卖奶子

　　　5.打会

　　C.税捐剥削

　　　1.钱粮

　　　2.烟酒印花税

　　　3.屠宰税

　　　4.护商捐

　　　5.牛捐

　　　6.赌博捐

　　　7.财政局总收入

　　　8.派款借款"①

二、家庭收支分析

　　家庭收入支出分析在毛泽东调查资料的分析中处于基础的地位，毛泽东对中国社会的基本认识就建立在这一分析之上。家庭收支分析属于微观的经济分析，毛泽东认为，没有这种调查，就没有农村的基础概念。② 毛泽东之所以能够对中国农民抱有深切的同情、对中国广大农村有深刻的认识，是与他细致入微的家庭收支分析方法分不开的。

　　毛泽东自参加革命以来一直想知道，中国的农民究竟有多穷，又是怎么穷的，农民的政治态度怎样。《兴国调查》中，毛泽东做了八个家庭的调查，对八个家庭的姓名、家庭人口、收入来源、支出项目、负债情况，以及生产意愿和政治态度都是详细客观记录。毛泽东认为，这次调查使得兴国调查比以前的调查更加深入。③

　　对家庭收支分析，最直接彻底的是1926年所作的《中国佃农生活举例》。毛泽东在湖南湘潭西乡考察湖南农民运动时，与佃农张连初会谈写

---

① 《毛泽东农村调查文集》，人民出版社1982年版，第136—163页。
② 《毛泽东农村调查文集》，人民出版社1982年版，第183页。
③ 《毛泽东农村调查文集》，人民出版社1982年版，第183页。

成的《中国佃农生活举例》，是现存的毛泽东最早的一篇关于农村家庭的调查报告。毛泽东翔实地记录了壮年佃农张连初一家的支出和收入，将支出分为"食粮、猪油"等十一项，将收入分为"田收、喂猪"等四项，每一项都用数据具体说明。毛泽东分析，佃农十一项支出"共计一百六十七元三角六分五厘五"，收入四项"共计一百四十七元七角二分"，"收支相抵，不足一十九元六角四分五厘五"。这还是假定没有天灾人祸、佃农精明勤劳的情况下的状态，"然事实上佃农不能个个这样终年无一天休息地做苦工，稍一躲懒，亏折跟来了。"他指出，中国之佃农比牛还苦，因牛每年尚有休息，人则全无，这就是中国佃农比世界上无论何国之佃农为苦，而许多佃农被挤离开土地变为兵匪游民之真正原因。① 这份调查报告通过一个家庭收支分析，大致上反映了当时中国佃农的苦难状况，后来被作为中央农民运动讲习所的教材。

三、矛盾分析

矛盾分析在毛泽东调查资料的分析中处于关键的地位，贯穿于毛泽东对中国社会分析的全过程。毛泽东擅长用矛盾分析方法来认识问题。他指出，矛盾分析就是要一分为二地看待问题，既要看到事物的正面，也要看到事物的反面。譬如对游民，他既分析了其积极参加革命的一面，也指出了其落后于革命的一面。《兴国调查》中，对苏维埃，既肯定了其取得的成绩，也具体分析了政府人员中出现的弊病。②

毛泽东注重抓住主要矛盾和矛盾的主要方面，还特别强调调查研究的具体问题，都要放在当时社会的主要矛盾中加以认识。他指出，"今天中国主要的矛盾是民族矛盾，阶级矛盾成为次要的。西安事变前主要矛盾在国共两党之间，而西安事变后，主要矛盾则在中日之间。""因此，今天无

---

① 《毛泽东农村调查文集》，人民出版社 1982 年版，第 28—33 页。

② 毛泽东指出的政府工作人员的弊病是：第一，是官僚主义，摆架子，不喜接近群众；第二，是没收了反动派的东西，不发与贫民，拿了卖钱；第三，是调女子到政府办事。参见《毛泽东农村调查文集》，人民出版社 1982 年版，第 245 页。

论解决任何问题，都应该以这个主要矛盾作为认识问题和解决问题的出发点。假若丢掉主要矛盾，而去研究细微末节，犹如见树木而不见森林，仍是无发言权的。"①

毛泽东对自己做的调查研究，也是一分为二地看待。《寻乌调查》是毛泽东比较满意的一次调查，然而，他还是指出："这个调查有个大缺点，就是没有分析中农、雇农与流氓。还有在'旧有土地分配'上面，没有把富农、中农、贫农的土地分开来讲。"②他认为兴国调查较之历次调查要深入些，但同时指出了这次调查的缺点："没有调查儿童和妇女状况，没有调查交易状况和物价比较，没有调查土地分配后农业生产的状况，也没有调查文化状况。"③

四、典型案例与比较分析

毛泽东擅长的"解剖学"属于典型个别调查，但其目的是由个别推断总体。他说，"要拼着精力把一个地方研究透彻，然后于研究别个地方，于明了一般情况，便都很容易了"。④毛泽东对中国佃农生活的调查，假定了一个典型的家庭："一个壮年勤敏佃农，租人十五亩田（一佃农力能耕种之数），附以相当之园土柴山，并茅屋一所以为住宅。此佃农父母俱亡，仅一妻一子，妻替他煮饭喂猪，子年十二三岁，替他看牛。这个佃农于其租来之十五亩田，可以全由自己一人之力耕种，不需加雇人工。因穷，田系贩耕，没有押租银可交，所以田租照本处通例要交十分之七。"这一假定的典型，原型就是毛泽东调查的张连初家。毛泽东详细地剖析了这一典型佃农家庭的收入和开支，并得出了"佃农比牛还苦"、"每年亏折"的悲惨现实。这一典型案例，至今仍是认识和研究近代中国农民生活的重要史料。

---

① 《毛泽东农村调查文集》，人民出版社 1982 年版，第 25—26 页。
② 《毛泽东农村调查文集》，人民出版社 1982 年版，第 42—43 页。
③ 《毛泽东农村调查文集》，人民出版社 1982 年版，第 183 页。
④ 《毛泽东农村调查文集》，人民出版社 1982 年版，第 56 页。

为了从个别有效推断总体，毛泽东在深入实地进行典型调查的基础上，强调要做比较分析。他在读《辩证法唯物论》时批注："研究从辨异入手"；在读《辩证唯物论与历史唯物论》（上册）时批注："共同点与特殊点都是要紧的，而特点尤要"①。他清醒地认识到由一个典型推断总体的局限性，所以很重视通过个案之间的比较找出事物的特点。为取得对中国农村阶级结构的深入认识，他不仅做了《寻乌调查》，还做了《兴国调查》。为了解苏维埃的现实运作和总结工作经验，他不仅做了《东塘等处调查》、《长冈乡调查》，还做了《才溪乡调查》。这些调查互相比较和印证，为从个别推断总体特征提供了坚实基础。当然，毛泽东认为自己做得还是不够。按他的想法，应有更全面的系统的比较。他说："调查的典型可以分为三种：一、先进的，二、中间的，三、落后的。如果能依据这种分类，每类调查两三个，即可知一般的情形了。"②

五、历史地理分析

弄清楚所研究问题的一定时间和空间，把它当作历史的、具体的事物来考察，是毛泽东分析调查资料的鲜明特色。毛泽东在学生时代就对历史和地理有浓厚的兴趣，他认为事物都是在一定的历史时间和地理空间存在的。在广州农民运动讲习所工作期间，为了教导学员通过调查研究把中国革命的任务落在实处，他还曾专门讲授地理课。在《反对本本主义》中，毛泽东就把问题的历史作为调查研究的重要内容，指出："你对于那个问题不能解决吗？那末，你就去调查那个问题的现状和它的历史吧！"③

《寻乌调查》对寻乌城的历史有简洁而精彩的叙述："说到寻乌城这个市场，真是不胜今昔之感。从前时候寻乌城的生意，比现在寻乌城的要大一倍。光绪二十七八年为最旺盛"。"还有，寻乌城至今还是一个不定期的店铺交易和定期的圩场交易并行着的地方，它约有二千七百人口，一道坚

---

① 《毛泽东哲学批注集》，中央文献出版社 1988 年版，第 41、176 页。

② 《毛泽东农村调查文集》，人民出版社 1982 年版，第 27 页。

③ 《毛泽东农村调查文集》，人民出版社 1982 年版，第 2 页。

城的内外，表现它那寂寞的情调，除非到一、四、七的圩期，才临时地热闹几小时，这不又是一件很好的资料吗？"①

《寻乌调查》也把寻乌的水路、陆路、区划等地理情况做了详细的介绍。譬如关于陆路，首先记载了大路："以石排下为中心，分为四条大路……。"还记载了小路："另有几条小些的路……以上各路比较小一点。"最后还记载了里程："从寻乌城出发，往门岭九十里，往武平一百八十里，往梅县二百四十里，往兴宁二百四十里，往安远一百一十里，往龙川三百一十里，往定南（经上坪、胡山、太平、鹅公圩）一百六十里。"② 这样寻乌经济社会便被置于清晰的历史与地理架构中，使调查研究具备厚实的基础。

六、政策及其执行分析

毛泽东在调查中对政策问题给予了特别关注。《寻乌调查》是红四军到达寻乌时做的，在陂头会议之后。在陂头会议上，讨论了一系列事关革命根据地发展的重大问题及策略，包括政治、土地、红军、党的组织以及苏维埃政权的建设等。这个会议对推动赣西南地区的土地革命运动产生了积极的作用，也指明了党所领导的整个土地革命斗争发展的方向。这次会议后，毛泽东就感觉到，如何对待富农不仅是一般的实践问题，而且是带有普遍性的政策问题。同时在土地革命过程中，必须了解商业问题，制订正确的商业政策。所以他多方筹备，终于抓住了红四军到寻乌的机会，在汀州会议之前，进行深入的寻乌调查。正如他所说："关于中国的富农问题我还没有全般了解的时候，同时我对于商业状况是完全的门外汉，因此下大力来做这个调查。"③

土地税是当时农村的一项重要制度安排，毛泽东在《寻乌调查》和《兴国调查》中都对当地的土地税进行了叙述和分析。《兴国调查》中，毛

① 《毛泽东农村调查文集》，人民出版社 1982 年版，第 57 页。
② 《毛泽东农村调查文集》，人民出版社 1982 年版，第 44—45 页。
③ 《毛泽东农村调查文集》，人民出版社 1982 年版，第 41 页。

泽东详细记述了土地税的税率税额，还详细记述了土地税现实中征收的过程："第一乡茶干村先两天发信与各家，要他们送公益费到公仓去。到期各家纷纷挑了谷子送到公仓（即过去的义仓），由本乡的负责人（五个）领收，不到一天工夫就收齐了，一共收了七十多石谷子。事先说，哪一家当天不把公益费送来时，五个负责人当天的伙食费就要哪一家出。大家怕出这笔钱，所以很快地送去了。"①

《寻乌调查》具体分析了寻乌的家族主义的山林"共产"制度及其实施过程。家族主义的山林"共产"制度以及地方主义的山林"共产"制度，其核心是公禁公采制度。文中描述了禁长产生的过程："禁长均由选举，任期不定，有一年换两回的，有四五年不换的，全看他尽职不尽职。"文中也介绍了当禁长的要求："凡做禁长的都要铁面无私，公公道道。"还具体描述了禁山会议："禁长们每年召开禁山会议一次，一切关于禁山的规矩都是由这种会定出来的。禁山会临时召集的多，也有'有底子'的。开禁山会的那天，不但禁长们到，而且那个范围内每家都到一人，每人自带酒饭……"②这样对山林制度既有一步一步实践操作过程的描述，也有层层深入的理性分析，至今读来仍可清晰了解当时的山林制度及其实施过程。

第四节　写作报告

毛泽东在读《辩证法唯物论教程》时批注："指导分析的是综合"③，将分析和综合的成果用文字表达出来，就是写作。本节主要以《寻乌调查》为例探讨毛泽东写作调研报告的方法及其调研报告的特色。作为中国共产党调查研究的样本，《寻乌调查》具有的迷人魅力，不仅体现在调查研究

---

① 《毛泽东农村调查文集》，人民出版社 1982 年版，第 241 页。
② 《毛泽东农村调查文集》，人民出版社 1982 年版，第 134—135 页。
③ 《毛泽东哲学批注集》，中央文献出版社 1988 年版，第 440 页。

的科学方法上，也体现在独具特色的写作方法上。①

一、前言

前言作为文章的开篇，一般是将文章的宗旨、主要内容、写作过程、意义影响等介绍给读者，以便于理解。毛泽东的调查研究报告都非常重视前言的写作。《寻乌调查》的前言写于 1931 年 2 月，距离寻乌调查时间已过去九个月，是作者在整理资料时的补记。1000 多字的前言，如"凤头"般引人入胜。

一是全面而简洁。短短的篇幅将调查研究的背景、调查研究的问题、调查研究的组织、调查研究的对象、调查研究的过程、调查研究的地点及代表性，以及调查研究存在的问题，都交代得十分清晰。

二是实在而准确。该前言将时间、地点、人物一一交代，调研对象不仅记录了名字，还记录了年龄、阶级成分、职务等信息，有的还简要介绍了其经历。

三是既客观又充满感情。该前言在交代调查研究各个环节时，总体是客观的叙述，但开头交代调研背景，满含深情。当读者读到"湖南五个放在我的爱人杨开慧手里，她被杀了，这五个调查大概是损失了"，不能不为之动容。而"失掉别的任何东西，我不着急，失掉这些调查（特别是衡山、永新两个），使我时常念及，永久也不会忘记"② 一句直抒胸臆，充分表达了作者对调查研究的高度重视。

二、结构与逻辑

文章结构即内在因素的组织，是作者对框架的安排和论证次序的布局。《寻乌调查》总体分为五章，每章下根据需要有分节。寻乌的商业这

---

① 周批改、段扬：《〈寻乌调查〉的文体研究》，《中国井冈山干部学院学报》2017 年4 期。

② 《毛泽东农村调查文集》，人民出版社 1982 年版，第 41 页。

一章之下专门列有目录，其中寻乌城作为重中之重，也列有从（1）至（25）的分目录。这样就显得条理非常清晰，阅读起来一目了然。而且，结构完整，便于从整体上把握调研报告的全貌。

《寻乌调查》各章节长短不一，行文自由。譬如"第三章寻乌的商业"有28000多字，"第四章寻乌的旧有土地关系"有31000多字，而"第一章寻乌的政治区划"只有300多字。章下的节也是这样，有话则长，无话则短。总体看来，文章长短结合，重点突出，又兼顾了各方面，呈现出一种错落有致的美感。

从篇幅看，《寻乌调查》外在行文自由；但从逻辑看，其内在结构严密细致。为着制定正确的土地革命政策，围绕中国富农问题、城镇商业问题这两个焦点问题，从政治、交通、商业、土地关系和土地斗争等方面层层递进进行考察，重点对寻乌的商业和旧有的土地关系进行剖析。各章内部的逻辑也十分严密。譬如"第三章寻乌的商业"，先是分析寻乌各区域面上的生意，再集中到出口货、重要市场，再聚焦到寻乌城，这样由远而近、由面到点地进行剖析，将寻乌的商业立体地呈现了出来。

三、数据和实例

用数据和事实说话，是《寻乌调查》在论据上的鲜明特色。作者对数据精益求精，力求细微准确。对于安远到梅县的生意，关于"牛岗"，详细列举：

"每年共有多少牛呢？

正、二月每月平均一百头，共二百头；

三月六十头；

四、五、六、七月没有市；

八月三岗，二百五十头；

九月同八月；

十月三百头；

十一月三岗，二千一百头；

十二月只有二岗，一百六十头；

全年三千三百二十头。

牛价平均每头值四十元，全年共值一十三万二千八百元。"①

为将数据清晰地呈现出来，作者恰当地运用了表格。关于寻乌城的人口成分，作者按"职业、人口数、百分比"制作了表格，将全城 2700 多人进行了分类，不仅有总数、分项数，还有百分比，而且还对这些数字进行了详细的文字说明。

在数据、表格之外，《寻乌调查》处处是实实在在的案例。这些案例之实，首先表现为记录实名，对寻乌的大学生、各个层次的地主、各个行业的老板，都实名记录。其次是客观描述，譬如对十二家收租的地主，作者不偏不倚地记录了他们的名字、家庭成员和收入开支。再次是直接引用。譬如在"批田"一节，作者直接引用了调查到的一个赁字：

"立赁耕字人邝世明，今来赁到凌贱贵兄手内禾田一处，土名铁寮坝，禾田一大丘，计租六桶。当日三面言定，每年合纳租谷六桶，限至秋冬二次，早六番四，送至家中，过风精燥，交量明白，不得缺少。如有缺少，任田主另批别佃，不敢生端异说。恐口无凭，立赁字为照。

每年信鸡一只。

见人　罗长盛

代笔　谢雨霖

民国十六年十一月二十四日立赁耕字人邝世明"②

四、语言风格

调查类文体的语言，一般要求能被人看懂、知晓，不求词藻华丽。毛泽东为调查类文体语言带来新的特色，不但准确，而且生动活泼，有生气、有新意、有美感，乃至幽默风趣诙谐。

---

① 《毛泽东农村调查文集》，人民出版社 1982 年版，第 50 页。

② 《毛泽东农村调查文集》，人民出版社 1982 年版，第 140 页。

　　一是口语化，就是使用群众语言，通俗易懂。他写的调研报告，大量运用地方的口头语、俗语、谚语、歇后语、成语、方言土语等，毫不生硬牵强，达到了水乳交融的程度。① 在《寻乌调查》中，描写农民疾苦时，说刚打下禾交过租就没有饭吃了，就直接用农民语言"禾头根下毛饭吃"，"一年耕到又阿嗬"。在揭示地主剥削时，就采用寻乌的习惯话："嫁姑娘卖奶子，都要还埃。"② 娼妓一节，就引用寻乌的一句俗话，"三标的货，项山的糯"，就是说三标女子美丽与项山的糯米一样著名。在谈到社会各行业的地位时，就引用当地顺口溜："下九流是：一削（削脚趾），二拍（拍背），三吹（吹鼓手），四打（打烟铳），五采茶（男女合唱采茶戏），六唱戏，七差人，八剃头，九娼妓。"③

　　二是形象化，主要是运用了比喻、拟人、成语、寓言等多种修辞格，将抽象事物具体化，将具体事物形象化，将理论通俗化。例如，把没有经过周密调查就乱发表议论的人称为"钦差大臣"④，把抓住典型形象地表述为"解剖麻雀"法。还例如在《寻乌调查》中写道，靠不住的先生，是不能把生意交给他做的，因为他"吃油饼"。用"吃油饼"来暗指吃拿占便宜的行为，已经比较形象了。作者还用地方方言"大斧头"、"打雷公"来比喻"吃油饼"行为，显得更生动形象。

　　三是谐趣化。《寻乌调查》在严谨的叙述中，也点缀了毛泽东幽默谐趣的风格。在谈到地主的剥削时，就讲了这样一个笑话故事。乡下一个著名刻薄的地主，把瘪谷掺进精谷里，在青黄不接的时候卖给农民。有个农民来买谷子时，地主对着媳妇和女儿说道："要衫裤子着就要去捞！"⑤ 寻乌习惯里，女子偷人叫"捞"，把瘪谷掺进精谷去也叫作"捞"。要衣服裤子穿就去"捞"，地主对他的媳妇和女儿的交代，一语双意，在令人痛恨的同时，也未免好笑。

---

　　① 江乐山：《毛泽东同志怎样运用群众语言》，《新闻通讯》1986 年第 1 期。

　　② 《毛泽东农村调查文集》，人民出版社 1982 年版，第 149 页。

　　③ 《毛泽东农村调查文集》，人民出版社 1982 年版，第 89 页。

　　④ 《毛泽东农村调查文集》，人民出版社 1982 年版，第 17 页。

　　⑤ 《毛泽东农村调查文集》，人民出版社 1982 年版，第 143 页。

五、表达方式

调查报告类文体，表达的主要方法是叙述与议论。以数据事实作为依据展开叙述，通过议论概括观点和结论。而《寻乌调查》不仅娴熟地运用叙述与议论，还运用了说明、描写等多种表达方式，使得文章更生动形象、更贴切深刻。

叙述，也就是记录和述说，是用来表达事实的经过和现状。《寻乌调查》里，叙述占到70%。譬如，关于寻乌的娼妓和嫖客变化，文章从历史到现实娓娓道来。十年前，寻乌商人嫖娼的最多，豪绅第二，豪绅子弟（所谓少爷）最少。十年后则是另外一番光景，豪绅嫖娼的最多，豪绅子弟次之，商人嫖的最少了。出现这个现象是因为商人他们的生意不行，而豪绅嫖的多，以妓家为歇息，长年长月住，逢年过节时才回家一转。那么豪绅他们的嫖钱哪里来的？打官司，乡下人拿出一百元，他给乡下人使用二十元，八十元揣在自己的荷包里，这样子得到供给娼妓的费用。[①] 这样由表及里，把这种娼妓和嫖客变化的现象清晰地揭示出来。

议论，调查报告要在叙述大量事实材料的基础上提炼观点，这就需要议论。只有在材料的梳理中提炼观点，用充分的材料去证实观点，让观点统领材料，才能够使调查报告有理有据，令人信服。《寻乌调查》在寻乌的旧有土地关系一节，叙述了广大农民生活艰辛、卖儿还债的窘迫境况之后，作者用一句话成一段：旧的社会关系，就是吃人关系！这短短的一句话，字字力透纸背，鲜明而深刻地概括了前面详尽的叙述，点出了旧有土地关系的症结，为破除旧有土地关系、实行土地改革的总论点提供了坚实支撑。

说明是解说事物的外形、特点、性质、功能等，以使事物变得更清晰的表达方式。《寻乌调查》穿插的说明，简洁明了。譬如关于寻乌城的杂货，文章中列举了一百三十一种，并随后作了条理清晰的简要说明。首先，对

---

① 《毛泽东农村调查文集》，人民出版社1982年版，第96—97页。

杂货的销量作出说明,"以上一百三十一种,商人都叫作'洋货',在杂货店里出卖。其中打横画的二十三种是销数较多的,没有打横画的各种销数都少。"之后,对杂货的进货渠道说明:"一百三十一种中有一百十八种是从梅县及兴宁来的,梅县来的占最大多数,只有洋袜子、围巾等织造品大部分是从兴宁来的………"①

描写如同工笔画,是用生动形象的语言把人物或景物的细节具体地描绘出来。描写一般是文学写作常用的表达方式,调查报告类文体一般较少用描写。但《寻乌调查》也采取了部分描写,譬如,为反映地主对农民的剥削状况,有如下描写:

农民走到地主家里向地主道:"先生,食了朝?"

地主:"唔,系哟!"

农民然后慢慢地话到籴谷:"您的谷,埃来籴两斗子。"

地主:"毛……啊!自己都唔够食。"

农民:"好哩哪!您都毛谷,河坝里水都毛流!搭帮下子,让斗子给埃,等稳就要做到来食啊!"

地主:"好,你十分话紧了,埃的口食谷都让点子把你,你肯不肯出这多价钱呢?"

农民:"先生,莫这样贵,算减点子给埃!"

价钱如了地主的意了,然后把谷子粜与农民。②

这一农民向地主借谷的场景,犹如一幕戏剧,人物性格刻画细微,情节变化起伏,将地主精于算计、阴险狡诈的剥削本质充分暴露,把农民卑下无奈、任人剥削的悲惨境况鲜明地呈现了出来。通过这种描写生动深刻地反映了旧有土地关系的残酷剥削,使调查报告更具真实性和感染力。

---

① 《毛泽东农村调查文集》,人民出版社 1982 年版,第 61—62 页。

② 《毛泽东农村调查文集》,人民出版社 1982 年版,第 142—143 页。

第五章　毛泽东调查研究方法的理论品质

　　毛泽东的调查研究方法，把中国共产党的实事求是的思想路线与"从群众中来、到群众中去"的群众路线有机地结合起来，形成了"既是世界观、又是方法论"的统一体。① 这个统一体理论与实践紧密结合，具有多种属性。科学性是毛泽东调查研究方法的内在核心属性，这也是各种调查研究方法的共性追求。直接性是毛泽东调查研究方法的显著特征，是外在表现的鲜明形式。与同时代的学者调查研究方法相比，毛泽东的调查研究方法突出实践性。与西方调查统计方法相比，毛泽东的调查研究方法突出群众性。客观、准确地理解毛泽东调查研究方法的科学性、直接性、实践性与群众性相统一的属性，更能深刻认识到，毛泽东调查研究方法过去是现在是将来依然是认识中国社会行之有效的方法。

第一节　科学性

　　科学一词本身就包含了调查研究。《韦伯斯特新世界词典》认为，"科学"是从确定研究对象的性质和规律这一目的出发，通过观察、调查和实验而得到的系统的知识。一般所谓科学性，指一种理论和方法，能正确地

---

　　① 《毛泽东周恩来刘少奇朱德邓小平陈云论调查研究》，中央文献出版社 2006 年版，第 126 页。

反映客观事物的本质，揭示其规律，并形成指导实践的系统知识体系。毛泽东说："我们是信奉科学的，不相信神学。"① 毛泽东调查研究方法，将马克思主义辩证唯物主义与历史唯物主义贯穿于全过程，体现出客观而全面、唯物而辩证的科学精神。这种科学性是毛泽东调查研究方法的内在核心属性，是其能够正确认识社会的根本。

一、马克思主义的方法论

在调查研究方法的结构层次中，处于上层的是受一定世界观支撑的方法论。持有什么样的世界观和方法论，决定了怎么搜集资料，以及用什么样的方法去整理和分析资料。接受马克思主义，使毛泽东的调查研究方法建立在辩证唯物主义和历史唯物主义的科学基础上。正如陈云所言，实事求是的根本途径是作调查研究工作，毛主席所说的实事求是，也就是唯物辩证法，这两者是一回事。②

毛泽东的调查研究方法遵循辩证唯物主义的反映论，把人的感觉、表象和思维作为人脑对客观存在的反映，力求全面如实地反映客观实际，在此基础上抽象分析和找到内在规律。毛泽东说："应当从客观存在着的实际事物出发，从其中引出规律，作为我们行动的向导。为此目的，就要像马克思所说的详细地占有材料，加以科学的分析和综合的研究。"③ 毛泽东的调查研究方法也遵循历史唯物主义的基本原理，群众观点和阶级分析构成了毛泽东调查研究方法的基本原则，其目的是为着人类的解放和无产阶级的利益，在认识世界的同时改造世界。

马克思、恩格斯不仅是唯物辩证法大师，也是杰出的社会调查大师。他们亲自组织和参加了大量社会调查，在实践中总结理论和探索方法。青年恩格斯深入工人生产和生活区进行调查，撰写了《英国工人阶级状

---

① 《毛泽东农村调查文集》，人民出版社 1982 年版，第 21 页。
② 陈云：《最要紧的是把思想方法搞对头》，《思想方法工作方法文选》，中央文献出版社 1990 年版，第 347—349 页。
③ 《毛泽东选集》第 3 卷，人民出版社 1991 年版，第 799 页。

况——根据亲身观察和可靠材料》，这是一篇光辉的调查研究报告。马克思用毕生精力写就的不朽名著《资本论》，可以说是他的调查与研究相结合的伟大成果。在俄国，列宁是马克思、恩格斯调查方法的继承者和发扬者。青年时期，列宁就对俄国农村经济进行过深入调查，结合官方统计数据，撰写了《农民生活中的经济变动》一文。马克思、恩格斯、列宁等马克思主义经典作家由于各自条件的限制，进行调查时采用的调查方法比较单一。① 但是，正是马克思主义使社会调查为了人民大众的利益，基于辩证唯物主义与历史唯物主义，实现了社会调查方法的变革，开辟了社会调查科学发展的新道路。

调查研究是马克思主义认识论当中的一个重要的命题，但马克思和恩格斯都没有专门论述调查研究及其方法问题。列宁和斯大林对调查研究方法虽有论述，但都没有形成方法体系。毛泽东不仅在理论上系统阐述了调查研究方法的认识论意义，而且在实践中构建了一整套调查研究的方法体系，将调查研究方法发展成马克思主义科学方法的重要组成部分。可以说，毛泽东的调查研究方法极大地丰富了马克思主义认识论，促进马克思主义的调查研究产生了一个飞跃。

二、透过现象看本质

毛泽东指出调查研究就是要把握实情、解决问题，透过现象看本质，找出事物运动的规律。他在《改造我们的学习》中说到，"实事"就是客观存在着的一切事物，"是"就是客观事物的内部联系，即规律性，"求"就是我们去研究。② 毛泽东实事求是的过程，就是调查研究的过程。在实践中获得大量感性认识，再把感性认识上升到理性认识，由表及里、由浅入深地把握现象的本质，揭示事物发展的规律性。毛泽东不仅善于透过现象把握实践中事物运动的规律，同时也善于把握调查研究本身的规律，不

①　高燕、王毅杰编著：《社会研究方法》，中国物价出版社 2002 年版，第 14—15 页。
②　《毛泽东选集》第 3 卷，人民出版社 1991 年版，第 801 页。

断地改进调查研究的方法。

　　毛泽东既重视搜集材料，也重视对材料进行分析。在毛泽东看来，占有材料不是目的，对调查材料进行综合分析，从中总结出一般性结论，为解决问题、作出决策提供依据才是真正的目的。他说："大略的调查和研究可以发现问题，提出问题，但是还不能解决问题。要解决问题，还须作系统的周密的调查工作和研究工作，这就是分析的过程。提出问题也要用分析，不然，对着模糊杂乱的一大堆事物的现象，你就不能知道问题即矛盾的所在。"① 只有通过分析，才能对他人反映的材料加以鉴别，进而看到各种事物之间的复杂联系，揭示事物发展的内在规律性，为正确的决策判断提供可靠的依据。②

　　毛泽东的调查研究方法强调具体实在的行动，但同时注重科学的抽象。马克思在《资本论》序言中说："分析经济形式，既不能用显微镜，也不能用化学试剂。二者都必须用抽象力来代替。"毛泽东在阅读这段话时，画下很多杠杠，并批注道："不能用肉眼看见，必须用抽象力。"③ 在《实践论》中，毛泽东引用了列宁的话："一切科学的（正确的、郑重的、非瞎说的）抽象，都更深刻、更正确、更完全地反映着自然"。他还在多处强调了这一点。这种科学的抽象，使毛泽东总是能够透过调查研究搜集来的各种材料，抓住本质的方面，深刻地揭示中国革命和建设的规律。

三、形成了完整的方法体系

　　毛泽东把调查研究方法构建为马克思主义中的一门独立的学问，解决了马克思主义诞生后对社会现象进行观察和分析的具体方法。这个方法是一个集合，包含方法论、基本方法和具体技术三个层次。毛泽东调查研究方法的第一个层次，是一般方法论，即具有普遍指导意义的认识社会方法的原则：如坚持从实际出发，坚持群众路线，坚持一般与个别相结合、分

---

① 《毛泽东选集》第 3 卷，人民出版社 1991 年版，第 839 页。
② 王春峰：《试论毛泽东社会调查方法的科学性》，《学习论坛》2013 年第 12 期。
③ 《毛泽东哲学批注集》，中央文献出版社 1988 年版，第 489 页。

析与综合相结合等。毛泽东调查研究方法的第二个层次，是基本方法，指认识事物的基本途径，如典型调查、表格调查，以及阶级分析、矛盾分析等。毛泽东调查研究方法的第三个层次，即具体方法和技术，如开调查会的技术，与群众交流的方法，写调研报告的技巧等。这三个层次有机结合，形成完整的方法体系。

毛泽东认为，概念的形成过程，判断的形成过程，推理的过程，就是调查和研究的过程，就是思维的过程。[①] 他在实践中探索调查研究方法的同时，高度重视对调查研究方法的理论总结和对自己思维方法的训练。他在 20 世纪 30 年代写的《反对本本主义》和《关于农村调查》等著作，全面地论述了关于调查研究的方法以及如何运用这些方法，形成了系统的关于调查研究方法的理论。比如，关于调查的目的，他指出，"调查就是解决问题"，"定出正确的斗争策略"；关于调查的意义，他指出："速速改变保守思想"，"换取共产党人的进步的斗争思想"；关于调查的态度，他指出，眼睛向下，向群众学习，甘当一个小学生；关于如何找调查研究典型，他指出，"调查的典型可以分为三种：一、先进的，二、中间的，三、落后的。如果能依据这种分类，每类调查两三个，即可知一般的情形了"。[②] 他还对如何开调查会进行了详细的介绍。新中国成立后，毛泽东多次谈话，对自己的调查研究方法进行理论总结。这些构成了中国共产党人认识社会的方法基础。

毛泽东的调查研究方法具有重大学术价值。由于毛泽东在政治方面做出伟大的贡献，强大的政治光环使人们在关注毛泽东调查研究方法时，主要集中在政治价值方面，忽略了其中蕴含的极高学术价值。社会学是专门研究和运用调查研究方法的一门科学。毛泽东青年时期受到西方社会学的影响，但没有经过社会学的专业训练。然而，即使是从社会学学科的角度看，毛泽东调查研究方法已达到或超越当时专业社会学家的水平。譬如《寻乌调查》，毛泽东从政治、经济、交通、土地、教育和文化等多个方面

---

① 《毛泽东文集》第 7 卷，人民出版社 1999 年版，第 358 页。

② 《毛泽东农村调查文集》，人民出版社 1982 年版，第 2—27 页。

解剖寻乌，其搜集得到的大量数据、案例，堪称近代寻乌的百科全书，成为人们认识近代中国农村经济社会非常珍贵的文献资料。在社会学人类学的发展历史上，费孝通于 1939 年出版的《江村经济》[①]，被誉为"实地调查和理论工作发展中的一个里程碑"。《寻乌调查》成稿于 1930 年，比《江村经济》更早；在文献搜集和文献的分析方面体现的学术性，毫不逊色。因此，可以说，《寻乌调查》是调查研究方法历史上的一个里程碑。毛泽东的其他调查研究，如《兴国调查》、《长冈乡调查》等，都在调查研究历史和社会学发展史上具有重要学术价值。

第二节　直接性

毛泽东调查研究方法的鲜明特征是直接性，亲临现场观察、访问，亲身体验和感受，与被调查者面对面，直接获得调查对象的事实资料。他认为一切真知都是从直接经验发源的，强调："一定要亲身从事社会经济的实际调查"[②]。毛泽东在调查中注重直接接触和直接记述，坚持一切从实际出发这个原则，就是坚持科学认识事物的基本路线。然而，毛泽东晚年由于多种原因，不能像新中国成立前那样做直接调查，不得已转向间接调查，虽然也取得重要的调研成果，但直接调查的逐渐缺席产生了意想不到的后果，留下了深刻的教训。

一、直面现实问题

毛泽东一生从不回避问题，调查研究是他分析问题、解决问题的工

---

① 费孝通在英国伦敦大学学习时，在其导师马林诺夫斯基指导下完成博士论文，最初以英文发表，题为《开弦弓，一个中国农村的经济生活》。1939 年在英国出版，书名为《中国农民的生活》，作者将"开弦弓村"取学名为"江村"。1986 年，江苏人民出版社出版中译本时沿用原书扉页上的《江村经济》一名。

② 《毛泽东文集》第 8 卷，人民出版社 1999 年版，第 260 页。

具。1919 年 10 月，毛泽东为问题研究会起草的《问题研究会章程》在《北京大学日刊》刊出，提出当时中国需要研究的大大小小共 144 个问题，涉及政治、经济、文化、教育、社会、国际等各方面的实际问题。提出解决这些问题，应"先从研究入手"。① 对这些问题提出了两种调查方法：实地调查和书面调查。他把这个《章程》寄给各地朋友，希望共同来探讨这些问题。这个"问题研究会"虽然没有成立起来，但毛泽东通过调查来解决问题的思路并无改变，并逐步认识到，只有通过调查才能了解和解决社会问题。他用一个非常生动的比喻来形容调查研究在解决问题中的作用："调查就像'十月怀胎'，解决问题就像'一朝分娩'。"② 他进一步鲜明指出："调查就是解决问题"。他从不回避问题，直接针对现实问题进行艰苦的"系统的周密的调查工作和研究工作"。③

　　面对"谁是敌人或朋友"这个首要问题，毛泽东到实地去寻找答案。在大革命时期，毛泽东在斗争中深切认识到，"谁是我们的敌人？谁是我们的朋友？这个问题是革命的首要问题。"④ 围绕着这个首要问题，毛泽东开展了系列调查。《中国佃农生活举例》对湘潭一个农户的收入支出进行全面细致的解剖，为的是深入了解处于底层的农民的生活状况和政治意愿，寻找中国革命的基本力量。毛泽东通过一个多月调查写成的《湖南农民运动考察报告》，一开始就指出"农民问题的严重性"，之后以确凿事实来证明农民运动不是"糟得很"而是"好得很"，呼吁革命同志拥护这个变动，唤起民众。毛泽东正是通过这样深入的实地调查，比同时期的政治家和学者更早地找到了中国革命的朋友和主要的力量。

　　面对教条主义的"本本"问题，毛泽东运用调查来反击。在中共早期历史上，从"本本"出发，也就是教条主义，曾经长时间给中国革命带来严重损失。毛泽东曾指出："读过马克思主义'本本'的许多人，成了革

---

　　① 《毛泽东年谱（一九八三——一九四九）》修订本（上卷），中央文献出版社 2013 年版，第 45 页。

　　② 《毛泽东选集》第 1 卷，人民出版社 1991 年版，第 110 页。

　　③ 《毛泽东文集》第 3 卷，人民出版社 1991 年版，第 839 页。

　　④ 《毛泽东选集》第 1 卷，人民出版社 1991 年版，第 3 页。

命叛徒"，因为本本主义的研究方法不是从实际出发，而是从书本出发，偏离了科学的认识路线，所以是"最危险"的。① 毛泽东专门写作《反对本本主义》一文，提出"没有调查，没有发言权"的鲜明主张，并阐述了调查研究的具体方法和技术。②《寻乌调查》、《兴国调查》等都是从实际出发探讨中国特色革命道路的调查报告。

毛泽东调查中的大量问题，是关于群众的利益问题。③ 他强调应当"切切实实地去研究人民中间的生活问题，生产问题"④。他一口气列举了农业、纺织业、畜牧业等领域内的问题要素，而这些问题的最终导向都在于"组织人民、领导人民、帮助人民发展生产，增加他们的物质福利，并在这个基础上一步一步地提高他们的政治觉悟与文化程度"⑤。《寻乌调查》中，剥削制度、山林制度、土地税、公田问题、妇女问题，看起来琐琐碎碎，实则体现他对人民具体利益问题的深切关心。

二、亲入现场与如实记述

毛泽东做调查时喜欢走到人群中，在现场与被调查者直接接触和交流。寻乌调查期间，毛泽东抓住机会到农民家做客，一起吃饭，还到田间地头帮乡亲们干农活。一天清晨，警卫连战士和红四军军部的同志要到马蹄岗附近的农村参加劳动，刚集合好队伍，毛泽东从楼上下来，站到队伍后面，一起和战士们出发了。在田间，毛泽东放下衣帽，挽起裤腿和袖子，走下田埂，两手握住把把熟练地耘田除草。⑥ 毛泽东与老俵们一起劳动，同时询问老俵们的生产生活，还仔细观察老俵们的言谈举止。毛泽东

① 《毛泽东农村调查文集》，人民出版社 1982 年版，第 3 页。
② 《毛泽东农村调查文集》，人民出版社 1982 年版，第 1—11 页。
③ 丁俊萍、孟维嘉：《毛泽东探索中国道路的问题意识及其当代启示》，《高校马克思主义理论研究》2020 年第 1 期。
④ 《毛泽东文集》第 2 卷，人民出版社 1993 年版，第 467 页。
⑤ 《毛泽东文集》第 2 卷，人民出版社 1993 年版，第 467 页。
⑥ 彭嘉陵、鄂来雄：《"统计的魂在寻乌"——重温毛泽东苏区调查精神系列报道之寻乌篇》，《中国信息报》2014 年 6 月 5 日。

觉得这样的近距离调查能得到最真实的情况。

对了解的事实和搜集来的材料，毛泽东往往不加修饰，直接引用和如实描写。譬如东塘调查，他记载了东塘村的人口、分田情况。关于村政府秘书胡德顺一家，对他及小孩的职业、收入、开支和债务都是用数字如实记载，虽然简短，但非常清晰。毛泽东注重事实的呈现，让事实本身说话，记述时往往不作评论。只是在《东塘等处调查》的前言中，提出了他的发现："在这次调查中，使我发现以村为单位分配土地的严重性。"通过对东塘、大桥、李家坊、西逸亭等的调查和如实记录，他只提出一个简单但尖锐的观点："以村为单位，这种利于富农不利贫农的分配法，是应该改变的。"① 这可见毛泽东对事实材料的尊重和从中引出结论的严谨。

毛泽东对调查对象直接描写最全面和生动的要数《寻乌调查》。《寻乌调查》分为 5 章 39 节，节下分目，目下还有小点。如在"第三章寻乌的商业第八节寻乌城"下又包括：寻乌城是什么、盐、杂货、油、豆、屠坊、酒、水货等 25 个目。以"水货"一目为例，毛泽东对寻乌城的咸鱼、海带、糖等 11 种主要水货，盖市（最好的鱿鱼）、菜莆、鱼翅等 39 种一般水货的货物来源、销量和价格作了细致调查。毛泽东还对水货生意较大的顺昌老店、顺昌兴记等 7 家水货店的历史兴衰、营业状况，店主的出身、家庭、性格、发家经历、政治态度、资本多少、势力大小等进行了描述。毛泽东在描述时采用大量数字。重视数字，是其早期调查的一个鲜明特征，因为他认为"世无无量之物"，"量的变化也促进质的变化"②。

正是通过如实描写和细致分析，《寻乌调查》展现了一幅二十世纪二三十年代寻乌社会的历史画卷，毛泽东也由对寻乌城的工商业状况的"门外汉"转变为寻乌研究专家，对寻乌的状况胸有成竹。在一次宣传会上，毛泽东问大家："同志们，你们来寻乌调查了没有？"不少人回答："调查了。"他又问："那你们讲一讲寻乌做生意的哪一类最多？"有一人说："寻乌县城的人最爱吃豆腐、喝水酒，大概是做豆腐、水酒的人多吧！"毛泽

---

① 《毛泽东农村调查文集》，人民出版社 1982 年版，第 254 页。
② 《毛泽东哲学批注集》，中央文献出版社 1988 年版，第 50、52 页。

东称是，接着又问："那么再说说，寻乌县哪几家的豆腐做得最好、最容易卖掉？又有哪几家水酒做得最好？"这下没人能回答得上来了。于是，毛泽东告诫大家调查要深入细致。①

三、从直接调查转向间接调查的教训

毛泽东认为，"必须努力作实际调查，才能洗刷唯心精神。"② 他所讲的实际调查，就是指深入基层深入群众的直接调查，也就是他后来总结的"下马看花"。新中国成立前，特别是土地革命战争时期，毛泽东的调查研究主要是"下马看花"的直接调查，是亲身在观察、访问中取得第一手材料，自己亲自动笔如实记述写出调查报告。正是这种直接调查方法，保证了毛泽东对中国社会的正确认识，成功开创了农村包围城市的革命道路。

新中国成立后，毛泽东虽然难以像早年那样亲自从事直接调查，但也是抓住重大问题，尽可能亲自了解现实情况，而且从实际情况出发思考问题，并不是从"本本"出发或从个人经验出发思考问题，为新中国的建设发展提出了一系列正确的发展方针和策略。毛泽东写过许多彪炳史册的文章，但他特别重视的是在土地革命战争期间写的《调查工作》(后改名为《反对本本主义》)一文。1961 年 3 月，毛泽东将这篇文章印发给他在广州召集的一次会议，供同志们参考，并说这是他失散多年的孩子。晚年毛泽东并不想"走马看花"，念念不忘的是像在江西时那样做"下马看花"的调查。

然而，新中国成立后多种原因促使他逐渐转变为以"走马看花"为主的间接调查。从客观形势上说，新中国成立后，毛泽东领导着一个执掌全国政权的大党，在一个贫穷落后的国家、在国内外强敌环伺的条件下进行社会主义革命和社会主义建设。这是一项极其艰巨复杂的崭新事业。以往的经验已经成为历史，新的问题层出不穷，解决这些问题需要一个庞大的行政机构。庞大的行政机构一旦建立，就有自己的运行规律和方法。毛泽

---

① 曹欣欣：《毛泽东的寻乌调查》，《政策瞭望》2007 年第 4 期。
② 《毛泽东农村调查文集》，人民出版社 1982 年版，第 5 页。

东对自己亲自领导构建的行政机构不甚满意，但也只能依赖这个机构进行工作。再加上过于繁忙的国务活动和日渐减弱的精力，使得深入群众的直接调查变得越来越困难，"走马看花"的间接调查成为了不得已的选择。

　　毛泽东晚年理论与现实出现的错位，与调查方法转向间接的"走马看花"有密切的联系。间接调查与群众的距离远了，与真实的场景逐渐脱离。在"大跃进"和"人民公社化"运动中，一方面，毛泽东大讲尊重唯物论、唯物辩证法，大讲群众观点和群众路线；另一方面，以高指标、瞎指挥、浮夸风和"共产风"为主要标志的错误倾向泛滥。毛泽东通过多种方式，把身边的警卫员都用上了，试图了解实际情况，但由于间接调查研究方法本身的缺陷，使得他的认识脱离感性基础，不可能像土地革命战争时期一样对快速发展的中国社会形势进行深入分析，因而难以全面地把握中国社会主义建设的客观规律和及时正确地解决其中存在的问题。调查研究方法从直接调查转向间接调查，这是他晚年产生失误的方法上的根源。①

第三节　群众性

　　群众路线是中国共产党的根本工作路线。毛泽东调查研究方法与群众路线紧密相连，是"为了群众，依靠群众，从群众中来，到群众中去"的方法。他说："将群众的意见（分散的无系统的意见）集中起来（经过研究，化为集中的系统的意见），又到群众中去作宣传解释，化为群众的意见，使群众坚持下去，见之于行动，并在群众行动中考验这些意见是否正确。"② 从这句话可看出，在毛泽东的调查研究方法中，人民群众既是调查研究的对象，也是解决问题的主体，还是检验调查研究成果的途径。毛泽东调查研究方法中贯穿的这种群众性，常遭到来自实证主义研究者的批评，认为背离了科学研究的"客观性"要求。然而，那些持批评意见的人

---

　　① 周批改：《下马看花、走马看花——关于毛泽东社会调查方法的思考》，《毛泽东思想研究》1999 年第 4 期。

　　② 《毛泽东选集》第 3 卷，人民出版社 1991 年版，第 899 页。

不了解，正是这种群众性体现着中国共产党人认识社会的正确指向，体现着中国共产党对人民群众的感情和为人民服务的宗旨，这也是毛泽东调查研究方法拥有无限力量的源泉。

一、当群众的小学生

在调查研究中，把被调查对象当什么，这是调查研究方法上的一个重要分野。西方实证主义调查中，被调查者只是客观世界的一部分，是认识的工具。而在毛泽东的调查研究方法中，调查的对象人民群众是可亲可敬的老师。他认为，调查研究的过程就是拜群众为师的过程，必须有甘当群众小学生的精神。在《〈农村调查〉的序言和跋》中，毛泽东表明了自己的志愿："和全党同志共同一起向群众学习，继续当一个小学生，这就是我的志愿。"①

毛泽东一辈子敬重"人民"，从"在人民中间生根、开花"到群众是"真正的铜墙铁壁"之喻，从感叹"人民就是上帝"到提出"让人民来监督政府"以跳出历史周期率，在他漫长的革命生涯中，人民是其力量的不竭源泉。对于那些脱离群众"坐在房子里"决策的"少数人"，毛泽东提出尖锐批评："完全不是共产党人从斗争中创造新局面的思想路线……将会给革命造成很大损失，也会害了这些同志自己"。他大声疾呼："到斗争中去！到群众中作实际调查去！"

毛泽东非常重视通过调查汇集民间智慧。他说："群众有伟大的创造力。中国人民中间，实在有成千成万的'诸葛亮'，每个乡村，每个市镇，都有那里的'诸葛亮'。"②他坚定要求，共产党员必须到群众中间去，向实践中的"诸葛亮"取经，把广大人民群众的智慧综合起来。他不仅重视搜集现实中的民间智慧，也很重视历史上的民间文献。1961年3月23日，毛泽东在中共中央工作会议上讲到调查研究时说：有几个典型材料丢

---

①　《毛泽东选集》第 3 卷，人民出版社 1991 年版，第 791—792 页。

②　《毛泽东选集》第 3 卷，人民出版社 1991 年版，第 933 页。

失了，我比较伤心。在广东农民运动讲习所收集民歌几千首。民歌使人得到很多东西，丢了很可惜。①

　　毛泽东当群众学生，态度谦虚而热忱。他说："没有眼睛向下的兴趣和决心，是一辈子也不会真正懂得中国的事情的。"② 对于社会调查，他特别强调，"没有满腔的热忱，没有眼睛向下的决心，没有求知的渴望，没有放下臭架子、甘当小学生的精神，是一定不能做，也一定做不好的。"③ 毛泽东是这样说的，也是这样做的。他每次做调查研究都把被调查的群众当作"可敬爱的先生"，采取"恭谨勤劳"的谦虚态度，因而获得了"很多闻所未闻的知识"④。他多次告诫全党同志不要昂首望天，不当钦差大臣，而要放下架子，眼睛向下，在向群众学习中获得真实情况。

　　毛泽东认为，人民群众是调查研究结果的最终评判者，调查研究的成果还必须交给人民群众来检验。他说："任何英雄豪杰，他的思想、意见、计划、办法，只能是客观世界的反映，其原料或者半成品只能来自人民群众的实践中，或者自己的科学实验中，他的头脑只能作为一个加工工厂而起制成完成品的作用，否则是一点用处也没有的。人脑制成的这种完成品，究竟合用不合用，正确不正确，还得交由人民群众去考验。"⑤ 毛泽东把调查研究当作一次考试，而考官则是人民群众，体现了对人民群众高度的尊重和充分的信任。

二、聚焦群众利益问题

　　西方实证主义调查研究方法强调价值中立，不预设立场，特别强调不被利益集团左右。毛泽东的调查研究方法，也强调在调查研究之前，不能

---

　　① 《毛泽东年谱（一八九三——一九四九）》修订本（上卷），中央文献出版社 2013 年版，第 161 页。

　　② 《毛泽东选集》第 3 卷，人民出版社 1991 年版，第 789—790 页。

　　③ 《毛泽东选集》第 3 卷，人民出版社 1991 年版，第 790 页。

　　④ 《毛泽东选集》第 3 卷，人民出版社 1991 年版，第 790 页。

　　⑤ 《毛泽东文集》第 7 卷，人民出版社 1999 年版，第 358 页。

有框框，强调："一切结论产生于调查情况的末尾，而不是在它的先头"①。他对一部分人通过调查研究去验证头脑里事先就有的思想和理论，提出尖锐批评。但是，毛泽东调查研究方法与西方实证主义调查研究方法存在显著区别，那就是毛泽东调查研究方法有鲜明的群众立场，明确指出是为人民利益服务的。

马克思曾指出："人们为之奋斗的一切，都同他们的利益有关"②。能否把握群众的利益问题，是中国革命和建设能否得到群众拥护的根本所在。毛泽东历来强调一切为了群众，把为广大群众谋利益当作行动的最高准则。他说："我们这个队伍完全是为着解放人民的，是彻底地为人民的利益工作的。"③只有把握群众的利益问题，不断增进群众的福利，才能找到认识社会的可靠办法，才能找到改造社会的根本力量。

毛泽东善于通过调查研究，把握群众的根本利益问题。革命战争时期，土地是农民的根本利益所在，毛泽东围绕土地政策做了大量调查研究。国民党也曾制定了解决农民土地问题的纲领，但"只有我们共产党人把这项主张看得特别认真，不但口讲，而且实做"④，从而为革命的胜利奠定了坚实的群众基础。新中国成立后，面对国民党留下的满目疮痍、百废待兴的"烂摊子"和美国等敌对势力封锁的巨大困难，他紧紧抓住解决人民群众温饱的根本利益，提出了一系列发展生产和提高劳动生产率的重大经济决策，激发了广大人民群众建设社会主义的工作热情，促进了经济的快速发展，仅用短短的三年时间，就成功地实现了国民经济的恢复，主要工农业产品产量均超过了历史最高水平，人民生活水平有了显著提高。⑤

毛泽东强调，调查研究要聚焦群众的具体利益问题。在这方面，他阐述得很详细："我们应该深刻地注意群众生活的问题，从土地、劳动问题，

① 《毛泽东农村调查文集》，人民出版社 1982 年版，第 2 页。
② 《马克思恩格斯全集》第 1 卷，人民出版社 1995 年版，第 187 页。
③ 《毛泽东选集》第 3 卷，人民出版社 1991 年版，第 1004 页。
④ 《毛泽东选集》第 3 卷，人民出版社 1991 年版，第 1075 页。
⑤ 廖立勇：《论毛泽东保障群众利益思想及其当代启示》，《科学社会主义》2011 年第 6 期。

到柴米油盐问题。妇女群众要学习犁耙，找什么人去教她们呢？小孩子要求读书，小学办起了没有呢？对面的木桥太小会跌倒行人，要不要修理一下呢？许多人生疮害病，想个什么办法呢？一切这些群众生活上的问题，都应该把它提到自己的议事日程上。"① 毛泽东始终坚持认为，调查研究如果不能了解老百姓的切身利益问题，就是无病呻吟、无的放矢，老百姓就不会拥护。中国革命、建设和改革的历史已经反复证明，任何工作方法，最后都要看是否增进了群众的利益，否则就是花架子。在毛泽东看来，不能增进人民群众利益的方法，就是骗人的方法。

三、与群众交朋友

毛泽东注重"思想与情感的统一"②。在毛泽东的调查研究方法中，调查研究的对象，从来都不仅是他认识事物的工具，而是他的老师和朋友。毛泽东把群众当老师，甘当群众的小学生，这是调查研究的态度和立场。在具体调查过程中，毛泽东把群众当朋友，这是开展调查研究的具体方式。老师和朋友，这两者并不矛盾，显示的是毛泽东调查研究方法中深刻的群众意识。每当遇到问题需要调查研究的时候，他就想到要向群众这个老师当面请教，和人民群众交朋友。1961 年，面对艰难时局，毛泽东号召全党大兴调查研究之风，他说道："我要搞几个点，几个调查的基地，下去交一些朋友。"③

在一些所谓客观专业的调查研究中，被调查者只是填写表格或者接受询问的对象。这看似客观的方式，却存在被调查者敷衍了事的可能。不少被调查者填报或回答的信息是虚假的，乃至相反的，而调查者却当作珍贵的资料使用。毛泽东早就认识到这种把群众当工具的调查方式存在的问题，认为只有交朋友，群众才会讲真话。毛泽东指出："主要的一点是要和群众做朋友，而不是去做侦探，使人家讨厌。群众不讲真话，是因为他

---

① 《毛泽东选集》第 1 卷，人民出版社 1991 年版，第 138 页。
② 《毛泽东哲学批注集》，中央文献出版社 1988 年版，第 30 页。
③ 《毛泽东文集》第 8 卷，人民出版社 1999 年版，第 253 页。

们不知道你的来意究竟是否于他们有利。要在谈话过程中和做朋友的过程中，给他们一些时间摸索你的心，逐渐地让他们能够了解你的真意，把你当作好朋友看，然后才能调查出真情况来。"

他还专门举例说明："我在兴国调查中，请了几个农民来谈话。开始时，他们很疑惧，不知我究竟要把他们怎么样。所以，第一天只是谈点家常事，他们脸上没有一点笑容，也不多讲。后来，请他们吃了饭，晚上又给他们宽大温暖的被子睡觉，这样使他们开始了解我的真意，慢慢有点笑容，说得也较多。到后来，我们简直毫无拘束，大家热烈地讨论，无话不谈，亲切得像自家人一样。"①毛泽东在土地革命战争期间，需要指挥激烈的战斗，时刻面临生与死的考验，然而，他在调查研究中对人民群众竟如此细心关怀，平等朋友相待，这其中体现的不仅是一种调查研究的精神，更是对人民群众的深厚情谊在调查研究过程中的自然流露。

毛泽东在调查研究中与群众朋友打成一片，有一个诀窍是活用群众语言。他说："人民的语汇是很丰富的，生动活泼的，表现实际生活的。"②"要打成一片，就应当认真学习群众的语言。"③他在与群众交流时，没有书生气，也不用"普通话"，直接采用当地人熟悉的大白话。被调查者喜欢听毛泽东讲话，也就愿意跟他讲真话，双方交谈就像亲戚朋友在聊天。在这样亲切亲近的调查研究过程中，毛泽东形成了新鲜活泼、通俗易懂的群众语言风格。

第四节　实践性

实践性，是毛泽东调查研究方法与当时一些职业社会学家调查研究方法相比较的显著特征。他指出："实践贯穿着我们认识的全路径"④。当时

---

① 《毛泽东文集》第2卷，人民出版社1993年版，第384页。
② 《毛泽东选集》第3卷，人民出版社1991年版，第837页。
③ 《毛泽东选集》第3卷，人民出版社1991年版，第851页。
④ 《毛泽东哲学批注集》，中央文献出版社1988年版，第33页。

的一些职业社会学家，从社会学作为一门学科的研究与应用出发，走向社会开展调查。然而，他们的调查研究方法往往是从书本中得来，调查内容不涉及旧的社会制度的根本问题，调查研究的结论往往也是针对细枝末节"劝说进行小心而渐进的改良"①。因而，当时职业社会学家调查研究的方法，不能对中国的革命和建设产生像毛泽东调查研究方法那样重要的影响。在实践中产生和发展的毛泽东的调查研究方法，把理论和实践有机地结合了起来，成为指导中国革命和建设实践的基本方法。②

一、在中国革命实践中产生和发展

毛泽东一贯反对"不从具体的现实出发，而从空虚的理论命题出发"③。他不是书斋里的学者，而是一心救国救民的革命家。他的调查研究方法虽然得到书本的启发，但其来源却在于革命斗争的实践。他的调查研究方法不是某种学说的推演，而是为了取得革命斗争胜利而进行调查的经验总结。他曾说："都必须自己亲身去做，在做的过程中找出经验来，用这些经验再随时去改进以后的调查和整理材料的工作。"④ 毛泽东的调查研究方法，就是在具体从事中国革命实践的过程中产生和发展的。

中国问题的复杂性要求革命者必须在实践中探索和发展科学的调查研究方法。近代以后，中国人民面临着帝国主义和封建主义的双重残酷压迫，政治经济极度落后，这决定了解决中国问题的办法，"无论在哪一部共产主义书本里都是找不到的"⑤。青少年毛泽东目睹国家破碎、人民处于水深火热之中的现实，迫切需要找到一种认识中国社会和改造中国社会的方法。他开始主要采取游学等方式了解中国社会，但由于这种方式本身的

①　周沛：《毛泽东农村社会调查与职业社会学家农村社会调查分析——兼论社会学的学科性与科学性》，《南京大学学报》1995 年第 4 期。

②　严家明：《毛泽东同志的农村调查方法仍然是现代社会调查的主要方法》，《兰州学刊》1984 年第 2 期。

③　《毛泽东哲学批注集》，中央文献出版社 1988 年版，第 9 页。

④　《毛泽东农村调查文集》，人民出版社 1982 年版，第 27 页。

⑤　《列宁选集》第 4 卷，人民出版社 2012 年版，第 80 页。

局限性，决定了他所得到的认识是肤浅的、表面的。接受马克思主义后，他开始有目的有计划地开展农村和城市考察，标志着毛泽东调查研究方法发展到了一个有理论指导的新阶段。但这些考察，从方法的角度看，还不能说是对社会的一次细致观察和系统分析。直到土地革命战争时期，在血与火的战争中，为了生存和发展，他深入实地做了大量直接调查，才形成了一整套科学的调查方法。

伟大的实践造就科学的方法。中国的革命和建设的伟大实践是毛泽东调查研究方法产生和不断发展的源泉。中国的革命和建设就其规模之广阔、时间之长久、情况之复杂、道路之曲折来说，在人类历史上是独一无二的。每当历史的转变关头，毛泽东总是表现出深邃的历史眼光和卓越的领导才能，多次把党和革命从危难中挽救过来。① 毛泽东之所以能做到这些，就在于他孜孜以求不断打磨的调查研究方法。他采取在当时条件下各种可能的方式开展调查研究，不断深化对中国社会的认识，他的调查方法也在实践中不断丰富和完善，逐步锻造了认识中国社会的科学方法体系。

毛泽东调查研究方法是在实践的基础上形成的。但这种实践并不仅仅是毛泽东个人奋斗行为，而是党领导广大人民群众的历史性实践。可以说，毛泽东调查研究方法产生和成长于党和人民的集体奋斗实践中。广大人民群众不仅是实践活动的主体，也是认识活动的客体。从根本上说，毛泽东调查研究方法是对党和人民群众在长期革命斗争中实践经验的总结，体现了他个人的探索与党领导人民革命斗争实践的统一。

二、理论与实践相结合的桥梁

马克思主义认识论与其他主义和思潮的显著区别，是理论与实践相统一。马克思主义者认为，认识来源于实践，实践是检验真理的标准，一种认识方法是否正确，不是依人的主观意志来评判的，而是依据客观社会实

---

① 李景源、李为善等：《毛泽东方法论导论》，中国社会科学出版社 2019 年版，第31 页。

践的结果来确定的。列宁鲜明地提出："生活、实践的观点，应该是认识论的首要的和基本的观点。"① 调查研究将理论与实际结合起来，本身也是一种重要的实践形式。实践不断发展，毛泽东调查研究方法就不断发展，这是毛泽东调查研究方法具有强大生命力的奥秘所在。

毛泽东历来主张知行合一，把调查研究作为理论与实践相结合的桥梁。他反复强调，"我们应当从实践中找出事物运动的规律来，产生新的理论。如中国抗战的持久性、长期性，就是抗战的规律。今天同志们下乡去调查，就应该以这种观点和方法指导自己的实践，另方面又从实践中不断地充实自己的理论。"② 由此可见，在毛泽东调查研究方法中，"实践—调查研究—实践"与"实践—调查研究方法改进—实践"同时进行，这既是一种运用理论和方法的实践，又是一种创新理论和方法的实践。

毛泽东调查研究方法的过程，是从感性认识上升到理性认识的特殊实践过程。他在读《辩证法唯物论教程》时批注："感性认识中已有论理认识的萌芽"，"由浅向深，由外向内，由各个向一般，只有依据以实践为基础的思维才能达到"。③ 一般说来，调查主要是搜集资料，是获得关于事物的感性认识阶段。人们在调查过程中，同各种外界事物发生接触，观察和体验到各方面的实际情况，具体而直接感知外部世界。在认识的过程中，这种感性认识还只是第一步，感觉了还不是理解和把握内在的性质和规律，因此，还必须通过进一步开展研究，对搜集来的材料进行分析，形成关于事物的概念、命题和理论，这样才可以达到对事物本质和规律的认识。在毛泽东调查研究方法中，调查与研究两个环节紧密结合，在实践的基础上实现了感性认识和理性认识相统一。④

毛泽东的调查研究方法是一个不断发展的长期的实践过程。他认为，实践—认识—再实践是一个长期的过程，因而调查研究方法也是一个长期的发展过程。我们所处的客观世界是不断运动、发展和变化的，因此作

---

① 《列宁全集》第 18 卷，人民出版社 2017 年版，第 144 页。
② 《毛泽东文集》第 2 卷，人民出版社 1993 年版，第 381—382 页。
③ 《毛泽东哲学批注集》，中央文献出版社 1988 年版，第 28 页。
④ 王春峰：《试论毛泽东社会调查方法的科学性》，《学习论坛》2013 年第 12 期。

为认识世界的调查研究方法不能一劳永逸，必须不断地进行下去。他说："情况是逐渐了解的，需要继续不断的努力"，"今天需要我们调查，将来我们的儿子、孙子，也要作调查，然后，才能不断地认识新的事物，获得新的知识。"①毛泽东的调查研究方法，也通过实践—认识—再实践，不断创新和完善。

三、为了取得正确的政策和策略

毛泽东认为，革命的每一步都不是简单容易的，"它全靠无产阶级政党的斗争策略的正确和坚决。"②他一生做了无数的调查研究，都是为了解决中国实际问题，制定正确的政策和策略。他痛恨"不同群众商量"的"所谓政策"③，反复强调中国革命和建设的正确的政策和策略必须从调查研究中来。

在第六届农讲所工作期间，为了获得推进农民运动的具体策略，毛泽东带领五十名学生到韶关地区实习一个星期，参观并考察农民运动情况。之后还组织农讲所全体学生到海丰实习两星期。④在农讲所工作期间，毛泽东除了讲授政治和调查方法课程外，还讲授地理课，讲述地理与革命工作的关系。他要求学生除了对全国性的地理概况有所了解，主要对本省的山川形势、人情风俗习惯，以及地理上给予政治的影响等，都要了解。⑤毛泽东之所以要亲自讲地理课，是希望革命者切实了解中国国情，采取扎根于中国土地上的革命策略和行动。

毛泽东总结一次又一次的失败教训，"痛感有周密研究中国事情和国

① 《毛泽东文集》第2卷，人民出版社1993年版，第378页。
② 《毛泽东农村调查文集》，人民出版社1982年版，第7页。
③ 毛泽东：《关于重新提倡调查研究》，《思想方法工作方法文选》，中央文献出版社1990年版，第389页。
④ 《毛泽东年谱（一八九三——一九四九）》修订本（上卷），中央文献出版社2013年版，第165页。
⑤ 《毛泽东年谱（一八九三——一九四九）》修订本（上卷），中央文献出版社2013年版，第164页。

际事情的必要"①。八七会议确定了土地革命和武装反抗国民党反动派的总方针。但是，对怎样开展土地革命，只有方向性的要求和若干原则性的规定，还没有找到一条切实可行的办法和路径。在革命处于最低潮的时候，毛泽东领导秋收起义，他通过调查研究，将秋收起义的部队带上了井冈山。在根据地开展土地革命的过程中，出现了"地主不分田""富农分坏田"等政策偏差。同时，由于土地革命主要在农村进行，党对城市贫民和商业资产阶级这二者的策略并不清晰，也给起步不久的中国土地革命带来了困难。带着这些问题，毛泽东在寻乌进行了大规模的社会调查，努力探寻中国土地革命的正确发展方向。毛泽东通过对寻乌旧有土地关系和土地斗争的调查，探索了关于农村阶级划分、土地革命政策、取缔剥削政策、分配土地池塘房屋的办法和标准等问题；提出了不仅要抽多补少，也要抽肥补瘦，使富农、中农、贫农、雇农都能活下去等解决问题的方法。② 土地革命政策的这些调整，为开辟农村包围城市道路奠定了基础。

　　毛泽东制定政策和策略时，强调要眼观六路、耳听八方，掌握形势和了解问题所处的具体环境。1941 年 7 月 7 日，中共中央发出关于设立调查研究局的通知，毛泽东为主任，并兼政治研究室主任。8 月 1 日，中共中央正式发出毛泽东主持起草的《关于调查研究的决定》。《决定》指出："抗战以来，我党在了解日本、了解国民党、了解社会情况诸方面是大进一步了，主观主义、形式主义作风也减少了。但所了解者仍然多属粗枝大叶的、漫画式的，缺乏系统的周密的了解，主观主义与形式主义作风并未彻底消灭。"③ 毛泽东指导调查研究局的成员围绕敌、友、我三方的政治、军事、经济、文化及社会阶级关系，搜集能接触到的各种报纸、刊物、书籍进行认真的采录、编辑与研究，以了解三方所处的环境和面临的形势，服务于制定和落实革命的战略战术。

　　相比于与他同时期的社会学家，毛泽东的调查研究方法，之所以对中

---

　　①　《毛泽东农村调查文集》，人民出版社 1982 年版，第 18 页。

　　②　俞银先：《用好传家宝练好基本功——纪念毛泽东同志寻乌调查 90 周年》，《党史文苑》2020 年第 6 期。

　　③　《毛泽东文集》第 2 卷，人民出版社 1993 年版，第 360 页。

国革命和建设产生如此重大的作用，不仅因为他是中国共产党的领袖，而且在于他始终坚持为了中国革命和建设开展调查研究。他说："共产党的正确而不动摇的斗争策略，决不是少数人坐在房子里能够产生的，它是要在群众的斗争过程中才能产生的，这就是说要在实际经验中才能产生。"①他通过调查研究，集中了群众的实践智慧，总结了实际的经验，找到了取得革命和建设胜利的主要策略。如果从思想史的角度进行纵向比较分析，我们会发现，毛泽东调查研究方法在最初并不是很完善，而是随着革命斗争的发展不断地修改补充的。毛泽东调查研究方法的形成过程表明，世界观、方法论和工作方法只有在实践中才能显示其科学性和不断发展的生命力。

---

① 《毛泽东农村调查文集》，人民出版社 1982 年版，第 8 页。

第六章　毛泽东调查研究方法在新时期的发展

改革开放以后，中国调查研究方法大致可分为两支，一支继承和发扬毛泽东调查研究方法，另一支引入和应用西方调查统计方法。虽然西方调查统计方法逐步在学术期刊中占据主导地位，但对中国改革发展产生重要影响的成果主要还是继承和发展毛泽东调查研究方法。历届中国共产党的领导人继承毛泽东调查研究方法，在新的形势下开创了中国特色社会主义道路，党政机关及理论工作者运用毛泽东调查研究方法为改革开放攻坚辟路，学界继承和发扬毛泽东调查研究方法也取得了系列重要成果。毛泽东调查研究方法在改革开放新时期得到了检验和发展，以毛泽东调查研究方法为基础，调查研究方法的中国学派、中国方案正积聚雏形。

第一节　党的领导调查研究的理论与实践

改革开放以后，以邓小平为主要代表的中国共产党人，继承毛泽东调查研究方法，在新时期开创了中国特色社会主义道路，创立了邓小平理论。以江泽民、胡锦涛为主要代表的中国共产党人，运用毛泽东调查研究方法，发展中国特色社会主义理论，形成了"三个代表"重要思想和科学发展观，推动了波澜壮阔的改革开放进程。正是由于改革开放后党的历届领导人在新的历史条件下对毛泽东调查研究方法的坚持、丰富和发展，不断增添新的内容，才促进了毛泽东调查研究方法在时代的发展中保持生机与活力。

一、邓小平调查研究的理论与实践

改革开放后，邓小平领导党和人民开拓了中国特色社会主义道路，开创了中国特色社会主义理论。1982年9月，在党的十二大开幕式上，邓小平明确指出："把马克思主义的普遍真理同我国的具体实际结合起来，走自己的道路，建设有中国特色的社会主义，这就是我们总结长期历史经验得出的基本结论。"① 这一精辟论断是中国特色社会主义理论的响亮宣言，鲜明体现了马克思主义的认识路线，是邓小平在深入调查研究基础上做出的正确决策。

邓小平在革命战争年代就响应毛泽东的号召参加调查研究，并运用调查研究的方法来分析中国社会。1932年5月，邓小平从瑞金调往会昌担任中心县委书记，领导会昌、寻乌、安远三县的革命斗争。邓小平对毛泽东在寻乌所作的调查非常熟悉，积极响应毛泽东的号召，深入群众深入基层进行调查研究。通过调查，邓小平认识到毛泽东的主张和战略战术是完全正确的，在理论上和实际工作中坚决贯彻毛泽东的正确路线，抵制王明的教条主义错误。在"左"倾中央反"罗明路线"中，"邓、毛、谢、古"受到严厉批判，邓小平被列为所谓"毛派的头子"，受到撤职和党内"最后严重警告"处分。可以说，邓小平在极端艰难的岁月里，学习了毛泽东调查研究方法，并接受了其指导。

邓小平曾说，要把调查研究作为永远的、根本的工作方法。他的许多影响深远的重大决策都来源于调查研究。1961年4月7日至22日，为响应毛泽东提出的大兴调查研究之风的号召，邓小平来到北京郊区顺义县，针对生产队与生产队之间、社员与社员之间的两个平均主义问题进行调查研究。他的调查研究，分为三个方面：一是分别召开县级、公社级和生产队级干部座谈会，二是派工作人员住到农民家里了解社员生活的真实情

---

① 《邓小平文选》第3卷，人民出版社1993年版，第3页。

况，三是深入实地现场察看。他亲自到白庙村公共食堂、城关公社拖拉机站、芦正卷生产队、牛栏山公社等地深入现场实地调研。这次调查研究的成果得到毛泽东的肯定，为中央进一步调整农村政策提供了有价值的情况和建议，也为他随后支持一些地方出现的包产到户提供了实践依据。①

邓小平对毛泽东调查研究方法非常熟悉，多次强调要继承和发扬毛泽东调查研究方法。1978 年 6 月 2 日，邓小平在全军政治工作会议上发表讲话，指出："毛泽东同志从参加共产主义运动、缔造我们党的最初年代开始，就一直提倡和实行对于社会客观情况的调查研究，就一直同理论脱离实际、一切只从主观愿望出发、一切只从本本和上级指示出发而不联系具体实际的错误倾向作坚决的斗争。"②1982 年中共十二大召开不久后，中共中央文献研究室编辑的《毛泽东农村调查文集》正式出版，其中《寻乌调查》系第一次公开发表。有学者认为邓小平利用《寻乌调查》来证明他对中国共产党早期历史精髓的评定，③ 也是表明要继承毛泽东调查研究的传统，开启中国特色的社会主义道路。

邓小平的调查研究深受毛泽东调查研究方法的影响。他像毛泽东一样，很清楚听取汇报方式可能存在虚假信息，更相信自己的观察和从与人民群众交谈中得到的数据。④ 他"爱算账"，喜欢到老百姓家里去"问数字"。1984 年 1 月，邓小平到深圳考察，深圳领导汇报说深圳经济特区的工业产值 1982 年为 3.6 亿元，1983 年达到 7.2 亿元。邓小平听后特别高兴，但他要到老百姓家里去验证这些数字。他来到深圳河畔的一个渔民村，到农民家里做客，仔细询问家庭人口、收入和开支情况。当他得知 1983 年村里人均年收入超过 2800 元，每户都是万元户时，心里就在盘算如何让全国人民都像深圳人民一样快速增加收入。"三步走"战略目标，就是邓小平在给老百姓算账的基础上提出来的。

① 蒋永清：《邓小平与调查研究》，《学习时报》2018 年 3 月 7 日。
② 《邓小平文选》第 2 卷，人民出版社 1994 年版，第 114—115 页。
③ 汤若杰、刘慧：《英译本〈寻乌调查〉"导言"》，《史林》2009 年第 2 期。
④ 刘金田：《问数字、爱算账：邓小平调查研究的一个鲜明特色》，http://news.hexun.com/2008—01—30/103405202.html。

邓小平坚持毛泽东"调查就是解决问题"的原则，在调查研究过程中具有强烈的问题意识。他说，"我们开会，作报告，作决议，以及做任何工作，都为的是解决问题。"①"我们办事情，做工作，必须深入调查研究，联系本单位的实际解决问题。"②1977 年 8 月，邓小平召开座谈会，调查研究高校招生问题。在调查研究中发现，群众推荐工农兵上大学中存在严重问题。他当机立断、当场决定，废止推荐制度，重新制定大学招生文件，立即恢复高校招生考试制度。当年冬天，几百万青年走进高考考场，改变了一代人的命运，这充分展示了邓小平在调查研究基础上的果敢决策。③

邓小平继承毛泽东调查研究方法，深透地研究国情，认真地分析世情，对新时期中国面临的形势和发展的任务进行了深入观察和思考。在不断的调查研究过程中，认清了解放生产力、发展生产力是科学社会主义的最重要原则，认清了中国的最大实际是仍然处于并将长期处于社会主义初级阶段，由此成功地开创了指导国家富强、民族振兴、人民幸福的中国特色社会主义理论。④ 调查研究方法的科学性，是邓小平保证中国特色社会主义理论的正确性和创新性的源泉。

二、江泽民调查研究的理论与实践

以江泽民为主要代表的中国共产党人，坚持马列主义、毛泽东思想的指导，高举邓小平理论伟大旗帜，在建设中国特色社会主义的实践中，加深了对什么是社会主义、怎样建设社会主义和建设什么样的党、怎样建设党的认识，形成了"三个代表"重要思想。"三个代表"重要思想是马克思主义中国化在改革开放过程中的重大成果，是在调查研究基础上形成的指导中国特色社会主义建设和党的建设的科学理论。

---

① 《邓小平文选》第 2 卷，人民出版社 1994 年版，第 113 页。
② 《邓小平文选》第 2 卷，人民出版社 1994 年版，第 123 页。
③ 李逢彦、赵宝云、李伟：《邓小平调查研究方法简论》，《求实》2004 年第 6 期。
④ 包心鉴：《邓小平领导开创中国特色社会主义道路的认识路线和思想方法——兼论中国道路的精髓和真谛》，《中国延安干部学院学报》2014 年第 4 期。

　　江泽民高度重视毛泽东、邓小平等老一辈传承下来的调查研究传统。1993 年 7 月，全国省、自治区、直辖市党委政策研究室主任会议召开，江泽民在大会上就调查研究发表讲话，强调："毛泽东同志为我们党的调查研究优良传统的形成和发展，做出了巨大的贡献。邓小平同志也一贯重视调查研究，为党的这一优良传统的形成和发展做出了重大贡献。无论在调查研究的理论方面还是实践方面，毛泽东同志和邓小平同志都是我们学习的楷模。"①

　　江泽民的调查研究是直接为发展服务的。一旦树立一个发展目标，他就会紧扣目标密集进行调研，每次调研务求实效。随着市场经济的发展和经济结构的调整，一些国有企业面临前所未有的困难，推进国有企业改革成为二十世纪末中国改革发展的重中之重。国有企业改革的目标和模式是什么，怎么进行改革，是摆在江泽民案头的重大课题。1999 年新年伊始，江泽民就亲自拉开了当年关于国有企业改革专题调研的序幕。1 月 28 日至 2 月 1 日，赴内蒙古考察，4 月 17 日至 23 日赴四川考察，5 月 25 日至 30 日在湖北调研，8 月 10 日至 15 日重点就老工业基地的国企改革和发展进行调研。在充分调研的基础上，江泽民进一步明确使大多数国有大中型骨干企业建立现代企业制度的战略目标。9 月 20 日，中共中央召开了十五届四中全会，通过了《中共中央关于国有企业改革和发展若干重大问题的决定》，这是指导国有企业改革和发展的行动纲领。为贯彻落实党的十五届四中全会精神，形成推进国有企业改革和发展的强大合力，在全会闭幕的第二天，江泽民就赴上海调研和指导国有企业改革工作。在上海考察中，江泽民发表了重要讲话。他指出，必须坚持解放思想，实事求是，大胆探索，勇于实践，以"三个有利于"为根本标准，在实践中不断探索，不断认识经济规律，不断开辟新的发展境界。②

　　江泽民不仅自己身体力行深入实际进行调查研究，还推动领导干部深入基层开展调查研究。他强调领导干部开展调查研究时，必须抓住本地

---

　　①　《全党要大兴调查研究之风》，《人民日报》1993 年 7 月 5 日。
　　②　高成新：《调查研究的楷模——江泽民同志 1998 年—2000 年调查研究回顾》，《中共山西省委党校学报》2001 年第 3 期。

区、本部门急需解决的重要问题，提出解决问题的途径和办法。他提出具体要求：一年中，领导干部再忙也要抽出一两个月的时间，到基层进行调查研究；领导干部写调研报告不能假手于人，必须亲自动手；报告不能人云亦云，要把握真实具体的问题，要有自己观察思考的内容，要提出有针对性的解决问题的方法。① 这些要求都与毛泽东对调查研究的要求一脉相承。

江泽民还很注重调查研究的理论总结。在毛泽东"没有调查，没有发言权"这个著名论断的基础上，他进一步提出了"没有调查就没有发言权，没有调查就更没有决策权"② 的著名论断。江泽民通过反复调查研究，集思广益，科学决策，形成"三个代表"重要思想。始终做到"三个代表"，是中国共产党的立党之本、执政之基、力量之源。

三、胡锦涛调查研究的理论与实践

胡锦涛在新世纪坚持和发扬党的调查研究的优良传统，率先垂范，以身作则，深入到基层一线调查研究。他紧抓发展这个关键，通过大量调查研究，深刻认识和回答了新形势下实现什么样的发展、怎样发展等重大问题，形成了以人为本、全面协调可持续发展的科学发展观。

胡锦涛45岁时由共青团中央书记处第一书记调到中国西南贫困地区——贵州省担任省委书记，这位当时中国最年轻的省委书记，非常务实地开始了他地方一把手的生涯。上任刚两三天，他就坐上小面包车，怀揣着一份全省详图，带上为数甚少的两三人，一头扎到基层进行调查研究。他在贵州工作期间，走遍了贵州几乎所有的县市，深入到几百个村镇山寨进行调研。在基层，他总是认真地看、问、座谈，再同当地干部一起商量

---

① 《江泽民文选》第1卷，人民出版社2006年版，第308页。

② 江泽民指出："历史经验说明，各种问题的解决都取决于正确的决策，而正确的决策来源于对客观实际的周密调查研究。如果不了解实际情况，凭老经验、想当然、拍脑袋，把自己的主观愿望当作客观现实，就不可能作出正确的决策。因此，越是领导职务高的同志，越要亲自下功夫对重大问题进行调查研究，这是别人无法代替的。"

解决问题的办法。他对那里各个时期的干部都很尊重，人称"尊重老人的年轻书记"。贵州三年，他和省委一班人一起想方设法使当地 200 多万人解决了衣食温饱。①

胡锦涛担任总书记期间，继续高度重视并亲自开展调查研究，调查的主题大多是与人民群众利益直接相关的国计民生问题。他深知无粮不稳，粮食问题始终是中国作为世界第一人口大国的首要问题，任何时候都不能有丝毫的松懈。2003 年 10 月 1 日至 4 日，他来到湖南，考察国家杂交水稻工程技术研究中心，与袁隆平亲切交谈。他强调，要依靠科学技术，挖掘粮食生产潜力；要完善政策措施，充分调动粮食主产区和粮农的积极性，确保国家粮食安全。就业直接关系老百姓的生活和社会和谐，是胡锦涛特别重视的民生问题。在长沙市职业介绍服务中心，他同正在求职的下岗职工亲切交谈，关切询问再就业的有关情况。他深入超市、社区和派出所，详细了解群众的生活状况和便民措施的落实情况。在城市考察调研之后，他还深入村庄，仔细了解调整农业产业结构情况，认真督促农民增收减负政策的落实。② 胡锦涛的调查，充满了对人民群众生产生活的深切关心，调查研究成了他关注民生、推进和谐社会建设的重要手段。

胡锦涛喜欢利用节假日，深入群众家庭，尤其是困难群众家庭，一边了解情况，一边送去党和政府的温暖。自 2003 年起，每年除夕至正月初一，他都是在基层与群众一起过节，同时进行调查研究。2010 年 2 月 12 日至 15 日，从农历腊月二十九到正月初二，胡锦涛来到福建省漳州、龙岩、厦门等地，同广大干部群众和在闽台湾同胞共度新春佳节。腊月二十九，胡锦涛来到漳州市，看望在这里创业发展的台商。大年三十，胡锦涛前往龙岩上杭县古田镇，看望老区干部群众。正月初一，胡锦涛冒雨前往厦门电业局电力调度中心调研。正月初二，胡锦涛来到厦门翔安隧道建设工地看望农民工。胡锦涛走进村民家，兴致勃勃地同大家一道包起艾叶，揉着面团，搓出一个个寓意"幸福甜蜜"的糯米糖枣，还到灶间亲手炸起糖枣。

---

① 《二十世纪中国实录》编委会：《二十世纪中国实录》，光明日报出版社 1997 年版，第 5617 页。

② 吴又珠：《胡锦涛总书记在湖南考察工作》，《湖南日报》2003 年 10 月 5 日。

胡锦涛在担任总书记期间的新春足迹遍布祖国大江南北，从冰雪北国到南国乡里，从东海之滨到西部山区。一个又一个春节假日，他的身影出现在寻常百姓家，融入百姓、与民同乐。利用春节进行实地调查研究，不仅体现了胡锦涛调查研究的特色，也体现了他深切的为民情怀。

胡锦涛不仅身体力行做调查研究，而且在党内大力倡导调查研究。2005 年 2 月，胡锦涛在主持中共中央政治局集体学习时鲜明指出，调查研究是我们的谋事之基、成事之道，明确要求各级党委、政府和领导干部切实加强对本地区本部门和谐社会建设有关情况和工作的调查研究，加强对社会结构发展变化的调查研究，加强对社会利益关系发展变化的调查研究，加强对维护社会稳定工作的调查研究。各级领导干部要深入基层、深入群众、深入实际，通过开展广泛深入的调查研究，切实提高思想认识水平，切实提高政策水平，切实提高工作水平。① 正是从中央到地方对调查研究的高度重视，构建社会主义和谐社会的各项工作维护了社会稳定发展，保证广大人民群众安居乐业。

第二节　为改革开路的农村调查

改革开放以来，毛泽东调查研究方法在应用上取得的重要成果主要集中在乡村发展领域。中国的改革开放始于农民的自发创造，但在当时引起了激烈的争论。面对着农村出现的种种新事物和社会上的激烈交锋，首先是地方党政机关在当地开展深入调查，调查报告反映到中央，中央机关紧接着在全国范围内开展调查。在中国党政机关，毛泽东观察、访问、座谈、蹲点的调查方法，经过多年的教育成为了基本的工作范式和约定俗成的调查程序。在改革前夕和前期，党政机关开展农村调查，自然地主要运用毛泽东调查研究方法，到实地弄清真相和寻找改革开放的办法。

---

① 《胡锦涛在中共中央政治局第二十次集体学习时强调　加强调查和研究着力提高工作本领　把和谐社会建设各项工作落到实处》，《人民日报》2005 年 2 月 23 日。

一、地方党政机关的农村调查

经过"文化大革命"，国家经济百废待兴。1977 年中央决心把经济作为重心，农业发展成了重中之重。农业怎么搞？往什么方向发展？当年冬天，中央向各地发出通知：书记带队下到基层搞调研，弄清楚农村有什么问题，农民有什么需求。各地积极响应中央通知精神，在全国范围内开启了一场大规模的农村调查。

在各地开展的农村调查中，湘潭湘乡的调查产生的影响尤为重大。1978 年春节后，湘潭地委书记王连福率领 200 人的队伍到农村进行大调查，住在农民家里，听农民意见。大调查持续了近 4 个月时间，形成了一篇万字报告——《关于认真落实党的政策，努力减轻农民不合理负担的报告》。1978 年 6 月 28 日，中共中央以 37 号文件正式批转湘乡县委的报告，并批示：湘乡县委提出的问题，是一个在全国相当多的地方普遍存在的严重问题。各地都应该参照湘乡的经验，根据当地情况，认真解决好这个问题。这个批示还根据湘乡经验提出了"为农减负"的要求和 10 条具体的政策措施。之后几个月里，《人民日报》发表了 3 篇相关社论：《落实党的政策，减轻农民负担》、《湘乡经验一定要落实》、《落实湘乡经验要上下一齐动》。[①] 中央批示和人民日报的系列社论，引发了全国震动，揭开了全国上下为农民减负的序幕。

当时农村尖锐的矛盾集中在是否允许承包到户。对于农村承包到户，以安徽的调查最为全面和系统。1979 年，因为头年大旱，安徽一些地方的农民自发包产到户，可是上级却要求农民重新回到集体经济。产量增了，说错了；减产了，反而说大方向正确；这是什么理论？被批了一二十年的包产到户，如此深受农民欢迎，出乎人们的预料。一些领导机关想阻止也阻止不住，想捂也捂不住，有的施加种种限制和压力，甚至拿开除党

---

① 胡泽汇等：《1978·湘乡经验：万字报告开启全国农村减负大幕》，http://baijiahao. baidu.com/s？ id=1645972093267277802&wfr=spider&for=pc；罗平汉：《中国共产党农村调查史》，福建人民出版社 2009 年版，第 229—231 页。

籍、纪律制裁来阻止，也未见效果，包产到户或明或暗地仍在各地实行。为了解这一现象的真相和成因，1979年夏天，中国社会科学院陆学艺等人去安徽农村调查，写了一篇《包产到户问题应当重新研究》的报告，其中论证了"包产到户不是分田单干"，"包产到户是搞社会主义，不是搞资本主义"，这是肯定包产到户的最早的文章。

1980年8月，中共安徽省委从省直机关抽调人员组成调查组，分赴全省八个县对包产到户进行调查。通过调查，对包产到户的性质、作用、发展前途和干群的反映，都有了进一步的认识。调查组充分肯定了包产到户的发展形势，认为安徽推行包产到户是随着思想解放、放宽政策而逐步搞起来的。调查组也实事求是地分析了包产到户过程中的问题：包产到户面比较大的单位，领导思想上包袱都比较重，怕犯方向路线错误，怕纠正工作难做；群众则害怕搞不长，思想很不安定，迫切期望上边对包产到户有一个明确的统一说法。① 应该说，调查组旗帜鲜明地支持包产到户，实事求是分析其中的问题，并提出了符合实际的建议，这在刚经历过"文化大革命"不久的中国，是非常难能可贵的。安徽关于包产到户情况的调查，不仅在调查研究史上留下了重要成果，而且在改革开放的历史上留下了精彩的一笔。

二、"农发组"的农村调查

在中国改革开放的初始，有一批特殊的年轻调查研究者，成立中国农村发展问题研究组，后来人称"农发组"。"农发组"由关心农业农村改革、具有理论功底的一些笔杆子组成。他们力图把中央高层的政策、"红头文件"与中国农村基层的现实和农民的创造结合起来，提出自己的思考和建议。"农发组"集合党政官员、学者、研究生、大学生上百人，在改革开放的初期，为推动农村改革进行了一场新的"上山下乡"调查活动。"农

---

① 中共安徽省委政策研究室：《关于包产到户情况的调查报告》（1980年8月），见中国农村发展问题研究组：《包产到户资料选》（二），1981年4月编印。

发组"把包产到户作为调查研究重点，将包产到户自身经久不衰的生命力扩张为中国改革开放的突破口。

柳红在《经济学家茶座》上撰文，回顾了"农发组"的筹建和调查研究历程。"农发组"从 1980 年 9 月开始筹建。筹备小组写出了一份《中国农村发展问题研究计划的总体设想》，宣称这是"一批插过队、有头脑、有才干的'志愿兵'，有老一辈革命家和科学家的支持、帮助和指导"。对参加者提出了三个条件：第一，有不谋私利的献身精神；第二，有优良的政治和学术品质；第三，有独立研究和工作能力。他们管这三条叫"积极正派有能力"。

1981 年 4 月，农发组出了第一个成果《包产到户资料选》（一）（二），搜集和整理从 50 年代至 1980 年与包产到户相关的理论、历史资料和调查报告。"农发组"的调查走遍了 20 余个省市自治区，形成的调研报告为 1981 年冬天召开的中央农村工作会议准备了第一手资料。1982 年中央一号文件的起草工作邀请了"农发组"的成员参与，将"农发组"调研的一些成果融入了中央文件。1982 年中央一号文件肯定了土地的农民家庭承包经营制度，成为一个改变中国农村历史的重要文件。此后，"农发组"持续在全国各地农村调研，参与了 80 年代初期中国农村改革一系列大政方针的酝酿和文件起草。1984 年，"农发组"出版《农村经济变革的系统考察》，这是他们从理论上阐释农村改革的一次尝试。

"农发组"是一个特殊的群体，得到高层决策者的支持，立足于中国农村急需解决的问题，行走在乡野村落之间。"农发组"的成员虽然大多精通马列著作，当中也有人熟读过西方经济学，但是，他们深知中国问题的解决方案在中国大地，没有现成的理论，唯有向群众学习。在"农发组"的视野里，没有迷信、权威和教条，也没有不可改变的金科玉律。当文艺界正在回顾"文革"的伤痛、主流学者正在讨论各种概念规范时，"农发组"用脚做出了选择，走到田间地头，冲到中国改革开放的前沿哨所了。[①]

---

① 柳红：《脚踏实地的农发组》，《经济学家茶座》第 45 辑，山东人民出版社 2010 年版。

三、中央的农村调查与五个"一号文件"的出台

党的十一届三中全会以后，中央发布了一系列关于农村改革问题的文件。从 1982 年到 1986 年，中共中央一号文件都聚焦于农村改革发展，连续发布的五个"一号文件"阐述了党对农村的新政策，强调政策为农民服务的宗旨，强调根据农村的具体情况进行改革。新政策唤起了农民巨大的创造热情，推动改革的实践坚定地向前迈进。在新政策的引领下，中国农村改革取得巨大成功，粮食生产大幅增加，农民收入快速增长。新政策的出台和农村改革的推进，是以调查研究作为坚实支撑的。

1980 年，党中央派出大批理论工作者和实际工作者到全国各地进行农村调查，随后召开了省、市、自治区党委第一书记会议。这次会议的主题是责任制，重点是正确认识和对待包产到户问题。[1]1982 年 5 月，中共中央为了加强农村社会调查和农村政策研究，决定成立中央书记处农村政策研究室。中共中央赋予农村政策研究室的任务，一是对农村工作进行系统、深入的调查研究，及时反映农村工作新情况、新问题；二是代表中共中央起草或参加起草农村工作方面的文件、文稿；三是检查各地、各部门贯彻执行中央有关方针政策的情况；四是完成中央交办的其他事情。中央书记处农村政策研究室成立后，向全国派出七个调研组，各调研组到各地进行了深入调查。各调研组回到北京，带回了各地在农村改革过程中出现的新情况、新经验。[2]

农村出现的新情况新经验引起了中央领导层的注意，他们纷纷到农村调研，在实践中寻求解决问题的答案。1982 年，胡耀邦到黑龙江省、吉林省和内蒙古自治区调研，重点了解新出现的专业承包责任制的情况。在调研中，胡耀邦反复强调领导干部到第一线调查研究的重要性。他指出，不调查研究，坐在屋子里听汇报，粗枝大叶，似是而非，要么没完没了地

---

① 陈开国：《中国青年》1986 年 7 期。

② 余国耀：《农村改革决策纪实：中国农民命运大转折》，珠海出版社 1999 年版。

扯皮，要么做出的决定是错误的，这是当前党风不正的突出表现。①1982年11月底至12月底，时任国务院副秘书长的田纪云组织一个由相关部门人员参加的十二人工作组，在山东、河南、四川作了近一个月的农村经济调查。在调查中，他们倾听基层干部群众的声音，在实地进行考察，抓住农村热点问题进行追踪调查。调查结束后撰写了三篇考察报告，如实地反映了当时农村发生的重大变化，反映了广大农民对农村改革的期盼。这些报告由中共中央书记处研究室作为内部文件印发。②

调查研究在1982年至1986年中央五个"一号文件"的制定过程中发挥着基础性和先导性的作用。有关调查由中央书记处农村政策研究室统筹安排，由各省农口的党政部门和研究机构具体组织实施。一般是年初布置调查题目，春夏季集中进行调研，在秋季进行研讨和总结。之后是中央农村工作会议（由各省份主管农业的书记和省农委主任参加）大讨论，再由起草小组归纳执笔，进行政策文件起草，最后上报中央决策。第二年年初正式形成"一号文件"，在全国发布。③ 由此可见，五个"一号文件"是上下联动充分调查研究的成果，记录了中国开启农村改革的历史脚印，也显示了调查研究在新的形势下发挥的重大作用。

第三节　进入乡村社会的学术调查

改革开放后，中国学界引进西方调查统计方法，并很快在学术刊物和学术评价中占据主导地位，毛泽东调查研究方法在学界受到冲击，也遭到怀疑，但依然有不少学者坚持和发展毛泽东调查研究方法。一批立志于认识中国国情的学者，适应新的形势，深入群众深入基层，通过实地调查取得了丰硕的学术成果，为改革开放尤其是乡村改革发展提供了重要的智力支撑。这些研究尤其在对社区、群体、组织等社会发展中的主要课题进行

---

① 《胡耀邦同志到黑龙江、吉林、内蒙古调查》，《人民日报》1982年8月25日。
② 罗平汉：《中国共产党农村调查史》，福建人民出版社2009年版，第262—264页。
③ 杜润生：《五个"一号文件"出台始末》，《财经》2008年第19期。

较长期、深入的微观研究方面，发挥着不可替代的作用。① 这些研究虽然没有跳出毛泽东调查研究方法的观察、访问、座谈、蹲点的"四部曲"，但在新时期丰富了毛泽东调查研究的路径和形式。

一、"小城镇大问题"调查及其方法

费孝通在 20 世纪 80 年代关于小城镇的调查研究，是改革开放初期实地调查的代表。他对小城镇的调查研究，尽管是其20世纪30—40年代《江村经济》调查方法的延续，但已受到毛泽东调查研究方法的影响，就其方法特性而言，应该归属于毛泽东实地调查方法的范畴。他曾作以下介绍："从已有的基础上做起，然后由点及面，找典型、立模式，逐步勾画出比较全面的轮廓。"他的这种方法与毛泽东调查研究的方法十分类似，紧扣现实问题、用辩证眼光分析资料，已超越了他在新中国成立前的调查。

费孝通的学术研究是从江苏省吴江县开弦弓村（作者后在著述中将开弦弓取名为江村）的调查起步的，之后一生的研究都与江村相关。1983年 5 月，费孝通六访江村时，围绕吴江 10 多个小城镇的历史、现状，前后花了一个月的时间，进行了深入仔细的调查研究。重点研究了小城镇的类别、层次、兴衰、布局和发展，分析了小城镇衰落与复苏的原因。在调查的基础上，他提出了著名的"小城镇大问题"观点。他认为，传统的重农轻商思想和政策导致了小城镇由盛转衰，新时期小城镇在复苏繁荣，其根本动力在于乡镇工业经济的发展，在乡镇企业发展过程中小城镇成为劳动力和资本的"蓄水池"。他深入地分析了小城镇的集体商业经济尚未搞活、流通渠道不畅等问题，呼吁小城镇要建设成农村商品的集散地、农村的服务中心、文化中心和教育中心。他的调研报告《小城镇大问题》一时成为农村改革领域的热门话题，得到社会各界的关注以及政府决策层的高度重视。

---

① 林彬、王文韬：《对当代中国社会学经验研究及研究方法的分析与反思——90 年代社会学经验研究论文的内容分析》，《社会学研究》2000 年第 6 期。

费孝通 1983 年 10 月七访江村之后，发表了《小城镇再探索》。1984 年 10 月八访江村，写下《小城镇新开拓》。1985 年 7 月九访江村，撰写了《江村五十周年（1936 年—1986 年)》。这一系列调查报告，把握农村工业化和农村城镇化的递进关系，是对实践经验的理论总结。他还向吴江县委县政府提出建议，进行乡镇合一、以镇管村的改革，这一建议被采纳并付诸实践。① 为了解全国小城镇的情况，1984 年他的调查分两路，从内蒙古到宁夏和甘肃又到大西南的边区为一路，从浙江、福建、广东到香港的沿海为另一路。费孝通根据自己亲身的观察访问，获得第一手资料，真实地描述对象，通过从个别到整体的定性分析，找出小城镇发展的规律性。

费孝通推进小城镇调查时，注意克服实地调查的弱点。一是进行多点实地考察。围绕着小城镇问题，他从纵横两个方向拓展调查：横向方面，以吴江为基地，扩展到江苏省，再进一步扩展到全国，进行比较研究；纵向方面，从农村—小城镇—中等城市—大城市，延伸包含整个城乡关系，进行综合分析。二是理论框架与具体案例结合。他反复斟酌调查提纲，提出了"类别、层次、兴衰、布局、发展"的十字框架。他开展小城镇研究的过程，先是选择典型小城镇实地搜集资料，在此基础上对小城镇这一总体概念作定性分析。他特别重视对不同的小城镇进行分类，归纳每类的共同性质，这样既有利于从总体上把握小城镇的状况，又能了解小城镇的各种具体形态。三是注重类型比较法。费孝通试图在分析各个类型的基础上，"用比较方法把中国农村的各种类型一个一个地描述出来"。② 不拘泥于个别微观社区的观察，通过纵横交叉的分析，通过类型比较法有可能从个别逐渐接近整体。

根据调查，如实地描述研究对象，是费孝通在小城镇调查中在方法上体现的又一个特点。他指出，只要能自觉地、不留情面地把一切不符合实际的成分筛选掉，那么我们的文章就成为现实小城镇面貌的素描。

---

① 冯月根：《志在富民：费孝通教授农村社会调查研究的实践》，《江南论坛》2005 年第 6 期。

② 费孝通：《旧燕归来》，江苏人民出版社 1991 年版。

它是历史的真实记录，过了几十年甚至几百年人们还是要翻看，仍然具有价值。价值就在于它是未来的起步，而今后的变化则是它的延续。①费孝通写调研报告时，习惯于先打腹稿口述，然后整理成稿。他说："按照我过去的习惯，每访问一个地方，总是把在当地各种场合讲的话，尽可能地存放在录音机里，请人代为整理后，凭稿动笔改写成准备发表的文章。"②从讲话中提炼报告材料，虽然是时间繁忙不得已的选择，但他的讲话总是在现场反复思考的结果，从中提炼的材料保持着现场的味道。这种方法也为他一边处理繁忙公务一边进行调研并发表见解提供了便利。③

二、"黄河边的中国"调查及其方法

曹锦清在20世纪90年代中期写作的《黄河边的中国：一个学者对乡村社会的观察与思考》④，主要采取毛泽东早年喜欢的游学方式，并将这一方式提升到一个新阶段。曹锦清依托亲友网络对黄河沿岸进行实地考察，以一种融入生活场景、与村民同吃同住的形式"进场"，以日记形式将"沿途所看、所听、所谈、所思、所虑"记录下来。从社会调查方法视角看，作者把观察、访问、座谈、蹲点"四部曲"全面运用，通过亲友介入，没有人为包装，村民没有疑虑，容易看到社会真实的一面。

进入一个陌生的社会环境，以何种方式进入调查现场是一个值得探究的问题。曹锦清曾考虑两种进入现场的方法，一是获取一份通行全国的记者证，凭记者身份进入调查现场，但几经努力，无法获得；二是与中央或省的有关党政部门取得联系，争取他们的理解和支持，而后自上而下地进入调查现场，但这一效果较差。最终，他想出了一个中国人最为熟悉并习

---

① 费孝通：《行行重行行》，宁夏人民出版社1992年版，第3页。
② 费孝通：《行行重行行续集》，群言出版社1997年版，第1页。
③ 宋林飞：《费孝通小城镇研究的方法与理论》，《南京大学学报》2000年第5期。
④ 曹锦清：《黄河边的中国：一个学者对乡村社会的观察与思考》，上海文艺出版社2000年版。

惯了的老办法："沿着私人亲情朋友关系网络进入社会调查现场"。正是用这种方式，曹锦清拿到了一手的材料，并通过其出色的学识和才能，使访谈很快从官场汇报过渡为朋友间的推心置腹的讨论，顺利地进入了处于传统与现代之间的中原农村大地。为了获得人们的信任，他在进入现场时，首先会有一段声明："调查材料只供学术研究之用，决无'向上汇报'之责，对地方对个人决无妨碍……"曹锦清在调查前就让自己处于一种"透明"状态，排除先入为主的观念，直观地感受乡村社会本身，最大限度贴近社会现实。①

黄河边的中国调查中所获得的很多第一手资料都是在与被访者的闲谈中得出来的。比如在 9 月 27 日，村支书的贪污新论中提到，和作者一起上车的邻座小伙子，成为了其极好的访谈对象，在与小伙子闲谈的过程中，作者发现他关于乡村合作制企业"合得快、散得也快"的判断，与作者的观察与分析暗合，所转述的贪污新论也是作者前所未闻的。还有很多对于细节的描写也是细致入微。比如 5 月 23 日，发生一场意想不到的风波："当陪同我们调查的老刘被叫出时，并没有引起我的注意。数分钟后，神色慌张的老刘跑进屋来……老刘神色黯然取出凳子让他们坐定，倒上茶水"。这些细致的观察与闲谈，让作者快速掌握了第一手资料。对这些场景的细节描写，让读者可以清晰地感受当时的情境与气氛，也可以把握当时整个现场的情况，也让整个报告翔实客观。②

历时半年，足迹涉及豫东、豫南、豫西、豫北，通过沿途纪实，曹锦清相当于为中原乡村拍摄了一部"纪录片"。学界对这种游学式调查有不少批评，认为缺乏严密可靠的逻辑判断，大多是其主观性的表达。然而，其对中国农村在转型期内带有根本性、普遍性问题的观察，在当时引起了广泛关注，其通过游学认识社会的方式引起了学界对社会科学研究方法的反思，也引起了人们对毛泽东调查研究方法中游学方式的重新关注和思考。《黄河边的中国》是在西方调查统计方法被认为是"科学正宗"的学

---

① 邵倩：《〈黄河边的中国〉调查方法研究》，《传播力研究》2018 年第 6 期。
② 邵倩：《〈黄河边的中国〉调查方法研究》，《传播力研究》2018 年第 6 期。

术氛围中，一个大学教授走出书斋进行社会科学方法本土化的尝试，它在某种程度上促成了中国学界对调查研究方法的反思。

第四节 "吃透两头"的政策调查

改革开放以来，随着党和政府对科学决策程序的严格要求，调查研究成为了重要的政策咨询工具。一些学者将学术的调查研究与政策咨询结合起来，为推动中国党政决策的规范化、科学化做出了重要贡献。改革开放以来，在各领域都出现了一批杰出的调查研究学者和政策咨询专家。在三农发展领域，运用毛泽东实地调查方法开展三农发展调查的学者为数众多，以陆学艺和温铁军的调查成果最为显著。本研究以社会学领域陆学艺的调查作为案例，对其为政策而作的三农发展调查及方法进行分析。本人1999 年进入中国社会科学院研究生院社会学系，在陆学艺教授的指导下攻读应用社会学博士学位，参与了他组织的一系列关于三农发展的社会调查和政策咨询活动。他在三农研究中运用的调查研究方法，是毛泽东调查研究方法在新时期的应用和发展，其中体现了他作为学术大家和农民代言人的双重角色特征。

一、"吃透两头"

据陆学艺所言，20 世纪 80 年代后期，中国的学者在总结社会主义现代化建设的经验和教训的过程中，依据中国特有的国情，把农村问题分为农业、农村和农民问题，分别进行研究，既分析这三者的关系，也研究这三者各自要解决的问题，提出了"三农"发展理论，作为分析现实问题的理论框架。经过多年的实践，现在已成为中国政界、学界的共识。[①] 改革

---

① 陆学艺：《"三农论"——当代中国农业、农村、农民研究》前言，社会科学文献出版社 2002 年版。

开放以来，在众多令人钦佩的三农研究者中，陆学艺无疑是其中杰出的代表人物。

陆学艺原本是学哲学的，毕业于北京大学哲学系，又在中国科学院哲学所读研究生，后来又留所工作。1978 年他开始由哲学领域转向三农研究，中国社科院领导认为人才难得，特别支持他专门从事农村问题研究。1983 年至 1986 年，他在山东陵县作长期实地蹲点调查，并兼任中共陵县县委副书记。1985 年，他被任命为中国社科院农业经济研究所（后改为农村发展研究所）副所长。1987 年，他被任命为中国社科院社会学所副所长，一年后，升任所长。尽管陆学艺的工作岗位在改革开放以来发生了多次变化，但有两点他始终坚持着，一是研究工作他没放下，二是三农问题他没放下。当然，陆学艺研究三农的角度随着工作岗位的变化有所变化。大体而言，他是从哲学研究到经济学研究而走向社会学研究，相应地对三农问题的研究也经过了从农村、农业到农民的发展过程。可以说，陆学艺是改革开放以来对中国三农问题进行全景式、多角度研究的学者，他的三农研究生动地展现了中国农村、农业和农民不平凡的发展历史。

陆学艺在三农研究中的卓著成就和丰富的学术经历，引起了不少人的兴趣。1997 年 5 月 26 日中央电视台《东方之子》专栏记者问他，得到邓小平肯定的那篇文章是怎样写出来的？他回答得十分简短："吃透两头。"陆学艺的所谓"吃透两头"，就是要对"上头"的精神和"下头"的情况有真正全面准确的了解，其实质是马克思主义唯物辩证法与中国三农问题的结合，是在马克思主义基本原理的指导下，总结广大农民的创造经验，形成具体解决中国三农问题、促进三农现代化的理论。从某种意义上说，陆学艺的三农研究是"两头"（一头是马克思主义的基本理论和党的农村政策，另一头是农民的创造经验和农民的要求）之间的学问。陆学艺关于三农问题的三本主要论文集《农业发展的黄金时代——包产到户的调查与研究》（1983）、《当代中国农村与当代中国农民》（1991）和《"三农论"——当代中国农业、农村、农民研究》（2002），都是"吃透两头"的精湛之作，是向农民学习，从调查出发，采用"反弹琵琶"的辩证方法，为政策而作的学问。

二、向农民学习

农民是中国社会特殊的群体。中国革命走的是一条农村包围城市的道路，农民是中国革命的主力军。中国的改革开放是从农村开始的，农民是中国改革开放的先锋部队。毛泽东曾说，"不了解中国农民，就不了解中国社会"，他很乐意被称为农民伯伯的"小学生"；不过他在强调农民伟大的时候，却认为知识分子"往往是幼稚可笑的"①。其实在中国还是有不少知识分子关注农民、了解农民的，陆学艺就是其中一位。

陆学艺在中学时代就立志做一个农民问题专家。1956 年，他在中学毕业时的一篇作文中这样写道："我将通过什么样的活动来给人带来益处呢？带给人以什么样的益处呢？当我在高中毕业前夕，我已抉择定了，我立志要在党和前辈们的帮助下，加上自己的刻苦努力，成为一个杰出的农业经济学家"。在那个充满理想的年代，陆学艺确定"给人带来益处"的人生目标也许不算有什么特别之处，然而考虑到中国当时推动工业化发展的热潮，他"成为一个杰出的农业经济学家"的理想确实显得与众不同。在这篇文章中，他继续写道："我生长在农村，农民同胞的喜怒哀乐，我是深有感受的。我参加过伟大的土地改革运动，曾经同那些贫雇农一起，拿着崭新的土地证，度过那些狂欢的日子，但是我也亲眼看着他们中间的一些人，并没有因此而摆脱贫困，甚至还有挨饿受冻的——这真是给我一个重大的刺激，这不是说明我们的责任吗？"②作为农民的儿子和从农村走出来的知识分子，陆学艺在后来的三农研究中始终没有忘记自己的"责任"，忧农之忧、乐农之乐，数十年"痴心不改"。

陆学艺不仅对农民充满感情，对三农研究充满热情，而且怀有对农民的理性尊重。他曾教导学生，"农村、农民问题到底怎么解决？决不能坐在书斋里空想，在书斋里是想不出办法来的。一定要走出书斋，到农民那

---

① 《毛泽东农村调查文集》，人民出版社 1982 年版，第 17 页。

② 转自吴怀连：《中国农村社会学的理论与实践》，武汉大学出版社 1998 年版，第 229—230、237 页。

里去总结经验，向他们学习。"①向农民学习，并不是陆学艺的谦虚之词，而是他一贯的研究和工作方法。1979年，包产到户还是理论界的禁区，安徽的农民自发地搞了起来，遭到了批评。陆学艺知道这种情况后，首先想到的是要和农民谈谈。他到安徽肥西县走家串户，农民问："增产粮食犯不犯法?""为什么证明了能够大增产的办法不让搞?"②陆学艺觉得农民的话理直气壮，根据农民的反映，他写出了《包产到户应当重新研究》这篇旗帜鲜明支持农民首创精神的文章。这篇文章震动了当时学界和政界，陆学艺由此"一鸣惊人"。事后，他说他的成果只不过是把农民实践中涌现出来的经验加以总结使之成为理论的东西而已。

陆学艺常常在与农民的交谈中发现新思想，他也常常用农民的话语来表达思想。譬如，在说明80年代末农民种田积极性下降的原因时，他引用一位农民告诉他的对联："高价化肥我不买，平价粮食我不卖"，横批"请政府原谅"③。翻看陆学艺80年代的文章，随处可见农民生动活泼的话语，理论的文章也散发着浓郁的乡土气息。陆学艺90年代以后的文章有了更多的理性，然而就本人而言，还是更喜欢他80年代的文章，读起来就好像跟随作者来到了田头垄间。

三、从实地出发

无论做什么工作，研究或解决什么问题，首先要明确的是从什么出发、从何处入手的问题。唯物主义反对从本本出发或从主观臆想出发等唯心主义路线，鲜明地提出，一切要从实际出发。一切从实际出发是唯物主义的基本要求，也是陆学艺三农研究中的一个基本特点。从实际出发，不仅是一个思想问题，更重要的是一个行动问题。在陆学艺看来，要真正从实际出发，就必须从社会调查入手，就必须到群众中去，到社会实践中

---

① 转自吴怀连：《中国农村社会学的理论与实践》，武汉大学出版社1998年版，第229—230、237页。

② 陆学艺：《农业发展的黄金时代》，甘肃人民出版社1983年版，第1—2页。

③ 陆学艺：《当代中国农村与当代中国农民》，知识出版社1991年版，第373页。

去，搜集真实的第一手资料。

陆学艺经常问，"农村的情况怎样？8.7 亿农民的生产生活怎样？农民在做什么？想什么？"①他的三农研究其实就是通过调查回答这些问题的结果。如一位编辑所言，1978 年那场曾率先在哲学界展开的关于"实践是检验真理的唯一标准"的大讨论，正由哲学界而及至整个思想理论界，多数哲学社会科学工作者还在从理论上进行全面的探讨之时，陆学艺却已由理论而实践，深入到安徽、山东、甘肃等地，对当时这些地区少数农村悄然兴起的后来引发一场全国农村深刻变革的联产承包责任制，进行实地考察，连续在为决策部门提供参考的内部资料上发表了一系列调查报告和建议。②

从 1978 年冬天到 1983 年秋，陆学艺利用中国社会科学院给他的工作条件，平均每年大约有一半时间在全国各地农村调查。1983 年至 1986 年，他在山东陵县作长期实地蹲点调查，承担县级政府体制改革的研究工作。1985 年，他被任命为中国社会科学院农业经济研究所副所长，原挂靠哲学所的山东陵县调查研究点也随着迁至农经所。1987 年，陆学艺调任社会学所后，他不仅坚持亲自从事社会调查，也组织研究者针对重要的社会问题联合进行社会调查，集体攻关。1988 年起他作为主要的组织者参与了《中国国情丛书——百县市经济社会调查》；1990 年至 1991 年他组织课题组对大寨等 13 个村的社会结构进行了调查，提出了著名的农民分化八个阶层的理论；1999 年至 2002 年他组织课题组对中国的社会结构进行了大规模的调查，其初步成果《当代中国社会阶层研究报告》一书对转型时期中国社会阶层结构作了全面而深刻的分析。陆学艺的调查活动显然远不止列举的这些，事实上二十余年来，社会调查已经成了他的职业习惯。

陆学艺的社会调查，在 80 年代大量的是典型实地调查，90 年代以后由于调查规模很大而采用了很多问卷调查，但陆学本人还是钟情于蹲点

---

① 陆学艺：《当代中国农村与当代中国农民》，知识出版社 1991 年版，第 411 页。
② 陆学艺：《当代中国农村与当代中国农民》，知识出版社 1991 年版，第 456 页。

典型调查。他认为，中国的农村问题根植于中国的传统和历史，只有生活在农民之中，才可能有深入的认识。他领导的"当代中国社会结构变迁研究"课题组，获取了全国近2万个样本，但他念念不忘的是要像80年代一样带着课题组成员找一个乡镇蹲点调查。在中国农村研究史上，毛泽东"解剖麻雀"式的典型调查方法有着深远的影响。陆学艺的蹲点调查类似于毛泽东上世纪二三十年代的农村社会调查，而且陆学艺也像毛泽东一样喜欢开调查会。毛泽东认为"没有调查，没有发言权"，陆学艺对新时期中国三农问题是有深入调查的，因而他获得了"发言权"。

四、"反弹琵琶"

陆学艺的理论非常平实，但他的观点常常出人意料。譬如，关于粮食问题，当粮食丰收、大家精神松懈时，他警告"今年粮食大丰收，明年不要又掉下来"[1]；当国内外为"谁来养活中国"担忧时，陆学艺满怀信心地说："中国的粮食供给是不会有大问题的。靠中国的农民养活中国，是有把握的，中国的农民是靠得住的"[2]。这些与众不同的观点，并不是为了标新立异，而在于作者辩证的思维。马克思主义的辩证法是关于联系和发展的科学，要求从全面、发展和联系的角度来认识问题。陆学艺是经过哲学的专业训练的，自然非常明白辩证法的重要作用。

陆学艺认为三农是矛盾的统一体，既互相区别又互相联系，三农研究的任务是"既分析这三者的关系，也研究这三者各自要解决的问题"[3]。在80年代，农业是他最关心的问题，他经常引用邓小平的一句话来说明对农业的关切："农业如果有一个曲折，三五年转不过来！"在农业之中，他

---

① 陆学艺：《"三农论"——当代中国农业、农村、农民研究》，社会科学文献出版社2002年版，第74页。

② 陆学艺：《"三农论"——当代中国农业、农村、农民研究》，社会科学文献出版社2002年版，第464页。

③ 陆学艺：《"三农论"——当代中国农业、农村、农民研究》前言，社会科学文献出版社2002年版。

最关心粮食，认为"粮食仍是大局问题，不可掉以轻心"①。然而，他认为，"农业生产问题主要是两个方面，一个是人，农民；一个是物，农业生产资料。问题的两个方面，决定的起主导作用的方面是农民。可以说农业的上帝是农民，8亿农民有了生产积极性，农业的诸多问题就迎刃而解，农业就好了。"②他强调必须重视农民的物质利益，必须减轻农民的负担，以保护农民的生产积极性。

陆学艺以发展的眼光来看待中国的三农问题，认为三农是不断发展的，不同时期三农问题的重点是不一样的。到90年代末，中国粮食连年丰收，而农村问题却日益尖锐。陆学艺敏锐地注意到中国三农发展到了一个新阶段，问题的重点发生了变化。他指出，"中国的农业问题基本解决了；但是农村问题、农民问题还没有解决。……8亿农民的问题，广大农村的问题，这正是中国社会主义现代化事业今后必须要解决的最大的经济社会问题。"③对新问题的这种新论述，显示了陆学艺"与时俱进"的创新精神，他总是走在中国三农研究的前沿。

陆学艺是从哲学、经济学和社会学等多角度来研究三农问题的，他很早便认识到农业、农村、农民问题三位一体，必须进行综合研究，应该说这是相当有见地的。然而，随着实践的发展和研究的深入，他逐渐认识到就三农谈三农不能解决问题，中国三农问题主要不在三农本身，解决的办法必须到三农之外去寻找。他曾举例说，"军事上常常有这样成功的战例，某一个军事目标，正面强攻拿不下来，而采取迂回，从侧面，从后面进攻，反而容易攻克。农业徘徊反复的问题，农村中的诸多问题，久解不决，怎么办呢？也可以采取迂回战术，或者叫反弹琵琶的方式，来解决这些问题。"④他认为，三农问题的另一面是工业和城市问题，双方构成密切

①　陆学艺：《"三农论"——当代中国农业、农村、农民研究》，社会科学文献出版社2002年版，第45页。

②　陆学艺：《当代中国农村与当代中国农民》，知识出版社1991年版，第334页。

③　陆学艺：《"三农论"——当代中国农业、农村、农民研究》前言，社会科学文献出版社2002年版。

④　陆学艺：《"三农论"——当代中国农业、农村、农民研究》，社会科学文献出版社2002年版，第130页。

联系的一对矛盾，三农问题久拖不决，是因为双方互相割裂而形成的二元结构，导致了"城乡分治、一国两策"①的困境。他提出"反弹琵琶"的策略是，通过积极发展乡镇企业、大力加速城市化进程和调整社会结构来促进三农的发展。这种"反弹琵琶"方法的实质是辩证法的应用，是从矛盾的对立统一规律出发来把握问题和解决问题。

五、为政策而作

从陆学艺在改革开放前夕《包产到户问题应当重新研究》的调查报告算起，他从未懈怠地从事三农研究，涉及了中国三农领域的方方面面，在每一方面都有独到的发现。当然，任何研究者都有其关注重点。在笔者看来，陆学艺三农研究的重点集中在三个方面：包产到户、农民分化和城乡一体化。包产到户主要是关于农业发展的理论，农民分化主要是关于农民问题的理论，城乡一体化主要是关于农村发展的理论，三者紧密结合，构成了陆学艺三农理论体系的主干。现在的研究者对陆学艺的这些理论已经不觉得新鲜了，因为他和他的同事们总结的这些理论在社会科学界得到了广泛的传播，一些甚至写入了经济学和社会学的教科书。

然而，陆学艺的志趣不仅仅是创建理论，他更在乎的是自己的研究能否在现实中发挥作用，是否有助于中国三农的发展。纵观他的三农研究，大量的是关于三农发展的政策研究。他的文章很少有纯理论的论述，大都是针对具体问题而做出的具体分析，并且最后总是归纳出几点政策建议。他从不隐瞒自己从事三农研究的政策意图，鲜明提出"吃透两头"，认为自己所做的工作就是根据马克思主义的基本原理和党的基本精神，把农民的创造总结出来，把农民的要求反映出来，由此形成新的更合适的农村政策。他向农民学习、从调查出发以及采用"反弹琵琶"的辩证分析方法，无不是为了求得中国三农问题的真解，无不是为了能够提出更好的政策

① 陆学艺:《"三农论"——当代中国农业、农村、农民研究》，社会科学文献出版社2002年版，第234页。

建议。

陆学艺希望自己的政策建议能够被党和政府采纳，但他并不媚上。事实上，他的研究大多走在当时政策的前面，有不少还是与当时领导人的意图相左的顶牛之作。由此陆学艺还提出了"鸡鸣论"，学者要做5点钟打鸣的鸡，虽然可能令人讨厌，但使命所在，在所不辞。陆艺学在政策研究中坚持"不唯上、不唯书、只唯实"，因为他相信党和政府是为人民服务的，是代表广大人民的根本利益的；他相信政府与农民这"两头"之间是统一的，而政策是"两头"之间的桥梁。就此而言，陆学艺"吃透两头"的政策研究，是党的基本精神和人民根本利益的统一，而他本人则乐意以学者的身份做党和国家农村政策的参谋，兼作农民利益的代言人。

陆艺学"吃透两头"的学问是卓有成效的，他的很多建议都被党和政府所采纳，对中国三农发展发挥了重要作用。由此，他本人从"两头"得到了肯定——党和政府给予了他荣誉和良好的研究条件，人民给予了他信任和尊敬。1986年他被国家科委评为有突出贡献的中青年专家；1988年起担任中国社会科学院学术委员会委员；1990年第一批享受政府特殊津贴待遇；1993年、1998年当选第八届、第九届全国人大代表；1996年当选为中国社会学会会长。回忆起自己的研究经历，陆学艺特别感谢党和政府的栽培以及人民的信任。他为政策而作的三农发展调查，是20世纪70年代末到21世纪初纵贯三十余年里，中国农村调查领域的代表性成果，也成为毛泽东调查研究方法在学界继承和发展的典范。

陆学艺高度重视毛泽东的社会调查方法，曾专门撰文研究、宣传和推荐毛泽东调查研究方法。[①] 他在调查中，强调深入实地观察，进行面对面访谈和注重蹲点，这是对毛泽东调查方法的直接继承。同时他注重问卷调查，20多年前就支持和安排学生用SPSS软件对问卷进行统计分析，显示他对西方社会调查方法的借鉴和把握。他的调查将中央政策与中国农村实际结合起来，其作用好像一座桥，中央和地方干部、研究者和农民，通过

---

① 参见陆学艺、徐逢贤：《毛泽东与农村调查——纪念中国共产党诞生七十周年》，《社会学研究》1991年第5期。

这座桥进行沟通、互动和评估。陆学艺是一个有理想、有勇气且脚踏实地的人，长年深入群众在乡村田野进行调查研究，用自己的智慧和行动，展现的正是中国共产党培养起来的继承调查研究光荣传统、做出服务人民利益政策研究的一个现代学者风采。

第七章　毛泽东调查研究方法的当代价值

我们今天所处的时代，与毛泽东领导中国革命和建设的时代环境相比，已经发生了极大变化，各种新型调查方法和工具层出不穷，但毛泽东调查研究方法并未因此过时。新时代，以习近平同志为主要代表的中国共产党人，发扬毛泽东调查研究方法，取得马克思主义中国化时代化最新成果，创立了习近平新时代中国特色社会主义思想。社会科学界也在毛泽东调查研究方法的指导下，针对新时代发展中的问题做了大量卓有成效的研究，提出了很多富有价值的策略和方案。当然，改革开放以来调查研究方法在发展过程中也存在着一些问题，这些问题产生的原因主要在于没能正确处理好毛泽东调查研究方法与西方调查统计方法之间的关系。在当代，推进理论创新、方法创新和实践发展，都必须坚持和发展毛泽东调查研究方法。

第一节　为新时代理论创新提供方法基础

习近平多次强调要"学习和掌握正确方法，努力提高调查研究水平和成效"[①]。他无论是主政地方，还是在中央工作，都习惯并善于调查研究，在学习和继承毛泽东调查研究方法基础上，在新的历史条件下将毛泽东调

---

① 习近平：《谈谈调查研究》，《学习时报》2011 年 11 月 21 日。

查研究方法发扬光大。党的十八大以来，习近平通过大量深入调查研究，顺应时代发展，理论与实践相结合，系统回答了新时代坚持和发展什么样的中国特色社会主义、怎样坚持和发展中国特色社会主义这个重大时代课题，创立了习近平新时代中国特色社会主义思想。在习近平新时代中国特色社会主义思想指引下，中国共产党领导全国各族人民，统揽伟大斗争、伟大工程、伟大事业、伟大梦想，推动中国特色社会主义进入了新时代。

一、习近平亲力亲为做调查研究

习近平关于调查研究的朴素思想发端于知青时期。1969 年到 1975 年，习近平在陕西省延川县文安驿公社梁家河大队做知青，由于勤劳肯干和工作能力出色被选为了大队党支部书记。习近平认为，"插队本身，这是一个标志，界定着一个阶段。……如果说我们谙熟民情或者说贴近实际，那么都是感觉源于此、获于此。"①"让我懂得了什么叫作实际，什么叫实事求是，什么叫群众。"②七年知青岁月是习近平在艰苦劳动中成长的岁月，也是他调查研究的初始时期。他关于调查研究的一些基本原则，譬如实事求是、理论联系实际、群众立场与毛泽东调查研究基本精神一脉相承，在这一时期开始萌芽和得到锻炼。③

随着走上领导岗位，他开始有目的有计划进行调查研究。1982 年 3 月至 1985 年 5 月，习近平在河北省正定县工作，先后担任县委副书记、书记。在正定工作期间，他就显示了调查研究亲民的一面。他骑着自行车，走村入户，在正定的农村都留下了与老百姓拉家常的身影。他经常上大街进行访谈，在街上支起桌子听取群众意见。他还设计调查问卷，安排正定的县委干部在街头进行随机调查。1983 年 12 月，他在充分调查研究的基础上，主持制定了《中共正定县委关于改进领导作风的几项规定》，

---

① 《梁家河》编写组：《梁家河》，陕西人民出版社 2018 年版，第 36—37 页。

② 《梁家河》编写组：《梁家河》，陕西人民出版社 2018 年版，第 118 页。

③ 佘湘：《习近平调查研究观的历史演进、主要内容与精神特质》，《理论导刊》2019 年第 7 期。

要求县委常委建立若干个联系户和联系点，每年要有三分之一以上的时间深入基层。1984 年 3 月，他给正定县四大班子领导写了一封署名信，要求及时落实制度，兴起调查研究之风。①

　　1985 年夏天，习近平调任厦门担任市委常委、常务副市长，分管体制机制改革。到厦门不久，习近平就走进基层开展实地调研。他轻车简从来到厦门东渡码头，四处转一转，观察码头的地形和货物的装卸。与工作人员交谈，详细询问码头的吞吐量，一天有多少船只，一天能吊装多少货物。他多次到码头现场观察和访谈，终于找到了问题的原因：政府没有更多的钱加大投入，码头运输能力不够，设施不完善，流程环节不配套。习近平通过慎重考虑，决定将利润留给港务局，让港务局赚钱用来完善设施。在习近平的推动下，厦门在全国率先出台税利分流措施，除了国家规定的税收，尽可能把利润留给企业加大生产性投入。② 习近平作为分管厦门体制机制改革的领导，那几年厦门的体制改革走在全国的前列。

　　1988 年 6 月至 1990 年 4 月，习近平任福建省宁德地委书记。宁德位于福建省东北沿海，与台湾隔海相望，地理位置十分重要，但经济总量排全省最末。那时的宁德，俗称"闽东老九"，是全国集中连片贫困地区之一，全地区 9 个县有 6 个是贫困县。在这样一个"老少边穷"的东南沿海欠发达地区，刚满 35 岁的习近平决定从深入调研起步。1988 年 7 月初至 8 月初，他带领地委班子成员开展了为期一个月的调查研究，深入到全地区 9 个县，还到了毗邻的浙南。根据调查研究搜集的资料，经过反复分析思考，1988 年 9 月，习近平撰写了《弱鸟如何先飞——闽东九县调查随感》、《提倡经济大合唱》，确立了宁德新的发展思路。他还在调研的基础上，建立"四下基层"制度，提出"弱鸟先飞"理念，倡导"滴水穿石"精神，制定"公务接待 12 条"狠刹不正作风。③

---

　　① 黄海涛、任仕暄：《习近平新时代中国特色社会主义思想的形成和发展——以调查研究为科学依据》，《江汉学术》2019 年第 5 期。

　　② 《习近平的改革足迹——福建》，http://www.qstheory.cn/zdwz/2018—12/16/c_1123859443.html。

　　③ 学习时报采访组：《习近平在宁德》，http://www.ccps.gov.cn/zt/xjpznd/。

1990 年 4 月，习近平调离宁德，主政福建省会，担任福州市委书记。福州虽然是首批 14 个沿海开放城市之一，但习近平在调研中发现，福州不但基础设施建设落后，工作人员的办事效率也差强人意。在调研过程中，习近平与班子成员商讨，决定把改变干部作风、提升服务质量作为开创工作新局面的突破口。1991 年 2 月 20 日，福州市委召开工作会议，习近平在会上向全市干部提出明确要求，"要大力提倡'马上就办'的工作精神"。2000 年，习近平担任福建省长。在中国工业化转型升级的关键时期，他重点走访调查了十几家企业，虚心向企业家学习，了解如何开拓新市场，如何引进新技术、开发新产品。他还仔细询问企业存在哪些困难，对政府有什么意见建议。通过调查，习近平提出，企业要把好质量关，创出自己的品牌，做出自己的创新产品，政府要大力给予支持。①

2002 年 11 月，习近平从福建调到浙江，担任浙江省委书记。他从调查研究开始，在短短几个月里，就走遍了浙江全省 11 个市和 30 个县。据统计，2003 年，习近平赴市、县（市、区）调研 25 次，53 天，70 个（次）县级行政区；赴省直单位调研 20 次，15.5 天，44 个（次）；赴上海、江苏和西部地区调研 3 次，18 天。② 习近平亲力亲为高密度的调研，促进了浙江各级领导干部眼睛朝下、关注民生、解决实际问题的务实作风。在习近平主持下，浙江省委还出台了《关于调查研究工作规范化制度化的意见》，对各级党委政府和领导干部加强调研作出了硬性规定。在充分调查研究的基础上，习近平提出了引领浙江发展的总纲领——"八八战略"，在实施过程中又创造性提出"腾笼换鸟、凤凰涅槃"的发展理念，引领了浙江高质量发展。③

2007 年 3 月，习近平从浙江调任上海，担任市委书记。在中国第一

---

① 《习近平的改革足迹——福建》，http://www.qstheory.cn/zdwz/2018—12/16/c_1123859443.html。

② 费强：《中共浙江省委常委会求真务实纪实　从"调研开局"到"调研开路"》，《瞭望新闻周刊》2004 年第 15 期。

③ 《习近平的改革足迹——浙江》，http://news.cctv.com/2018/12/13/ARTIu7N4b7crXdi-hz2v8zqCz181213.shtml。

大都市，习近平工作千头万绪，但他决定从调查研究入手。到上海工作一周后，习近平就开始他调研的第一站——浦东新区，之后连续在上海19个区县开展调研。在上海市第九次党代会的报告中，习近平强调，凡是涉及人民群众切身利益的重大政策和重大事项，要深入调研、充分论证、广泛听取各方面意见。① 习近平任上海市委书记虽然只有短短7个月，但他下基层、做调研，抓党建、谋创新，为上海发展明确目标、指引方向，赢得了当地干部群众的广泛认同，也为全国改革开放大局作出重要贡献。②

2007年10月，习近平离开上海赴中央任职。从此，习近平在中央层面，在全国范围内开展调研，作出决策。党的十八大以后，习近平在治国理政实践中始终坚持"调研开路"。为推进党的群众路线教育实践活动，习近平亲赴河北、河南调研指导。为推进"三严三实"专题教育和"两学一做"学习教育，习近平分别赴浙江、安徽调研。在推动京津冀协同发展、作出设立雄安新区的重大决策前，习近平深入京津冀调查研究。为推动"一带一路"建设，习近平深入考察国内沿线省份以及相关国家。为推动长江经济带建设，习近平考察了沿江省市区。设立上海自贸区、海南自由贸易港，习近平亲临调研指导。习近平在调研中特别关注民生问题，无论到哪里调研，总要到困难群众家走一走、看一看，走遍了全国每一个集中连片特困地区。③

正是在调查研究中，习近平新时代中国特色社会主义思想逐步形成并不断发展。习近平新时代中国特色社会主义思想的形成离不开调查研究，习近平新时代中国特色社会主义思想的发展创新同样离不开调查研究。可以说，调查研究贯穿于习近平新时代中国特色社会主义思想形成和发展的全过程。习近平在全党倡导大兴调查研究之风，就是要立足当代中国实

---

① 习近平在上海市第九次党代会上的报告，http://www.politics people com.cn/GB/14562/5773171.html。

② 《习近平的改革足迹——上海》，http://news.cctv.com/2018/12/14/ARTItagnVbA5z-r0Qjtqqv7Gn181214.shtml。

③ 黄海涛、任仕暄：《习近平新时代中国特色社会主义思想的形成和发展——以调查研究为科学依据》，《江汉学术》2019年第5期。

际，在正确贯彻落实习近平新时代中国特色社会主义思想的基础上，在实践中不断拓展新视野、创造新业绩。

二、习近平调查研究方法的特征

习近平对毛泽东调查研究方法高度重视，他在《谈谈调查研究》中指出："毛泽东同志 1930 年在寻乌县调查时，直接与各界群众开调查会，掌握了大量第一手材料，诸如该县各类物产的产量、价格，县城各业人员数量、比例，各商铺经营品种、收入，各地农民分了多少土地、收入怎样，各类人群的政治态度，等等，都弄得一清二楚。这种深入、唯实的作风值得我们学习。"[1] 习近平在其从政之路上继承和发扬毛泽东调查研究方法，做了大量的调查研究，也留下了很多关于调查研究的论述。在公开发行的文献中，习近平集中论述调查研究的文章主要有：《调研工作求"深、实、细、准、效"》（2003 年 2 月）、《调查研究就像"十月怀胎"》（2005 年 8 月）、《调查研究要点面结合》（2006 年 1 月）、《求知善读，贵耳重目》（2006 年 3 月），《谈谈调查研究》（2011 年 11 月）等。另外，一些重要文献如《坚持实事求是的思想路线》《在党的十九届一中全会上的讲话》也阐述或强调了调查研究。[2] 通过对习近平的调查研究的实践和论述的分析，可以发现习近平的调查研究方法与毛泽东调查研究方法一脉相承，又与时俱进地提出了一系列关于调查研究的新论述和新举措，在实践中形成了特色鲜明的调查研究方法。

1. 问题性，调查研究要针对问题展开

习近平说，领导干部进行调查研究，需要"深入研究影响和制约科学发展的突出问题，深入研究人民群众反映强烈的热点难点问题，深入研究党的建设面临的重大理论和实际问题，深入研究事关改革发展稳定大局的

---

①　习近平：《谈谈调查研究》，《学习时报》2011 年 11 月 21 日。

②　黄海涛、任仕暄：《习近平新时代中国特色社会主义思想的形成和发展——以调查研究为科学依据》，《江汉学术》2019 年第 5 期。

重点问题，深入研究当今世界政治经济等领域的重大问题"①。习近平多次强调，问题是时代的声音，要以问题为导向进行调查研究。他带着问题去调研，在实地查明问题，寻找解决问题的方法。

2. 全面性，调查研究的对象要广泛

习近平认为，"当县委书记要走遍全县各村，当地市委书记要走遍各乡镇，当省委书记要走遍各县市区。"②他的调研对象包括方方面面，有党外代表人士、知识分子、工人、农民、军人，还有新的社会阶层、宗教界人士、华人华侨等不同群体。习近平调研足迹遍布全国，在东部发达地区、中部发展地区和西部欠发达地区都开展过调查研究。2002 年至2007 年在浙江工作期间，习近平在浙江省 90 个县（市区）开展过调研。2007 年在上海工作期间，在 19 个区（县）进行过调研。到中央工作后，习近平在全国 31 个省（区市）开展过调研。

3. 随机性，调查路线不能事先安排

一些地方为了让领导看到好的一面，对领导的调查地点和人物进行预先的安排。甚至一些地方像打造旅游线路一样，打造领导调研路线。为此，习近平特别指出，"调研中可以有'规定路线'，但还应有'自选动作'，看一些没有准备的地方，搞一些不打招呼、不做安排的随机调研。"③把规定路线和自选动作结合起来，就可避免调研中的被动，有机会了解到问题的真相。

4. 创新性，调查研究要采用现代手段

习近平指出，调查研究方法也要与时俱进。"善于运用网络了解民意、开展工作，是新形势下领导干部做好工作的基本功。""网站、网页、博客、QQ、微博、微信等手段都应该用。"④

① 《习近平谈治国理政》第 2 卷，外文出版社 2017 年版，第 144—145 页。

② 《习近平关于调查研究论述摘编》，党建读物出版社、中央文献出版社 2023 年版，第 39 页。

③ 习近平：《论党的宣传思想工作》，中央文献出版社 2020 年版，第 195 页。

④ 《习近平关于社会主义政治建设论述摘编》，中央文献出版社 2017 年版，第 183 页。

5.群众性，调研过程中要和群众交朋友

习近平每次调研都轻车简从、走入基层、亲近百姓。他常常深入群众家庭，观察群众生活细节，用群众听得懂的语言与群众拉家常。[①] 譬如，2013 年 11 月，习近平在湘西十八洞村调研，他到群众家里察看灶台、猪圈、谷仓，与村干部、村民座谈时给小朋友递花生，在路上给村民侧身让路，在果园亲手帮村民摘柚子。习近平对群众生活的深切关心和充分尊重，在调研过程中始终溢于言表。

6.纪律性，调查研究要有严明的纪律

党的十八大召开后的次月，中共中央政治局出台了改进工作作风的"八项规定"[②]，改进调查研究排在第一条。《规定》要求：向群众学习、向实践学习，多同群众座谈，多同干部谈心，多商量讨论，多解剖典型，多到困难和矛盾集中、群众意见多的地方去，切忌走过场、搞形式主义。还规定"四不"：不安排群众迎送，不铺设迎宾地毯，不摆放花草，不安排宴请。习近平在调查研究中严格执行这些规定，以上率下，深入群众调查研究的优良传统在较短的时间内得到了发扬。

第二节　为认识中国社会提供科学路径

在认识社会的过程中，总会遇到一些共性的问题，这些问题归根结底牵涉到认识的路径问题。近代以来，关于如何认识社会有许多理论阐释，但深入分析，主要是人文主义与实证主义两种对立的路径。实证主义研究方法强调以自然科学的方法来反映社会，人文主义研究方法强调从人的角度来理解社会现象。这两种路径互相争论，在历史上演化成不同学术派

---

① 习近平认为，"语言的背后是感情、是思想、是知识、是素质。不会说话是表象，本质还是严重疏离群众，或是目中无人，对群众缺乏感情"。见习近平：《之江新语》，浙江人民出版社 2007 年版，第 146 页。

② 2012 年 12 月 4 日，中共中央政治局召开会议，审议通过了《中共中央政治局关于改进工作作风密切联系群众的八项规定》。

别。不同学术派别从自身的角度用自己建构的框架来认识社会，因而只能达到"部分的真实"。毛泽东调查研究方法建立在马克思辩证唯物主义基础之上，具有"看穿现实的矛盾的深处之能力"①。这种方法将分析与综合、反映与理解结合了起来，在实践中实现了人文主义与实证主义的融合，为全面深刻认识中国社会提供了科学路径。

一、实证主义研究方法的演变

随着近代自然科学的兴起，19 世纪的西方出现了"科学崇拜"的思想。科学崇拜是科学主义的基本特征。科学主义认为用科学的方法可以解决大千世界的一切问题，它独尊自然科学，主张自然科学是唯一可靠的知识，社会科学应该仿效自然科学。在这种背景下，科学方法从自然科学引入社会研究领域，促使社会科学从人文艺术和社会哲学中析离出来。实证主义的始创者孔德，借鉴自然科学的方法，用观察、实验、比较和历史的方法来研究社会，创立了社会物理学，成为社会学的创始人。从此，强调社会研究向自然科学研究看齐的实证主义不断发展，并占据着研究方法的主流地位。

从孔德提倡建立类似于自然科学的社会科学伊始，实证主义便展现出"寻求科学、捍卫科学"的精神。实证主义者将社会科学与自然科学作类比，认为社会现象和自然现象一样存在着普遍规律。实证主义者一直以经验主义传统为出发点，执着于寻找存在于社会发展过程中的普遍规律。在研究过程中，为保持"资料收集——资料分析——资料解释"这一过程的客观性，价值中立便成为实证主义者们恪守的原则。

实证主义研究方法的历史发展主要可以概括为经典实证主义、逻辑实证主义和后实证主义三个阶段。经典实证主义者认为：如果一种社会学说是用实证的方法开展研究，那么它就是科学的学说；否则，它就不是科学的学说。社会学关注的是人与社会的关系，其研究方法借鉴自然科学的方

---

① 《毛泽东哲学批注集》，中央文献出版社 1988 年版，第 35 页。

法，以获得利于社会运行的高效技术和理论。而那些"意义分析即解释的方法"的"社会学说"，则不被早期实证主义者接纳为科学的社会学。主张逻辑实证的研究者进一步强调，"凡是不能被经验证实或逻辑证明的陈述和理论都是没有意义的。它们要么是诗歌之类的文学艺术作品，要么是企图伪装成科学的形而上学。"①

20 世纪 70 年代社会科学研究的方法论大战拉开帷幕，以问卷和访谈相结合，并把数据统计作为主要路径的实证主义方法论开始面临危机，这种方法论大战推动逻辑实证主义向后实证主义发展。后实证主义者与经典实证主义和逻辑实证主义的区别在于，认为科学思维是在经验环境和形而上学环境之间的科学连续体上运行的。换言之，科学研究是两种研究双向运动的结果——从立足于经验环境的研究方法出发、对经验世界进行归纳概括的经验研究，与以一般性理论分析为出发点、从一般性理论分析过渡到具体的经验研究是同等重要的。在后实证主义发展时期，实证主义研究方法在延续自然主义和经验主义内涵，突显其规范性、精确性和客观性的同时，在研究对象上由侧重客观性逐步走向客观性与主观性相融合，在研究内容上由偏重经验研究或理论建构转向经验研究和理论建构相统一。②实证主义研究方法"汲取和融合某些人文主义的有效研究方法和价值观念，弱化科学主义的规范理性，形成一个开放的科学价值系统，便成为可供选择的一条合法途径"③。

二、人文主义研究方法的特征

在 20 世纪上半叶，实证主义方法在中国人文社会科学大行其道的同时，叔本华、尼采的唯意志论在中国也产生广泛的影响，人文主义方法也得到了相当程度的传播与发展。人文主义方法是对近代以来科学主义方法

---

① 张庆熊：《穆勒：实证主义社会科学研究方法的引导者》，《云南大学学报》2004 年第 5 期。

② 阙祥才：《实证主义研究方法的历史演变》，《求索》2016 年第 6 期。

③ 郭贵春：《后现代科学实在论》，知识出版社 1995 年版，第 87 页。

快速发展的一种"反动"，其"整体"、"生机"和"人本"的特征都是针对科学主义方法"分离"、"机械"、"物本"而言。

第一，"整体式"研究。人文主义方法强调综合的价值，认为人与宇宙为一体，宇宙是大我，人是小宇宙，宇宙万象息息相通，只有作为一个整体看待才有意义。人文主义认为分析的方法违背人与宇宙相一体的原则，会导致研究对象的肢解、破裂，不能真正把握研究对象的本质和意义，因而反对用分析的方法去研究人与社会。在他们看来，只有用"整体式"观点，将研究对象作为完整的体系去感悟，经济、社会、宗教、艺术等学科的研究才可真正达到目的。

第二，"生机式"研究。人文主义方法认为事物是活泼的、流动的，是随时间而变化的，反对将事物看成机械的，认为人文学科中的内容都不是静止的、固定的。科学主义方法，如化学和物理学的实验、归纳和分析法，可以将研究对象分解为各种零件，但却不能真正去体验人文学科的意义。只有用生机、生态的观点去体察和觉悟人文学科，才能把握人文学科的丰富内涵和真正意义。

第三，"人本式"研究。人文主义方法强调以人为中心，研究的出发点和落脚点都是人的本性，认为社会科学必须时时关照人的需要、情感、精神和能动选择。如果按科学主义方法的研究方式，以"物"或"自然"为中心，强调理性和社会性，那必然会导致人性的丧失、生命的沉沦。所以，只有坚持以人为本的研究方式，才可真正见到人情、发扬人性。

人文主义方法在输入中国后，应用于哲学、道德、文学艺术、美学、宗教等学科研究中，产生了深刻影响。中国一些学者以之为新式武器，在中国传统学术研究上获得了全新的认识。如王国维在接受、理解了叔本华、尼采的唯意志论之后，认为古代儒家思想不算是哲学，而主要是关于道德政治的学问；王国维还根据叔本华、尼采的美学观对中国古代小说戏剧进行研究，得出一个结论：中国文化是"乐天之精神"；又如王国维、朱光潜根据叔本华、尼采关于艺术、美学应超越功利的观点，认为儒家美学思想和古代诗文有着"文以载道"的传统，因而不具纯美学的本色。这些都是能引人去思考、开辟新领域的创见。① 人文主义方法对于深化人的认识、认清人文学科的价值与目标是很有助益的。

三、人文主义方法与实证主义方法的结合与超越

社会科学是认识社会的途径和工具，与自然科学都同属于科学研究，在本质属性上都是通过观察、调查、实验和理解而得到的系统的知识。毛泽东调查研究方法，属于社会科学研究的范畴。他强调对社会的实地观察，透过现象看本质，使社会科学区别于神学和经院式的研究，真正具有科学的属性。然而，毛泽东调查研究不像西方实证主义那样，把社会现象当作客观不变的自然现象。在毛泽东调查研究方法中，社会是具有主观能动性的人构成的，客观必然性寓于主观性、多变性之中。毛泽东调查研究方法把实证研究与人文研究结合了起来，用体验和测量相结合的方式来认识社会。

毛泽东认为，要认识由人的活动构成的复杂社会现象，必须有调查者的亲身感觉和理解。这种亲身感觉"侧重于和依赖于对事物的含义、特征、隐喻、象征的描述和理解"②。这种亲身感觉是一种现场"体验"，一些学者将"体验"定义为：研究者对于被调查者的整个生活情境的理解与感受，是研究者与被调查者生活情境之间的多重互动。亲身感觉要实现的状态是"共情"，也就是能够如"其中之人"那样进行理解、表述与解释所要调查的对象。③ 调查研究的对象从本质上看，属于文化范畴。文化是人在活动中形成的各种关系和各种因素的综合，是研究者参与和调查的过程，是对文化某个部分的触摸、体验，是从个体角度对文化的一种感悟和解读。如毛泽东指出的："实践证明：感觉到了的东西，我们不能立刻理解它，只有

---

① 李承贵：《人文主义方法的早期输入及其学术影响》，《社会科学辑刊》2000 年第 6 期。

② 徐素华：《调查研究方法与实用社会学方法的比较》，《毛泽东邓小平理论研究》1991 年第 4 期。

③ 黄盈盈、潘绥铭：《论方法：定性调查中"共述"、"共景"、"共情"的递进》，《江淮论坛》2011 年第 1 期。

理解了的东西才更深刻地感觉它"①。

　　然而，这种感悟和解读的结果，不可避免地带上调查者的主观色彩，不同调查者的主观感受可能不同，由此个体理解之间的差别导致对社会现象的认识难以统一。这样，一种客观的测量就成为必要。测量的方法尽量排除调查者个人因素的干扰，试图达到对社会现象的标准的反映。理解与测量是调查研究中认识社会的两种基本形式。理解是一种质性研究，是认识社会的基础。测量是一种量化研究，使对社会的认识客观数量化。② 毛泽东调查研究方法将体验与测量两者互相结合，实质上是人文主义方法与实证主义方法的结合。

　　毛泽东的寻乌调查，既有在实地对当时社会的体察，也有用数据对经济社会各类目的测量，是人文主义方法与实证主义方法相结合的代表作。"或有人问，毛泽东是革命家，而不是学问家，对于革命家所从事一个乡村研究个案进行再研究，学术意义何在？"③ 事实上，《寻乌调查》定性与定量相结合形成的对转型期乡村社会的描述和分析，即便以今天的标准进行衡量，也具有很高的学术水准，在当时是中国最好的乡村调查之一。近几十年来，《寻乌调查》的内容和方法一直成为学者们征引的来源和参照的对象。

　　有人曾把毛泽东思想概括成两句话：调查不够不决策，条件不备不行动。毛泽东听了后颇为欣赏，并说："我是靠总结经验吃饭的。"④ 毛泽东的调查研究方法建立在实践的基础之上，然而并不停留在一般的实践，而是把实践中的精华进一步提炼和总结。⑤ 毛泽东把唯物主义反映论与能动性融会贯通于调查研究方法之中，超越了实证主义和人文主义方法的藩篱，体现了唯物而辩证的科学本质。他还善于运用生动易懂的语言，把自

---

① 《毛泽东选集》第 1 卷，中央文献出版社 1991 年版，第 286 页。

② 陈向明：《质的研究方法与社会科学研究》，教育科学出版社 2013 年版，第 12 页。

③ 曹树基：《中国东南地区的地权分化与阶级分化——毛泽东〈寻乌调查〉研究》，《南京大学学报》2012 年第 5 期。

④ 转自黄允升：《毛泽东开辟中国革命道路的理论创新》，中央文献出版社 2006 年版，第 186 页。

⑤ 熊扬勇：《毛泽东调查研究思想在思想政治教育中的价值》，《思想政治教育研究》2009 年第 4 期。

已调查的经验和理论总结转化为具体的流程和要求，为我们认识社会提供了易于学习和掌握的可操作的方法。

第三节　为思想政治工作提供生动教材

毛泽东善于从调查研究方法的角度解决人的思想问题，提出的"没有调查，没有发言权"不仅适用于制定经济社会政策，也适用于思想政治工作。他从调查研究方法的角度，既批判脱离实际的"本本主义"，也批判狭隘的经验主义，这样的批判虽然很尖锐但限制在思想斗争领域内，有利于把这些同志的思想转变过来和实现团结奋斗。在革命战争年代，毛泽东调查方法对于了解具体情况和思想问题，教育和引导人民群众发挥了重要作用。当代我们所处的思想政治工作环境虽然与革命战争年代大为不同，但依然需要了解实情和找准问题，调查研究依然是思想政治工作取得新的实效的有力法宝。[①]

一、思想斗争的经验与教训

中国共产党是在中国社会各种矛盾尖锐对立中诞生，在中国人民反抗封建统治和外来侵略的激烈斗争中成长，在带领人民群众建设社会主义的征途中壮大的。正如中共十九大报告指出的，"为了实现中华民族伟大复兴的历史使命，无论是弱小还是强大，无论是顺境还是逆境，我们党都初心不改、矢志不渝，团结带领人民历经千难万险，付出巨大牺牲，敢于面对曲折，勇于修正错误，攻克了一个又一个看似不可攻克的难关，创造了一个又一个彪炳史册的人间奇迹。"中国共产党在历史上曾历尽艰难曲折，之所以能够修正错误、攻克难关，就在于有一条正确的认识路线，这条正确

---

① 熊扬勇：《毛泽东调查研究思想在思想政治教育中的价值》，《思想政治教育研究》2009 年第 4 期。

的认识路线就是通过科学的调查研究实现马克思主义与中国实际相结合。

在中国共产党历史上，迷信"本本"的教条主义，忽视理论指导的经验主义，曾给中国革命造成非常严重的损失。毛泽东指出："我们党内的主观主义有两种：一种是教条主义，一种是经验主义。他们都是只看到片面，没有看到全面。"①"教条主义的特点，是不从实际情况出发，而从书本上的个别词句出发"②，他们根本不去了解中国社会的实际，而是照抄马列的著作、照搬共产国际的指示，来指挥中国革命的实践。这样，教条主义把鲜活的马克思主义变成了僵死的书本理论，不仅导致中国革命和建设事业遭受挫折，也成为实现马克思主义中国化主要的障碍。

经验主义与教条主义，都是主观主义。经验主义与教条主义的不同在于，它轻视理论的指导作用，不是从马克思主义的"本本"出发。经验主义"满足于甚至仅仅满足于他们的局部经验，把它们当作到处可以使用的教条，不懂得而且不愿意承认'没有革命的理论，就不会有革命的运动'和'为着领导，必须预见'的真理，因而轻视从世界革命经验总结出来的马克思列宁主义的学习"③。经验主义和教条主义虽然不同，但都是割裂马克思主义理论与中国革命和建设的具体实际，其根源都是在方法上生搬硬套。一些同志，在调查研究之前，头脑里预先就有了一个主观主义的框框④，调查研究中根据这个框框出点子、找事实、寻根据，抓住一些适合这个框框的材料不断夸大，以此来印证自己原来的思想。毛泽东尖锐批评这些主观主义的人"愚蠢"，鲜明指出："一切结论产生于调查情况的末尾，而不是在它的先头。"⑤

毛泽东反对教条主义和经验主义等党内各种错误思想，突出抓思想路线斗争，其主要的武器就是调查研究。他严厉批评道："只有蠢人，才是

---

① 《毛泽东选集》第 3 卷，人民出版社 1991 年版，第 819 页。
② 《毛泽东选集》第 3 卷，人民出版社 1991 年版，第 988 页。
③ 《毛泽东选集》第 3 卷，人民出版社 1991 年版，第 989 页。
④ 这里所说的框框，与调查纲目根本不同，纲目是以已被证实的普遍原则和对调查对象的初步了解为依据的，不是主观臆断的产物。
⑤ 《毛泽东农村调查文集》，人民出版社 1982 年版，第 2 页。

他一个人，或者邀集一堆人，不作调查，而只是冥思苦索地'想办法'，'打主意'。须知这是一定不能想出什么好办法，打出什么好主意的。换一句话说，他一定要产生错办法和错主意。"他鲜明指出："必须努力作实际调查，才能洗刷唯心精神。"要求中国同志："到群众中作实际调查去！"①亲身践行和努力推动全党采用正确的调查方法，克服教条主义和经验主义的错误倾向，"洗刷唯心精神"，是以毛泽东同志为核心的党的第一代中央领导集体战胜各种困难、取得中国革命成功的宝贵经验。

遗憾的是，毛泽东晚年不再像新中国成立前那样做深入的实地调查，偏离了自己开创并长期坚持的正确调查方法，导致对情况判断失误，错误发动了"文化大革命"，损害了党和人民利益。所幸的是，党的十一届三中全会纠正"文革"的错误，恢复了实事求是的正确思想路线。在新时期，中共中央高度重视毛泽东调查研究方法的传承与创新，逐步形成了适合市场经济发展的调查研究方法体系，为科学决策奠定了基础，从而取得了改革开放的伟大成就。

习近平鲜明指出："调查研究不仅是一种工作方法，而且是关系党和人民事业得失成败的大问题。"② 这是对中国共产党历史经验和教训的深刻总结。中国共产党的根本思想路线是从实际出发，要求我们按照世界的本来面貌认识世界和改造世界。这是唯物主义的基本原则，体现了马克思主义哲学关于物质第一性、意识第二性，物质决定意识的基本原理。科学的理论和历史的经验都反复告诉我们，什么时候坚持正确的调查研究方法，这个时候就能把中国革命和建设推向前进。什么时候调查研究方法出现问题，中国的革命和建设就会遭到挫折和出现严重失误。

二、感人至深的忠诚担当和艰苦奋斗精神

阅读毛泽东的调查研究报告，尤其是土地革命战争时期的农村调查报

---

① 《毛泽东选集》第 1 卷，人民出版社 1991 年版，第 110—112 页。
② 习近平：《谈谈调查研究》，《学习时报》2011 年 11 月 21 日。

告，其专业性和科学性令人惊叹，但在科学的调查研究方法背后，毛泽东调查研究的精神也动人心弦。毛泽东的很多调查研究，是在生与死的关头，在内外交困的艰难情况下做的。毛泽东在调查研究过程中留下很多事迹，其中体现的对党的事业的忠诚、对人民群众的关心以及艰苦奋斗的精神，至今震撼人心，是对党员干部进行教育培训的生动教材。

由于国民党对苏区的"围剿"，苏区生活十分艰苦。越是在艰难的情况下，毛泽东越要去进行调查研究，到群众中寻找解决问题的办法。毛泽东的警卫员陈昌奉曾描述毛泽东进行社会调查时的条件："1933 年冬，我们随同主席在长冈乡调查后，再次来到才溪作社会调查。我们是从瑞金出发到长汀，乘船沿汀江而下，经河田、三洲、水口、回龙至官庄，然后步行到才溪。毛主席到才溪后，住在当时区苏隔壁的区工会靠东边房子里，房间里面放一张桌子和一条竹椅，桌上放着一盏马灯，一个铜墨盒，一支毛笔，一支红蓝铅笔。床是门板加两块木板和两条长凳搭起来的。床上铺了些稻草，稻草上放了块油布，油布上有块薄的白被单，盖的是一条漂白布夹被单和一条半棉半毛的水红色毛毯，实在冷时加盖一件棉大衣。主席办公的地方是在那座房子的上厅，摆了两张四方桌，三四条双人五尺凳，一条木马凳。"当时，已经是严冬腊月，毛泽东身体状况不佳，但坚持长途跋涉，在非常简陋和危险的环境中进行调查。毛泽东"从来不允许村苏维埃政府对他的生活有一点特殊照顾"。有一次开会，代表们没吃饭，毛泽东就吩咐警卫员："把饭让给代表吃，我们煮地瓜吃。"①

土地革命战争时期，毛泽东不仅面临着战争带来的恶劣环境，也面临着严酷的党内斗争，他的调查研究可以说是在逆境中的发愤之作。1932年 10 月，中共苏区中央局在江西宁都县召开会议，停止了毛泽东对红军的军事指挥。毛泽东到福建长汀的福音医院进行休养。中共福建省委代理书记罗明去见毛泽东，回来后立刻被打成"罗明路线"。反"罗明路线"也反"邓、毛、谢、古"（邓小平、毛泽覃、谢维俊、古柏），打倒这些支

---

① 张秋炯：《伟大的精神　光荣的传统——纪念毛泽东长冈乡、才溪乡调查 70 周年》，《福建党史月刊》2003 年 12 期。

持毛泽东的人，其目的就是要使毛泽东威信扫地。在艰难处境中，毛泽东接受当时中央的安排，像一个普通干部开展查田运动。另一方面就是看书和做调查研究。《长冈乡调查》、《才溪乡调查》就是在这种非常艰难的境况下写成的。虽然在调查的那段时间里毛泽东非常压抑，但《长冈乡调查》、《才溪乡调查》等报告中看不到半点抱怨，有的只是对新生苏维埃的冷静分析和热情颂扬。毛泽东把逆境当作一种锻炼。研究毛泽东的专家李捷曾动情地说，井冈山和瑞金时期的挫折，造就了一个伟大的毛泽东，使他从将才成长为帅才。

毛泽东曾谈到，《毛泽东选集》是"血的著作"①。说毛泽东的调查研究报告是鲜血凝成的作品，毫不过分。把毛泽东的调查报告作为党性教育的重要教材，不仅可以学习到毛泽东调查研究的科学方法，透过纸面更可以体会到毛泽东千转百回、奋不顾身走向基层走向群众的精神。通过了解这些毛泽东调查研究的经历，可以让党员干部深刻体会到什么是忠诚与担当，什么是在逆境中不忘初心、奋发有为，什么叫拜人民群众为师、做人民的小学生。

三、践行为人民服务宗旨的基础环节

在毛泽东的调查研究中，正确认识社会和为人民群众谋利益是内在统一的。"人民是历史的创造者，是决定党和国家前途命运的根本力量。"中国共产党的根本宗旨是全心全意为人民服务。践行根本宗旨，"把党的群众路线贯彻到治国理政全部活动之中"②，必须经过调查研究这一基础环节。在马克思主义发展史上，毛泽东首次把调查研究与密切联系群众的作风建设结合起来，从改造共产党人主观世界的高度，充分肯定了调查研究方法在党的作风建设中的重要意义。他鲜明指出："在全党推行调查研

---

① 参见石仲泉：《毛泽东的艰辛探索》，中共党史资料出版社 1990 年版，第 325 页；李景源、李为善等：《毛泽东方法论导论》，中国社会科学出版社 2019 年版，第 32 页。

② 习近平：《决胜全面建成小康社会　夺取新时代中国特色社会主义伟大胜利——在中国共产党第十九次全国代表大会上的报告》，人民出版社 2017 年版，第 21 页。

的计划，是转变党的作风的基础一环。"① 这一论断在当代中国具有现实的针对性和指导性。

改革开放以后一大批具有较高文化程度和专业知识的中青年进入党的干部队伍中，他们具有很多优势，但对于党的为人民服务宗旨体会相对不深，一些践行不到位。一些党员干部脱离群众，官僚主义、形式主义严重，产生这些问题的一个重要原因是不重视调查研究或调查研究方法不正确。正如习近平所批评的，"有的满足于看材料、听汇报、上网络，不深入实际生活，坐在办公室关起门来作决策。有的自认为熟悉本地区本部门情况，对层出不穷的新情况新问题反映不敏锐，对形势发展变化提出的新课题新挑战应对不得力，看不到事物的发展变化是一个由量变到质变的过程，凭经验办事，拍脑袋决策。"② 这些领导搞"盆景式"调查，大多走马看花，浅尝辄止，严重妨碍正确执行党的路线方针政策，也损害了党和群众的关系。结果，如老百姓讽刺的，"领导干部不是在调查研究，就是在调查研究的路上"，"调查研究，吃饭喝酒；干部做托，领导走秀"。要有针对性地解决这些问题，就要倡导毛泽东"向下作调查"③ 的方法。

"什么党派都是不能和共产党争群众的"④。毛泽东调查研究方法是争取群众、密切党群关系的途径。1949 年，毛泽东在总结城市工作问题时说："我们在接收石家庄的工厂时就有教训。我们派去的干部不能在业务上给予帮助，又不作具体调查研究，只是大讲了三天反帝反国民党的大道理，讲完了又没有新的，人家就不愿意听，不赞成你。他们后来重新当学生，和工人一起学习、劳动，调查研究，开展对敌斗争，业务上成为内行，才成了工人的贴心人，谈话别人也爱听了。"⑤ 毛泽东在这里说"当学生"和"工人一起学习、劳动"的调查研究，正是他在土地革命时采取的调查研究方法。在这样的调查研究中，"谈话别人也爱听了"，也是他当年

---

① 《毛泽东选集》第 3 卷，人民出版社 1991 年版，第 802 页。

② 习近平：《谈谈调查研究》，《学习时报》2011 年 11 月 21 日。

③ 《毛泽东选集》第 3 卷，人民出版社 1991 年版，第 791 页。

④ 《毛泽东选集》第 1 卷，人民出版社 1991 年版，第 102 页。

⑤ 《毛泽东文集》第 6 卷，人民出版社 1999 年版，第 11 页。

调查研究的经验。这样，调查研究的过程也就是贯彻党的群众路线的过程，调查研究搞好了，群众工作也就做好了。

要加强党的作风建设，解决一些党员干部脱离群众脱离实际的问题，必须在新时期大兴调查研究之风，弘扬毛泽东调查研究方法。要教育和引导党员干部深入调查研究，立足群众的利益需求推进工作。当群众对自己的利益还缺乏自觉时，党员干部就要了解原因，找出适当的办法去启发群众的自觉。当群众有了某种程度的觉悟时，党员干部要集中群众意见和经验制定党的路线和政策，通过群众的自觉行动加以落实和贯彻。坚持用毛泽东调查研究方法做深入的调查研究，把握了群众的需求，群众工作也就自然好做了，党在人民群众心中的地位就得到了巩固和提高。

第四节　为调查研究方法发展提供引领力量

毛泽东在调查研究中，综合采取了观察、访问、开调查会、表格调查等多种搜集资料的方法，以及阶级分析、矛盾分析等多种分析资料的方法。这些方法是在斗争实践中产生的，也经受了斗争实践的检验。此后，毛泽东根据不同形势、情况的变化，不断在实践中探索新方法，使之成为了中国共产党人认识中国社会和改造中国社会的有力武器。党的十一届三中全会后，各条战线进行了拨乱反正。1979 年 3 月，邓小平鲜明指出："政治学、法学、社会学以及世界政治的研究，我们过去多年忽视了，现在也需要赶快补课。"[①] 他亲自提出和推动了社会学学科的重建，推进了调查研究方法的继承和创新。改革开放以来，中国几乎所有的政策措施和重大发展都与调查研究联系在一起，而调查研究的方法也在实践中创新发展。毛泽东调查研究方法，为新时期调查研究方法的发展提供了基础，也是解决新时期调查研究方法发展中存在问题的正确指引。

---

① 《邓小平文选》第 2 卷，人民出版社 1994 年版，第 180—181 页。

一、改革开放以来调查研究方法发展的成绩

1.与改革开放的实践同步发展

改革开放是前所未有的事业，只能"摸着石头过河"。这种"摸着石头过河"其实就是通过调查研究发现问题，找到发展路径的过程。改革开放以来，中国共产党历届领导集体继承和发扬毛泽东调查研究方法，倡导各级干部和党员深入基层，问政于民，问计于民，问需于民。社会科学界大部分学者坚持毛泽东实地调查研究的方法，学习借鉴西方调查研究技术，对发展过程中的各种社会现象进行了观察和分析，并提出解决问题的办法。调查研究方法向社会各界普及，人们利用调查研究方法对改革开放中出现的各种社会问题进行分析，展开讨论，提出对策建议。可以说，改革开放推进的过程，是汇集大家智慧的过程，也是调查研究的过程。

2.学科建设不断加强

调查研究方法是认识社会的基本方法，是社会科学研究的基础方法。社会学是直接以调查研究为方法的学科。改革开放以后，社会学得到重建和快速发展，调查研究方法成为了社会学的一个重要研究领域。社会学的论文绝大部分都是在调查研究的基础上完成的，定性、定量的调查研究方法成为社会学研究的基础。政治学、经济学、管理学都结合本身的学科属性，不断探索适合本学科的调查研究方法。由于调查研究方法在社会科学研究中的基础性作用，随着各学科调查研究方法的发展，调查研究方法超越各自学科而进行交流和融合，逐渐具备了形成独立学科的条件：有自己的研究对象和领域；形成了自己的知识体系，比如概念、范畴、规律等；具备理论基础，包括哲学和多种科学知识；符合发展的需要；已有长期实践的积累。

3.专业调查越来越受重视

受过系统专业训练的人员成为调查研究的主力军，专业的经验性调查研究在学术刊物上成为主流。根据林彬、王文韬的统计结果，1990年到2000年的十年间，高等院校与中国社会科学院的研究人员在《社会学研

究》上发表的经验研究论文共有 242 篇，占总体的 71%，大大高于非高
等院校与省市社会科学院部门（99 篇，占总体的 29%）。而且在分时段的
统计中，"高等院校与中国社会科学院"在 1990 年至 1994 年发表经验研
究论文有 95 篇，占此时段的 59.7%。1995 年至 2000 年的经验研究论文
有 147 篇，占此时段的 80.8%。这些统计结果表明，上个世纪 90 年代以
来，调查研究在学术与非学术、专业与非专业之间的分工日益明显，专业
人员的社会调查研究越来越得到重视。[①]

二、新型调查研究方法蓬勃发展

1982 年，中共中央文献研究室编辑出版《毛泽东农村调查文集》，对
恢复和发展毛泽东调查研究方法产生了重要作用。20 世纪 80 年代初到 90
年代中期，出现了大量从事现实问题研究的田野调查。这些调查运用毛泽
东调查研究方法，选取典型或个案，采取访问、开调查会（座谈）等方法
搜集实地案例资料，并利用当地已有的文献和统计资料，分析和综合得出
结论。[②] 这些调查在坚持毛泽东调查研究方法基本特性的基础上，也体现
了各自的特色，在实践中丰富和发展了毛泽东调查研究方法。随着改革开
放的深入和市场经济的发展，各种新的调查研究方法在中国蓬勃发展，主
要有四个路径。

1. 政府机构统计方法的改革创新

各级政府统计机构不断完善，通过问卷进行普查和抽样调查的方法不
断完善。1978 年，国家统计局恢复成立，各级政府和各业务部门都建立
了统计系统，开始运用报表进行全面统计调查，这种方法是与当时的计划
经济体制相适应的。上个世纪 80 年代初，抽样调查开始恢复发展。1980
年，恢复城市职工家计的调查。1982 年，恢复农产量的抽样调查，进行

---

① 林彬、王文韬：《对当代中国社会学经验研究及研究方法的分析与反思——90 年代
社会学经验研究论文的内容分析》，《社会学研究》2000 年第 6 期。

② 林彬、王文韬：《对当代中国社会学经验研究及研究方法的分析与反思——90 年代
社会学经验研究论文的内容分析》，《社会学研究》2000 年第 6 期。

城市物价抽样调查，进行第三次全国人口普查。1981 年，国务院提出"凡是适合用抽样调查的，就不用全面调查"①。为了推进抽样调查，1984 年组建农村社会经济调查队与城镇社会经济调查队，由国家统计局垂直领导。1994 年，开始探索构建综合运用的统计调查的方法体系，以周期性的普查为基础，以经常性的抽样调查为主体，以重点调查、科学推算为辅助。为了推进统计调查方法体系改革，1996 年组建了直属国家统计局的企业调查队，以抽样调查方法专门负责对企业的调查。2000 年成立普查中心，同时对统计报表制度进行全面改革。新统计调查方法和技术，如卫星遥感测控技术、农业面积调查技术等广泛运用，统计调查方法的立体构架逐渐成型。②

2. 引进西方调查统计方法

在 20 世纪 80 年代初期，问卷调查从西方社会学界传入，推动了中国社会科学定量化研究的发展，改变了长期以来中国仅采用实地调查进行定性研究的局面。据风笑天对《社会学研究》（及其前身《社会调查与研究》）上的论文进行的统计，1982 年至 1988 年共发表调查研究报告 94 篇，其中，运用问卷调查为 48 篇，占 51.1%；采用传统个案和典型调查为 39 篇，占 41.5%。③ 学界兴起了"问卷热"，通过设计问卷、抽样进行定量分析的方法，几乎成了社会科学界调查研究的代名词。进入 20 世纪 90 年代以后，以问卷调查为基础的统计分析，在社会科学的各个领域占据了优势地位，那些假设检验式的量化研究俨然成为标准的科学研究范式。1995 年由北京大学社会学系举办、1997 年由中国社会科学院社会学研究所举办的"社会学方法高级培训班"，以及 1997 年在上海举办的进修班"社会学研究课题设计"，围绕着定量统计分析展开教学和研讨，促进了问卷调查和统计分析方法的普及和提高。

3. 市场信息调查方法的发展

市场信息调查业伴随着市场需求的出现和增加，获得迅速发展。1985

---

① 1981 年国务院批转国家统计局《关于加强和改革统计工作的报告》。

② 李金昌：《对我国统计调查方法体系改革的回顾与展望》，《统计研究》2002 年第 7 期。

③ 风笑天：《我国社会学恢复以来的社会调查分析》，《社会学研究》1989 年第 4 期。

年国家统计局成立中国统计信息咨询服务中心，这是我国市场调查行业的开端。西方跨国公司如宝洁、可口可乐等进入中国市场时，为了解中国消费者的需求而开展调查，推动了国内的市场信息调查业的发展。20 世纪 90 年代以后，市场调查公司如雨后春笋般在各地涌现。① 北京零点市场调查与分析公司、盖洛普（中国）咨询有限公司相继成立。经过磨炼、探索和竞争，市场信息调查 / 市场研究公司更加专业化，市场逐步细分。2004 年，中国市场信息调查业协会（CAMIR）成立，行业走向更加成熟、规范和健康的方向。

我国市场信息调查利用问卷采集数据，由传统的方式如入户面访、街头拦截，发展到使用计算机辅助电话的调查（CATI）和计算机辅助个人的访问（CAPI），现在发展到网络辅助调查。上个世纪八九十年代主要是采用来自跨国调查公司的模型，进行标准化的统计分析，从数据的采集、编码、录入、整理到最终数据输出报告，都格式化、固定化。进入新世纪后，各种数据搜集方式和数据分析软件取得了巨大进步，国内市场调查公司开始自主开发自己的专业化的软件，形成自己的调查流程和标准。

4. 网络调查和云计算的崛起

20 世纪初，随着互联网的高速发展，利用网络进行调查快速发展和流行。在网络调查快速发展的过程中，云计算和大数据作为一种全新的数据搜集和分析方法也在中国快速发展和广泛应用。中国的互联网应用处于世界领先地位，信息感知、采集终端无处不在。经济社会各个领域源源不断地出现的数据信息，借助"云计算"建构成与现实世界平行的数据信息世界。② 在大数据时代，中国的调查研究方法迎接挑战，把握机遇，走到了世界前沿。

在世界上，美国和日本的网络调查研究起步较早。我国起步相对较晚，但发展迅速。据不完全统计，2000 年国内市场研究支出中仅有 10% 用于网络调查，2003 年发展到 23.6%，2006 年达到 33%，出现了一大批

① 水延凯：《中国社会调查史》，中国人民大学出版社 2017 年版，第 370 页。
② 张庆军、罗天中、张琴：《大数据时代转变调查统计职能的初步思考》，《财政科学》2017 年第 7 期。

以网络调查为主营业务的调查公司和平台。中国市场信息协会 2007 年的报告指出，借助互联网和相应软件技术进行调查的市场公司有 28 家（占 70%）。①2006 年，在线问卷调查平台问卷星上线，迄今其用户覆盖国内 90% 以上的高校和科研院所，累计发布了超过 2002 万份问卷，累计回收超过 12.69 亿份答卷，并且保持每年 100% 以上的增长率。② 百度问卷、腾讯问卷等都有超过千万的样本用户，在调查研究中发挥着越来越重要的作用。③

三、强化毛泽东调查研究方法的引领作用

改革开放以来，我国调查研究方法虽然取得重大成绩，但也存在不少亟待解决的问题和隐患。总的来看，改革开放以来，缺乏像 20 世纪 30 年代毛泽东《寻乌调查》那样全面深入并产生重大指导价值的调查成果。分析调查研究方法发展中存在问题的原因，主要在于忽视或偏离毛泽东调查研究方法。新时期需要强化毛泽东调查研究方法的引领作用，推动调查研究方法沿着正确的轨道创新发展。

1.要树立毛泽东调查研究方法的信心，克服学习西方统计方法中出现的偏差

改革开放后，各学科积极向西方学习。然而，一些人在学习西方调查研究方法的过程中，产生了"迷信"心理，认为只有西方调查统计技术才是科学的方法。④ 与引进的其他一些理论和方法一样，"舶来品"的调查统计方法似乎成为可以炫耀的资本。在一些学者看来，数字比文字一定具有科学性，定量分析也一定比定性分析更专业。那些通过抽取样本、回收

---

① 　张家文：《关于网络调查研究方法的思考》，《鄂州大学学报》2010 年第 6 期。

② 　https://www.wjx.cn/html/aboutus.aspx

③ 　2009 年 8 月 12 日，由数字 100 市场研究公司发起的国内首个"在线调查联盟"在北京正式成立。来自全国 30 个省区市的近 50 家调研机构共同签署了承诺书。这是中国网络调研领域的第一个行业性组织，"在线调查联盟"的成立，预示着我国网络调研行业将在新技术、新市场的引领下迅速发展和壮大。

④ 　《全国第二届社会调查方法学术研讨会综述》，《社会学研究》1997 年第 2 期。

问卷等方式收集资料、建立模型、进行统计分析的研究被认为是科学研究。而进行实地调查、典型分析的，被认为是落后的非科学研究。在调查研究中，片面追求所谓"大样本、长问卷和多数据"。这样，大量的调查研究看起来"规范"，实则空洞无物，基本上停留在"初步了解状况"的类型。① 解决这一问题，必须走出对西方调查统计方法盲目崇拜的迷雾，树立对毛泽东调查研究方法的信心，推动和改进直接的实地调查研究方法。

2. 要弘扬毛泽东解剖式直接调查，解决依靠统计报表获取数据的失真问题

当前，政府统计部门仍然大量通过统计报表的方式开展调查。城市调查队和农村调查队，建立了全国抽样框架进行抽样统计，在城市和农村建立了家庭记账调查。这种调查方式相对而言，能深入准确地反映情况。但迄今在工业、建筑业、服务业等领域实行的还是全面统计报表制度。统计报表采用自下而上逐层汇报的方式，层层上报，会导致数据的缺失和失真。报表单位的统计台账不健全，不少单位事实上是预计或估算报表数据。由于财力物力的限制，调查统计人员无法认真地审核数据真实性。② 要解决这些问题，只有像毛泽东当年进行社会调查一样，深入群众深入基层，直接针对问题展开调查，才能够搜集到真实可靠的数据，以弥补统计报表的不足。

3. 要学习毛泽东调查与研究的紧密结合，解决调查与研究割裂的问题

在毛泽东那里，调查与研究是一个统一的整体。他说："研究很重要，只有通过研究，才能透过现象看到本质。"③ 在调查中他既重视感觉，又强调概念，认为"概念比感觉更为深刻"④。但改革开放以来不少学者把调查

---

①　林彬、王文韬：《对当代中国社会学经验研究及研究方法的分析与反思——90 年代社会学经验研究论文的内容分析》，《社会学研究》2000 年第 6 期。

②　陈光慧：《大数据时代中国政府统计调查体系改革研究》，《商业经济与管理》2016年第 6 期。

③　《毛泽东年谱（一九四九——一九七六）》第 1 卷，中央文献出版社 2013 年版，第100 页。

④　《毛泽东哲学批注集》，中央文献出版社 1988 年版，第 27 页。

与研究割裂开来，把材料与理性分析割裂开来。一些人认为调查就是搜集材料，对客观事物进行详尽的描述，宣称调查是"好像矿工把山间一块一块的矿石开出来送给化验师们去化炼，由他们随便炼出什么有价值的东西来"。这种"开矿"与"化炼矿石"分两步走，使调查得到的大量资料看起来十分详尽，写成的调研报告看起来显得很深入很专业。然而，实则是罗列一大堆数据和案例，轻重不分，停留在表面现象，"有事实无道理"。针对这种情况，"应该对调查材料作全面的综合和分析，不要满足于孤立的、片面的、看不到事物发展规律的观察。"① 必须学习毛泽东将调查与研究紧密结合的方法，透过现象看本质，从感性认识上升到理性认识，取得对事物的规律性认识。

4.要强化毛泽东调查研究理论与方法的培训，系统培养调查研究人员

改革开放后，各学科还没来得及培养足够的调查研究的专业人员，这样从事调查研究的人员只能从其他专业"转行"过来。这些从不同领域转过来的调查研究人员，充实了调查研究的队伍，也丰富了调查研究的方法，但不可否认的是缺乏调查研究方法的系统的专业训练。这样，似乎谁都可以写"社会调查报告"，而并不需要系统的专业训练。由此，在比较长的一段时期中，没有明显的专业与非专业以及学科与非学科的区别。在党政机构的调研队伍中，每年注入的新鲜血液较少，工作人员趋于老龄化。② 调查队伍不稳定，人员频繁地更换，专项调查人员多为临时指派人员。要通过教育培训，传授毛泽东社会调查的基本理论和方法，同时传播现代调查和统计的技术和理论，培养越来越多合格的社会调查专业人员。

5.要加强辩证唯物主义指导，解决调查研究中缺乏明确的方法论指导问题

一段时间以来，各门社会科学以采取西方盛行的理论和范式为圭臬，认为调查研究必须秉承西方科学主义的传统研究方式，以源自实证主义的

---

① 《思想方法工作方法文选》，中央文献出版社1990年版，第387页。

② 朱雁：《改革农村统计抽样调查方法》，《中国农业信息》2015年第19期。

方法论作为指导。在一些调查研究者看来，把问卷调查的数据搜集上来，用计算机进行统计分析，就是"科学方法"了。而本应该作为指导的马克思辩证唯物主义，被一些研究者在实际工作中束之高阁。由于缺乏明确的方法论的指导，导致一些研究的目的模糊，或者为理论而理论，或者为数据而搜集数据。一些研究者片面强调所谓"价值中立"，要求在调查研究之前，在思想上保持空白，不带立场和感情地进行调查。这就压抑了调查研究者的主观能动性，导致调查者与被调查者之间的距离，双方沟通困难。一些学者吸取社会科学在历史上的教训，为了减少意识形态方面的风险，专注于对具体社会问题甚至是细枝末节问题的调查研究，有意识地回避对改革开放重大问题的探讨和争论，由此降低了调查研究对经济社会发展的推动作用。实践表明，一个好的研究者必须选择并形成一套方法论的原则，自觉地在这些原则的指导下从事调查研究，才能正确地认识各种社会现象。[①] 毛泽东调查研究方法以马克思辩证唯物主义作为方法论指导，新时代的调查研究方法依然要加强马克思主义方法论的指导，才能不步入误区，才能沿着正确的方向发展。

纵观改革开放以来的历史，调查研究方法的实践是当代中国伟大实践的重要部分。中国共产党历届领导集体倡导各级党员干部深入基层，问政于民、问计于民、问需于民，遵循的就是毛泽东调查研究方法。应该说，毛泽东调查研究方法在当代中国的实践中得到了丰富和发展，也经受了新时期实践和广大人民群众的检验。正是因为这种理性的态度和科学的调查研究方法，确保了党与人民的血肉联系，确保了党的建设在新时期不断得到加强，确保了中国改革开放进程不受极端思潮的影响，没有走上封闭僵化的老路，也没有走上改旗易帜的邪路。坚持实干兴邦四十年，成就了伟大业绩的同时，也初步形成了中国特色的调查研究方法体系。

---

① 《全国第二届社会调查方法学术研讨会综述》，《社会学研究》1997 年第 2 期。

第八章　当代继承和发扬毛泽东调查研究方法的途径

改革开放以来，中国经历了人类历史上从未有过的经济转轨和社会转型，创造了举世瞩目的发展奇迹。1978 年中国开启改革开放时，人们不会想到，三十年后中国会成为世界第二大经济体。改革开放以来，中国走过了别的国家要上百年才能走完的路。在全面建成小康社会的决胜阶段，在中国特色社会主义发展的关键时期，中国共产党召开了第十九次全国代表大会。在大会报告中，习近平庄严宣告："经过长期努力，中国特色社会主义进入了新时代。"新时代面临着新矛盾，肩负着新的历史使命，对调查研究方法提出新的更高的要求。从原则上讲，毛泽东调查研究方法是认识中国社会的根本方法，必须毫不动摇地坚持。同时，跟随着经济社会发展的步伐，调查研究不能满足和局限于已有的方法和技术。必须适应时代发展的需要，在坚持毛泽东调查研究方法的基础上，借鉴西方调查统计技术，综合运用网络时代的信息交流工具，结合大数据，不断创新调查研究的方法和技术，形成适合当代发展需要的调查研究方法体系。

第一节　毛泽东调查研究方法是认识中国社会的根本方法，必须毫不动摇地坚持

坚持毛泽东调查研究方法，不仅是坚持唯物论的认识问题，而且是坚

持中国共产党思想路线的政治问题。中国共产党的实事求是思想路线，说到底，就是要解决主观与客观、理论和实际、领导和群众的关系问题。毛泽东调查研究方法为解决这些问题提供了基本的立场、观点和路径。毛泽东调查研究方法是实事求是思想路线的具体体现，从根本上揭示了认识和改造中国社会的基本原则和方法途径，其科学性和实效性经过中国革命和建设实践的严格检验，在学界和政界也得到了越来越广泛的运用。习近平强调，调研工作务求"深、实、细、准、效"①，指的就是要坚持毛泽东调查研究方法的传统。这个传统的精髓必须继承，一些具体方法在新时代也可以直接复制推广。

一、坚持问题导向

以中国革命和建设的实际问题为中心，是毛泽东调查研究方法的选题特色。问题是普遍存在的，是事物本质和矛盾的集中体现。毛泽东指出："问题就是事物的矛盾。哪里有没有解决的矛盾，哪里就有问题。"② 他强调要有的放矢，就是要用调查研究之"矢"，去射问题之"的"。然而，现实中不少人常常从主观的意愿出发，回避问题。尤其是一些领导干部害怕问题，在调查研究中喜欢总结成绩，对问题总是轻描淡写。很多的调查研究，难以深入下去，也不产生实际效果，一个重要的原因就是问题意识不强。在调查研究中坚持问题导向，就是要将问题贯穿于调查研究的全过程，像毛泽东说的："要钻进去……发现问题，经过调查研究，充分揭露，详细了解，才能认识问题，解决问题。"③坚持问题导向，是马克思主义方法论的鲜明特点 ④，也是坚持毛泽东调查研究方法的必然要求。

---

① 《调研工作务求"深、实、细、准、效"》，《之江新语》，浙江人民出版社 2007 年版。

② 《毛泽东选集》第 3 卷，人民出版社 1991 年版，第 839 页。

③ 《毛泽东年谱（一九四九——一九七六）》第 3 卷，中央文献出版社 2013 年版，第 582 页。

④ 习近平：《在哲学社会科学工作座谈会上的讲话》，《人民日报》2016 年 5 月 19 日。

1. 要敢于提出真问题

问题虽然就在每个人的身边，但要提出真问题却相当困难。一方面，真问题往往藏在复杂的社会现象之中，一些同志不愿付出精力去寻找真问题。另一方面，真问题往往牵动一些人的利益，具有风险，不少人就不敢提出真问题。由此，在大量的调查研究中，很多是针对表面现象，有些甚至是围绕一些伪命题展开研究，目的是获得经费或晋升职称。学界和政界某种程度上存在的"伪研究"，贻害无穷。习近平强调："领导干部搞调研，要有明确的目的，带着问题下去。"① 在实现中华民族伟大复兴的征程中，有很多问题急需研究。不唯书、不唯上，提出真问题到群众中去进行调查研究，才能承担起时代赋予的重大责任和使命。

2. 要辩证分析问题

调查研究是对客观问题的如实反映，同时需要辩证分析。毛泽东在阅读《辩证法唯物论教程》时批注：反映论不是被动的摄取对象，而是一个能动的过程。② 习近平指出：辩证唯物主义是中国共产党人的世界观和方法论。调查研究中搜集来的材料，必须用辩证的方法进行分析，才能由表及里、由浅入深地揭示问题的本质和规律。一是坚持用唯物的观点看问题。要对搜集来的材料进行认真甄别和核实，剔除虚假信息，保证材料的真实性。二是坚持用矛盾的观点看问题。要把握主要矛盾和次要矛盾，在复杂的材料中找到问题的重点，注意问题的两面性。三是坚持用联系的观点看问题。既要关注现象之间的关系，更要追究事物的因果关系，找到问题产生、发展和变化的原因。

3. 要解决实际问题

"调查就是解决问题"③。衡量一个调查研究搞得好不好，不是看调查研究者的级别和职称，不是看课题的组织与经费，也不是看调研报告写得怎样，最重要的是看调查研究成果能不能在实践中运用，并解决实际问题。当然，调查研究的成果也不是直接解决问题，调查研究只是绘制解决

---

① 习近平：《谈谈调查研究》，《学习时报》2011 年 11 月 21 日。
② 《毛泽东哲学批注集》，中央文献出版社 1988 年版，第 15 页。
③ 《毛泽东农村调查文集》，人民出版社 1982 年版，第 2 页。

问题的思维"地图"。根据这张思维"地图"，人们可以方便识别解决问题的多种路径。实践中究竟采用何种路径，必须根据具体情况进行科学决策。但作为调查研究者，必须努力使这张思维"地图"尽可能模拟社会现实，能够给决策者在选择路径时提供有用的参考。

4. 要清晰地表达问题

调查研究必须提出问题、分析问题、解决问题，还须注意表达问题。表达问题的方式主要有两种，一是口头表达，如会议报告、学术交流等；二是书面表达，典型的就是调查研究报告。无论何种表达方式，基本的要求是"清晰"。只有清晰才能把握问题的实质，准确地传达解决问题的方案。首先，观点必须清晰。在表达的时候，对问题已经进行过研究分析，不能模棱两可，必须旗帜鲜明表明对问题的认识。其次，条理必须清晰。"第一，第二，第三……"，分出简单的层次，符合基本的逻辑。再次，语言必须清晰。无论是书面语言还是口头语言，都必须规范、流畅、简洁，让人一目了然，明白通晓。

二、坚持直接调查

毛泽东注重"从直观到思维"①，开创了"亲身从事社会经济的实际调查"的路径：观察、访问、座谈、蹲点的四部曲。他反复倡导的是："作系统的亲身出马的调查，而不是老爷式的调查"。② 毛泽东在上个世纪二三十年代所作的调查，用社会学界的术语可称为是"田野调查"。"田野"并不一定是指乡村地域，而是基于一定区域，生于斯、长于斯的人、事、物交织而成的社会关系。③ 置身于"田野"中，通过与被调查者直接的接触，调查者可以积累大量的感性认识，从而为上升到理性认识奠定坚实的基础。新时期为了取得对社会问题的正确认识，就要像毛泽东在 20 世纪

---

① 《毛泽东哲学批注集》，中央文献出版社 1988 年版，第 25 页。
② 《毛泽东文集》第 8 卷，人民出版社 1999 年版，第 250—251 页。
③ 王文韬：《"田野"的困境——民族音乐学的当代实地调查方法刍议》，《交响》（西安音乐学院学报）2015 年第 1 期。

二三十年代在江西和福建一样，直接深入群众，进行参与式观察，开展面对面访谈，主持讲真话的座谈会。

1. 进行实地参与式观察

毛泽东特别重视实地的观察与体验，指出："人类的感官是在劳动过程中发展的与分化的。"① 为了提高观察的真实性，研究者和被研究者较长时间的接触是基本要素。② 一般认为，参与式观察源于马林诺斯基。马林诺斯基用六年之久完全的参与，在初步兰群岛（Trabriand Islands）前后进行了三次调查。费孝通的江村调查也像他的老师马林诺斯基那样进行"完全的参与"。③ 毛泽东的调查，虽然不像这些人类学学者那样进行长时间参与观察，但他在寻乌等地的调查中，也是与老百姓打成一片，站在老百姓的角度观察和思考问题。他后来又推进蹲点调查，强调与被调查者同吃同住同劳动，进一步发展了参与式观察。参与式观察是真实地了解被调查者的行为及其所处环境的有效途径。

2. 要进行面对面的访谈

毛泽东特别重视在调查研究中与被调查者直接接触，目的是要调查者与被调查者能够在一起进行面对面的交谈。调查者与被调查者面对面进行访谈，其意义是多方面的。双方容易建立信任关系，创造融洽的调查氛围，让被调查者知无不言、言无不尽。双方可随时进行互动，就问题进行交流，深入把握被调查者的真实态度，并在访谈过程中发现有意义的新问题。当被调查者对调查问题不理解时，调查者可以当面解释，或对被调查者未能表达清楚的地方进行适当开导。在面对面访谈过程中，调查者运用自己的眼、耳等身体器官，对被调查者进行近距离的观看、倾听。事实表明，调查者与被调查者是不是同"在场"，有没有面对面，搜集的资料和对资料的理解是有很大不同的。只有面对面访谈，才能找到对问题的深刻认识，达成对调查对象的正确理解。

---

① 《毛泽东哲学批注集》，中央文献出版社 1988 年版，第 18 页。
② 陈向明：《质的研究方法与社会科学研究》，教育科学出版社 2013 年版，第 12 页。
③ 哈里·F. 沃尔科特：《田野工作的艺术》，马近远译，重庆大学出版社 2011 年版，第 80 页。

3.要亲自主持讲真话的调查会

调查会，就是围绕着要解决的问题，邀请相关人士进行座谈，现在也叫作座谈会。开调查会（座谈会）是毛泽东很擅长、也很喜欢的调查方法。他在开调查会时，亲自口问手写，让被调查者讲真话。① 他强调，"要自己做记录，把调查的结果记下来。假手于人是不行的。"② 现在，开调查会已经成为党政机关进行调查研究的主要形式，但是不少调查会却演变成歌功颂德的成绩汇报会。主持会议的领导往往不再亲自记录，而在会议结束时发表重要讲话，这些讲话大都是秘书准备好的。这样，虽然从毛泽东那里学来了开调查会的形式，但实质上违背了开调查会的正确方法。改进党政机关的调查研究，要以改进调查会为重点，贯彻毛泽东关于开调查会的要求，领导干部亲自主持，听真话，亲自口问手写。

三、坚持群众路线

"共产党的路线，就是人民的路线"③，毛泽东十分简明地指出了中国共产党的根本工作路线。《中国共产党章程》明确规定："党在自己的工作中实行群众路线，一切为了群众，一切依靠群众，从群众中来，到群众中去，把党的正确主张变为群众的自觉行动。"中国共产党的群众路线是中国共产党的根本工作路线，也是必须遵循的认识路径。把群众路线与调查研究结合起来，在调查研究中贯彻群众路线，是毛泽东调查研究方法的鲜明特征，也是毛泽东调查研究方法具有长久生命力的根本所在。新时代党员干部的社会调查，就是要到基层社会和人民群众中去，在"深入"上下功夫，沉下去倾听群众的心声，感受群众的喜怒哀乐，也让群众感受到共产党和每个党员干部为民解忧的热情与真诚，汲取他们的智慧，解决群众面临的问题，获得群众的支持和拥护。

---

① 《毛泽东农村调查文集》，人民出版社 1982 年版，第 27 页。
② 《毛泽东农村调查文集》，人民出版社 1982 年版，第 11 页。
③ 《毛泽东文集》第 2 卷，人民出版社 1993 年版，第 409 页。

1. 从群众中来

从群众中来、到群众中去、拜群众为师，坚持群众路线搞调查研究不是"闭门造车"，唯有从群众中来，才能更好地到群众中去。① 周恩来指出，"要搞好调查研究，就要真正联系群众"②，这句话阐明了毛泽东调查研究方法的本质。毛泽东调查研究的方法，就是问政于民、问需于民、问计于民的方法。坚持毛泽东调查研究方法，就是要使调查研究的主题、材料和观点从群众中来。一是通过调查研究找到解决群众面临问题的办法。群众面临的问题，解决的办法在群众之中。毛泽东曾尖锐地批评那些坐在办公室想办法的"蠢人"，认为"群众是真正的英雄"③，领导的责任是通过调查研究综合群众的意见，找到解决问题的方案。二是通过调查研究把握群众的需求。中国共产党是以全心全意为人民服务为宗旨的党，群众的需求是中国共产党一切工作的出发点。群众的需求是多样的，也是变化的。新时代党的各项工作都必须通过调查研究把握人民日益增长的美好生活需要。三是通过调查研究确保政策从群众中来。政策虽然由党政干部制订和实施，但脱离群众的政策没有不失败的。政策的制订、实施、监督、反馈乃至调整等各个环节，都要通过调查研究，把握实际情况，听取群众意愿，接受群众监督和检验。

2. 到群众中去

毛泽东反复强调，"到群众中作实际调查去！"④"向群众寻求真理"⑤。到群众中去，要心到、人到和方法到位。一是要有甘当"小学生"的精神。是否有当"小学生"的精神，是调查研究能否深入群众的关键，也是调查研究方法能否正确认识社会的先决条件。正如毛泽东所说："我给他们当学生是必须恭谨勤劳和采取同志态度的，否则他们就不理我，知而不

---

① 俞银先：《用好传家宝练好基本功——纪念毛泽东同志寻乌调查 90 周年》，《党史文苑》2020 年第 6 期。

② 《周恩来选集》下卷，人民出版社 1984 年版，第 351 页。

③ 《毛泽东农村调查文集》，人民出版社 1982 年版，第 17 页。

④ 《毛泽东选集》第 1 卷，人民出版社 1991 年版，第 116 页。

⑤ 《毛泽东文集》第 8 卷，人民出版社 1999 年版，第 268 页。

言，言而不尽。"① 二是要直接面对群众。邓小平曾尖锐地批评不少领导同志"在自己和群众之间，设置了许多人为的障碍"②。在进行调查研究的过程中，一定要设法绕过重重障碍，亲自了解实际的情况。三是与群众友好互动。开展群众参与式调查，如果群众感到自己的意见建议是有价值的，他们就会产生一种主人翁的感觉，就会调动自己多种资源，协助调查者进行调查。在这个友好的互动过程中，能够得到真实的材料，也能够获得解决问题的启示和灵感。

3. 把党的正确主张变为群众的自觉行动

毛泽东曾说："凡是需要群众参加的工作，如果没有群众的自觉和自愿，就会流于徒有形式而失败……这里是两条原则：一条是群众的实际上的需要，而不是我们脑子里头幻想出来的需要；一条是群众的自愿，而不是由我们代替群众下决心。"③ 中国共产党的正确主张之所以能在现实中得到很好贯彻落实，就在于"由群众自己下决心"，"变为了群众的自觉行动"。调查研究是把党的正确主张变为群众的自觉行动的有效途径。一是通过调查研究满足群众的利益需求。在各个不同的历史时期，在各个不同的地方，人民群众迫切的利益需求是不一样的，必须通过调查研究，才能找到群众最关心最直接最现实的利益问题，从而采取有针对性的措施。二是通过调查研究让群众掌握党的政策。毛泽东指出："善于把党的政策变为群众的行动，善于使我们的每一个运动，每一个斗争，不但领导干部懂得，而且广大的群众都能懂得，都能掌握"④。调查研究不仅可以找到如何让群众掌握政策的规律，本身也是宣传政策、动员群众的过程。三是通过调查研究取得群众信任。中国共产党最大的政治优势是密切联系群众，执政后的最大危险是脱离群众。经常在群众中开展实地调查，是密切干群关系的重要途径。在与群众面对面的交流中，让群众感到党和政府可亲、可信，这样就能自觉地执行和落实党的政策。

---

① 《毛泽东选集》第 3 卷，人民出版社 1991 年版，第 790 页。
② 《邓小平文选》第 1 卷，人民出版社 1994 年版，第 222 页。
③ 《毛泽东选集》第 3 卷，人民出版社 1991 年版，第 1012—1013 页。
④ 《毛泽东选集》第 4 卷，人民出版社 1991 年版，第 1319 页。

第二节 西方调查统计方法是认识中国社会的
有用技术，必须加强学习借鉴

毛泽东调查研究方法开辟了认识和把握中国革命和建设规律的科学道路，但它并不排斥其他方法。肯定毛泽东调查研究方法是认识中国社会的根本方法，并不是要否定源于西方的调查统计方法。相反，毛泽东调查研究方法是借鉴了西方研究方法基础上发展起来的，两者是可以兼容的。在认识中国社会上，毛泽东调查研究方法与西方调查统计方法是主与次的关系，是一致性与多样性结合的问题，两者的有机结合是调查研究方法发展的必由之路。西方社会科学吸收现代科学发展成果，创造出来的一系列调查统计方法和技术，对认识中国社会具有不可或缺的帮助作用，值得我们学习、借鉴和使用。

一、传统调查方法与现代调查方法的比较

风笑天将调查研究方法分为两种：传统社会调查方法和现代社会调查方法。他指出这两种方法的差别是：传统社会调查方法强调典型调查、个案调查，调查研究者根据自己的主观分析和判断，选取有代表性的个案作为调查研究的对象，采取访谈和座谈会等方式搜集调研资料，主要用定性的方法来分析搜集到的资料。现代社会调查方法，主要采取抽样调查方式，通过随机抽样的方式确定调查的对象，采用自填式问卷或者访问填答式问卷搜集资料，主要用定量的方法分析搜集得来的资料。[①] 风笑天在这里所讲的"传统社会调查方法"，主要指的是实地调查方法，毛泽东调查研究方法即属此列；所讲的"现代社会调查方法"，主要指的是源自西方的调查统计方法。

源于西方的调查统计方法是近代以来数理统计学成果的应用，问卷、

---

① 《全国第二届社会调查方法学术研讨会综述》，《社会学研究》1997 年第 2 期。

抽样等成为调查的基本形态，调查研究从定性研究发展到定量研究。20世纪50年代之后，电子计算机的发明和应用，促进了统计方式和技术的重大变革，发展到电子化、数据化的现代统计分析阶段。从某种程度上讲，应用计算机进行调查和分析，是西方现代调查统计方法和技术的主要标志。1969年，"SPSS"（社会科学统计软件包）由美国斯坦福大学开发并在实践中加以应用，进一步加速了西方现代调查统计方法的发展。现在人们所谓的"现代调查方法"，就是指以统计学为原理，基于电子计算机等信息技术，搜集某个社会问题的资料，并对资料进行定量分析的方法。其基本程序是：提出研究假设—抽取样本—问卷调查—统计分析—验证理论假设—提出对策建议。①

　　以实地调查为主的毛泽东调查研究方法，是中国传统的调查研究方法，虽然具有很多优势，但也存在着调研时间长、调研对象代表性难以推定、调研过程缺乏标准、调研结果难以比较等一系列问题，这些问题在一定程度上影响了调研的质量与效益。随着改革开放的推进和市场经济的发展，传统调查研究方法的缺陷越来越明显，与快速发展的形势越来越不适应。所以，改革开放后，西方调查统计方法一传入我国，立即在学界和政界受到欢迎，一段时间成为了科学调查的代名词。在一些人那里形成一个公式：科学研究＝定量研究＝西方调查统计。

　　对西方调查统计方法，一些人全面进行肯定，认为只有像西方调查统计方法那样，吸收控制论、信息论和系统论，应用统计学和计算机的调查研究才是科学的，提出要用"先进"的西方现代调查统计方法来取代传统的落后的调查方法。另一些人则持全面否定态度，认为西方现代调查统计方法是为资本主义制度服务的，不能正确认识社会阶级问题，毫无可取之处；认识当前中国社会问题，必须坚持传统的阶级调查和分析方法。这两种极端看法，实质上都是"只见树木、不见森林"，本身在认识方法上就陷入了以偏概全的泥潭。

---

　　① 水延凯：《中国社会调查史》，中国人民大学出版社2017年版，第385页。

二、正确认识西方现代调查统计方法

相对于以实地定性调查为主的传统调查方法而言，西方现代调查统计方法遵循类似自然科学的程序，对社会现象进行客观的测量，用数据检验变量之间的关系，使用计算机进行统计分析，显得客观、科学而便捷，这是值得我们学习借鉴的地方。然而，在调查研究中，一些人对西方调查统计方法盲目崇拜，现实中产生了诸多不良后果。必须实事求是地看到西方现代调查统计方法"先进性"的一面，同时在学习和借鉴时也要警惕西方调查统计方法的另一面。

一是统计学在认识社会现象时内在的不确定性。在中国学界，应用统计分析的不少学者对统计学的基础知识并不了解，对统计结果盲目崇拜。统计学作为一种以概率计算为中心的学科，在认识社会现象上本身存在不确定性。那些看起来很新颖、很方便的统计方法和技术，如果没有可靠的理论基础和切身的实地调查作为支撑，可能会变成玩弄数字、公式、技巧的"科学"游戏。更有甚者，不少研究者没有具备统计学的知识，在调查研究中不遵循统计学的规范。统计学方法的不恰当应用，不仅使调查研究的科学性受到质疑，还会在不科学的研究上披上一层科学的外衣。①

二是西方调查统计方法难以揭示事物的因果关系。西方调查统计方法，本质上是一种间接调查。以问卷调查为例，通常雇用一批调查员批量投放问卷，要求被调查者按标准化的选项做答。调查研究者缺乏与被访谈者的沟通和互动，无法观察和体会被调查者的非言语行为。调查得到的信息是间接的，和经过标准化后进行的不完整选择。面对复杂、多变的各种社会现象，片面强调西方调查统计方法，其实难以揭示事物内在的本质联

---

① 尹海洁:《试析近年我国社会学定量分析方法应用中的问题》,《哈尔滨工业大学学报》2003 年第 4 期。

系，甚至会陷进主观性、表面性与机械性的泥潭。对于运用西方调查统计方法的成果，一些学者提出尖锐批评，认为这些调查成果充其量也不过在罗列某些实际现象，不能说明任何实质性的问题，甚至有时会掩盖一些社会现象的实质问题。①

三是西方调查统计方法没有正确的方法论指导。从调查研究本身来看，西方社会学调查方法虽然在某些具体的方法和技巧上处于先进地位，然而它没有科学的方法论作为理论的基础，不能自觉运用历史唯物主义的原理，不能用矛盾分析法、利益分析法等最基本的社会科学方法来观察和分析社会生活，而将"社会学的主观主义"（实证主义、社会达尔文主义、结构功能主义、形式主义等）作为自己的思想支柱，从而窒息了那些先进的方法和便捷的技术。因此，严格来说，在唯心主义的框架中，源自西方的这些方法和技术再先进都难以构成一个科学体系。②

四是照搬的西方调查统计方法难以适合中国国情。西方调查统计方法的产生，有其特定的社会文化背景。西方现代城市的市民生活，具有较高的文化素质和语义认同，形成了比较健全的隐私保障和如实填答问卷的习惯。由于工业化程度高，非农就业和正规就业比例高，再加上完善且严格的收入申报制度，通过家计调查能较为准确地掌握家庭收入或财产。而中国作为发展中国家，大量人口分散在农村地区，多数从事农业劳动或兼在城镇务工，以灵活就业为主，且没有建立收入申报制度。在调查时，只能通过入户调查、邻里访问等方法采集数据。这些数据随意性较强，精准度不高，由此难以得出符合事物真相的结论。

五是西方现代调查统计方法在中国学界未能正确使用。林彬、王文韬认为，与西方发达国家相比，我国学界调查统计的不足表现在：不少研究的论文没有根据文献提出理论假设，导致定量数据缺乏理论基础和验证标准；二是随机抽样方法不规范，非随机抽样方法的调查比例过大（占

---

① 严家明：《毛泽东同志的农村调查方法仍然是现代社会调查的主要方法》，《兰州学刊》1984 年第 2 期。

② 严家明：《毛泽东同志的农村调查方法仍然是现代社会调查的主要方法》，《兰州学刊》1984 年第 2 期。

39%），这样的调查结果难以推论到总体。① 尹海洁根据 1999 年初至 2001 年底出版的《社会学研究》杂志，选取其中以定量研究方法为主的论文加以分析，发现这些论文在方法上存在下述问题：忽视应用统计方法所必需的前提条件；统计指标选择不科学，不能区分描述统计和推论统计的指标；使用非随机样本或不规范随机抽样的结果推论总体；研究模型不能有效解释现象；没有对计算机统计的结果进行正确解释，不能对计算机统计结果进行恰当的取舍；统计分析方法与变量的测量层次不相匹配。这些问题都在一定程度上对研究结果产生负面影响。②

提出要警惕西方调查统计方法的负面影响，并不是说西方调查统计方法不值得学习借鉴。而是在学习借鉴使用西方调查统计方法时，必须注意与中国社会实际相适应。譬如，运用抽样方法时，就要考虑适用性和局限性。在抽样调查中，不仅需要掌握随机抽样对总体代表的概率关系，还需要对中国民情、文化和地理等方面有深入的了解，才能正确地由样本推断总体。另外，变量的选择和测量方式也不能照搬西方。一些主观变量，如态度、情感和价值观念等，如果照搬西方的指标体系，就会搜集来许多似是而非的信息，造成"假数真算"的现象。③

三、推动实地调查与问卷调查融合

在加强学习和借鉴西方调查统计方法的同时，必须清醒认识到，西方调查统计方法作为调查研究的具体方法和技巧，不能离开基本方法而独立存在，它是基本方法向前发展或展开的表现形式，是为提高基本方法的工作效率服务的。西方调查统计方法可以不断丰富毛泽东调查研究方法的形

---

① 林彬、王文韬：《对当代中国社会学经验研究及研究方法的分析与反思——90 年代社会学经验研究论文的内容分析》，《社会学研究》2000 年第 6 期。

② 尹海洁：《试析近年我国社会学定量分析方法应用中的问题》，《哈尔滨工业大学学报》2003 年第 4 期。

③ 尹海洁：《试析近年我国社会学定量分析方法应用中的问题》，《哈尔滨工业大学学报》2003 年第 4 期。

式，但决不能改变毛泽东调查研究方法去适应西方调查统计技术。[①] 同时也必须看到，随着时代发展，毛泽东调查研究方法不能局限于原有的形式，必须借鉴西方调查统计技术，才能获得长久的生命力。

以实地调查为主的毛泽东调查研究方法，和以问卷调查为主的西方调查统计方法，是两种基本的调查研究方法。不少调查研究者在实践中体验到，如果单纯用毛泽东实地调查方法，难以实现精确化的量化管理。但如果离开了毛泽东实地调查方法，纯粹用西方问卷调查方法，可能将活生生的调查变成玩弄表格、数据的游戏。[②] 把实地调查与问卷调查相结合，是改革开放以来调查研究方法领域一个重要的探索，其实质是把毛泽东定性的调查研究方法传统与源自西方的定量调查方法结合起来。

不少学者在这方面作出了积极贡献，其中，以陆学艺先生的探索最为显著。陆学艺坚持毛泽东调查研究方法的传统，长期坚持实地田野调查。他曾撰文全面阐述毛泽东调查研究方法在改革开放过程中的重大指导意义，批评当时轻视毛泽东调查研究方法的现象。同时，他在中国社会科学院社会学所当所长时，引进了一批从国外留学归来的社会学专业人才，支持他们用西方调查统计技术进行研究。他不仅自己坚持从事社会调查，也组织研究者针对重要的社会问题，采用问卷调查和实地调查相结合的方法，联合进行大规模的社会调查。1988 年起，他作为主要的组织者参与了《中国国情丛书——百县市经济社会调查》；1990 年至 1991 年，他组织课题组对大寨等 13 个村进行了社会结构的调查研究，提出了著名的农民分化的八个阶层理论；1999 年至 2002 年，他组织课题组对中国的社会结构进行了大规模的调查，其成果《当代中国社会阶层研究报告》一书对转型时期中国社会阶层结构作了全面而深刻的分析。这些大规模的调查都是以实地调查为基础，以大规模问卷调查为特色，将两种方式融合的创新。特别是《当代中国社会阶层研究报告》，是改革开放以来将实地调查与问

---

① 严家明：《毛泽东同志的农村调查方法仍然是现代社会调查的主要方法》，《兰州学刊》1984 年第 2 期。

② 严家明：《毛泽东同志的农村调查方法仍然是现代社会调查的主要方法》，《兰州学刊》1984 年第 2 期。

卷调查相结合的成功典范，是较早采用现代社会学方法研究当代中国社会分层的演变与发展趋势的成果。① 新时期，要吸取这些已有探索的经验，进一步推进实地调查与问卷调查的融合创新，以及注意问卷调查和实地调查本身各种方式的融合创新。

一是推动实地调查与问卷调查优势互补。实地调查法与问卷调查法各有所长，也各有所短。片面强调其中任何一种都是不可取的。为达到对社会的正确认识，需要将两者有机融合起来。实地调查研究偏重于个案、定性分析，搜集资料的速度较慢，分析资料的手段简单，选取的调查对象不一定具有代表性，这些缺陷是问卷调查恰恰可克服的。在问卷调查中，难以从资料中把握问题的因果关系，还必须借助观察、座谈等实地调查方法来达到对事物的深刻认识。把实地调查与问卷调查结合起来，就可实现宏观调查与微观调查相结合，定性分析和定量分析相结合，同时可以运用现代高科技手段和技术对资料进行搜集、整理和分析。

二是问卷调查中把普查、抽样调查、重点调查结合起来。毛泽东也很重视问卷调查，他在土地革命战争时期进行的关于人口和土地状况的调查，就带有用问卷进行普查和重点调查的特征。毛泽东那个时候还没有了解抽样调查。抽样调查是在数理统计学基础上发展起来，根据随机原则从抽样总体中抽出样本，借以推断总体的方法。比较而言，抽样调查具有客观性、独立性、时效性、科学推断性等多种优点。从实践中来看，虽然普查（包括统计报表）在政府统计中还占有主导地位，但抽样调查方法已经成为中国政界和学界进行调查研究的重要方法，而且所占的比重越来越大。重点调查是根据经验和对客观现实的分析，找出代表性的个案进行深入调查的方法，其选择调查对象的方法类似实地调查，但却可以采用问卷的手段。这种重点调查的优点是调查投入少，速度快，而且能够取得让人满意的效果。② 国家统计局建立的农民工调查监测体系，综合运用普查、抽样调查、重点调查等方法，是丰富和完善问卷调查方法的重要探索。③

---

① 吴敬琏：《学术勇气与社会担当：悼念陆学艺》，《新世纪》2013年第20期。

② 李大航：《对调查统计方法改革与创新的思考》，《统计与咨询》2011年第4期。

③ 齐颖：《农民工监测调查方法制度解析与思考》，《中国信息报》2016年3月3日。

三是实地调查中把观察、访问与日记台账等方式结合起来。实地调查最基础的是家庭收支调查分析，也就是家计调查。毛泽东在兴国调查中，对八个家庭的收入开支、生产生活和政治意愿进行的调查，是家计调查的楷模。① 家计调查中，被调查户生活条件如住房、耐用消费品、生活环境等情况，适合于用观察的方式获得。被调查户生产情况，以及对经济社会发展的态度和建议等，适合用访谈的方式获得。家计调查中最核心的是被调查户现金的收入和支出、生产项目的收入和支出等资料，取得这些资料一个比较好的办法是支持被调查者做日记台账。将观察、访问与日记台账相结合，可以达到对被调查户生产生活，以及意愿态度的全面而深刻认识，这是认识中国社会基本细胞——家庭的有效方法。

第三节　互联网与大数据是认识中国社会的强大工具，必须科学运用

调查研究是毛泽东认识中国社会的工具，这种工具本身需要不断研究和创新。毛泽东曾鉴于"工具"不够用，所以一段时间主要是"作工具的研究"②。当代世界进入以互联网为特征的信息化时代。作为一种信息沟通方式，互联网具有开放性、自由性、平等性、广泛性、直接性等特点。基于互联网的调查可以扩大调查空间，降低调查成本，提高调查时效性，有利于调查质量的监控，具有智能化和互动性等优点。所以，网络调查迅速成为世界调查研究行业发展的新趋势。③ 在网络调查快速发展的过程中，大数据作为一种大规模的数据搜集和分析新方式，在探讨事物的相关性和

---

① 毛泽东在《兴国调查》的前言中写道："做了八个家庭的调查，这是我从来没有做过的，其实没有这种调查，就没有农村的基础概念。"参见《毛泽东农村调查文集》，人民出版社 1982 年版，第 183 页。

② 《致何干之》，《毛泽东书信选集》，人民出版社 1983 年版，第 136 页。

③ 刘全、朱胜、何源：《网络调查数据质量的多级模糊综合评价方法》，《中国统计》2007 年 5 期。

预测事物的发展上显示了巨大的威力，已经成为认识中国社会的强大工具，也成为新时代调查研究方法体系中的重要组成部分。那种完全依赖现代信息手段、遥控式的间接调查，是应该反对的，但必须学习和应用现代化的技术和工具，才能促进调查研究方法与时俱进。

一、网络调查的利与弊

网络调查采用的方法主要有：网络观察法、网络问卷法、网络访谈法和网上文献法等。一是网络观察法。通过视频等手段，对被调查者进行观察。或者利用网络测量工具，对被调查者的行为进行测量和记录。二是网络问卷法。通过网络问卷平台发送和回收问卷。根据选择样本的方式，可分为随意拦截法、志愿者调查法、滚雪球调查法等。根据问卷或问卷的链接页面的传送方式，可以分为问卷平台、网页嵌入、电子邮件和社交工具等方式。三是网络访谈法。通过文本交互、网络电话或视频会议方式进行交流，以获取被调查数据。网络技术的发展，使得网上座谈会（调查会）成为可能。四是网络文献法。通过网络搜索工具，查阅和搜集数据和文献。①

网络调查与传统调查方法相比，具有诸多便利。

一是互联网能帮助建构调查研究的问题。邓恩认为，建构问题可分为四个阶段：问题感知、问题搜索、问题界定与问题陈述。②互联网能够通过数据变化异常快速感知问题，能够在大范围搜索问题，发现各类数据之间的关联，从而帮助界定问题和对问题进行陈述。

二是互联网搜集资料更便捷。在互联网的世界，没有时空和地域限制，只要拥有一台电脑和连上网络，无论是调查者还是被调查者，就可以在不同的时间、地点同时进行调查。由于受到的限制小，网络调查可以在

① 汪博兴：《网络调查与传统调查方法的比较分析》，《襄阳职业技术学院学报》2013年第2期。

② 威廉·N.邓恩：《政府决策分析导论》，谢明译，中国人民大学出版社2011年版，第166—169页。

很短的时间内完成。随着网络技术的发展，数据的获取变得越来越容易和方便。网络信息的收集，由智能应用程序通过"自动"的方式时刻获取。同时，网络调查整个过程都可放在一个数据平台上进行，无需调查者和被调查者亲临现场，也无需对信息采集人员进行调查培训。这样，可以有效地降低在传统调查中可能出现的样本采集困难，以及避免调研费用高、周期长等一系列问题。

三是互联网有助于提高解决问题的决策质量。调查研究是为了做出有效决策，解决存在的问题。利用互联网可以提出多种解决问题的方案，供决策者参考。网络能方便地集中各类政策相关者的意见，集思广益，推进决策的民主化。利用互联网对决策各要素进行优化，能够推动决策主体从精英转向大众，决策结构从等级制转向扁平化，决策方式从经验驱动转向数据驱动，从而提升决策质量，更有效地解决经济社会问题。

网络调查作为一种新型调查方式，在极大地便利搜集资料、分析资料的同时，也在运用过程中出现不少必须注意的问题。

一是失真的风险。网络新闻为了增加其点击率，往往夸大、裁剪和渲染事实。各种平台上网友的帖子和点评，情绪化"吐槽"较多，妨碍对基本事实进行理性的判断。这样，通过网络调查搜集到的案例和观点，往往偏离现实真相，信度较低。

二是代表性问题。在网络调查中，严格的抽样调查难以实施。样本的总体仅限于网民，而网民本身缺乏代表性。在实际操作中，通过网络进行的访谈对象大都是常用网络的年轻人，虽然年轻人能较好地配合调查，但其观点可能与主流社会观点不尽一致。

三是网络调查受到网络硬件和软件的限制。现在网络硬件设施日益完善，可以进行网络调查的软件也多种多样。但信息技术的快速发展和更替，使采用原来网络途径搜集的资料，在不久之后就无法通过同样途径获取。与传统社会调查的方法相比，网络调查工具变化很大，信息技术的迅猛发展使网络调查方法的发展和完善难以进行。①

---

① 周艳：《网络调查方法在社会学中的应用及局限》，《电子测试》2013 年第 6 期。

二、综合应用现代科技工具

毛泽东在《实践论》中指出，在技术发达的现代可以做到"秀才不出门，全知天下事"①。现代调查研究方法的基本特征是应用现代科技工具。电脑、互联网、音像等高科技设备的发展，使搜集资料、分析资料的方式发生了变化，乃至使调查研究报告的呈现方式也发生了变化。综合应用现代科技工具，可以使调查研究更精确更便捷。

一是促进调查研究信息化。电脑在当今的时代，已经变成人们各项工作中不可缺少的重要工具，调查研究更是经常需要使用电脑，进行各项数据的搜集、输入、分类、编码、储存、分析、输出，方便调研人员查找和使用。在社会科学研究中，不少现象都不是确定的，需要使用统计学和概率论，用电脑进行统计分析，使其结果更加快捷而规范。②统计部门需要紧密依托互联网，推进统计工作的信息化，使统计资料的搜集和整理工作变得简单，减少基层员工的简单而重复的工作量。积极探索建立快速、高效的调查统计平台和数据共享平台，提高调查统计的科学性、准确性和时效性。目前，我国主要采用西方开发的 SPSS 和 SAS 等统计分析软件。需要加大力度，开发适合我国发展需要的专业调查统计软件。如国家林业局开发的"全国林地年度更新软件"，既可进行电子统计报表，又可进行图形和属性检查，大大便利了林地调查统计。③

二是综合运用网络调查平台。百度、问卷星等网站和 APP 都可以方便地进行问卷调查和案例调查，也可以成为实地调查的助手。各个政府部门、社会机构和企业的网站、APP、微信公众号、数据库是各种信息汇聚的平台，利用这些信息，可以针对特定研究问题进行资料搜集和资料分析。商家可以通过淘宝、京东等购物平台数千万笔的交易信息，了解到商

① 《毛泽东选集》第 1 卷，人民出版社 1991 年版，第 287 页。

② 陈启春：《近十年我国社会学研究方法综论——对 483 篇有关社会学研究方法论文的内容分析》，《河南社会科学》2006 年第 3 期。

③ 李峥：《福建省林地变更调查技术方法体系研究》，《林业勘察设计》2016 年第 3 期。

品的供求信息，以便作出更有利的决策。百度、今日头条等每天处理数十亿次搜索、浏览和评论，通过这些数据能发现一段时间关注的热点问题。①

三是利用微信等社交工具辅助调查研究。微信等社交工具的出现，为调查研究提供了很多便利。微信的好友、群（朋友圈）等功能，可以突破实地调查的空间局限，密切调查研究者与被调查者之间的关系。微信具有多种添加好友方式，可以方便地筛选和联系调查对象。调查者可围绕调查主题，通过文字短信、语言短信、图片和视频以及表情符号等多种方式，与被调查者进行不定时的交流。实地调查中经常开展的"集体访谈"和"座谈会"，也可以利用微信的实时对讲机功能辅助进行。在微信语音聊天室和一群人围绕调查问题进行语音对讲，比面对面座谈更容易组织，而且可避免面对面座谈时"羞涩、不善言辞"等情况。②

四是发挥音像在调查研究中的作用。传统的调查研究往往以文字作为载体。音像作为一种记录的方式，过去往往只用来拍摄社会的表象，并以娱乐的方式呈现。随着技术的进步，音像的制作和传输高度发达，音像作为调查研究的资料搜集和记录的工具，作用越来越大。在实地调研中，以音像记录、展示和诠释一个社会问题，由于其直观性、丰富性和便利性，愈来愈受到调查研究者的青睐。调查研究报告，不再是满版的文字，也包括声音、图像等鲜活资料。③另外，遥感技术，作为一种"不在场"的记录手段，在调查研究中也具有独特的作用。譬如，在我国林业资源调查中，根据森林资源图斑的变化，可以及时发现问题，准确找到需要进行实地调查的区域和因子，大大提高调查研究的针对性。

①　罗平：《大数据对数据处理的利弊——以大学生调查统计为例》，《经济与管理》2015 年第 4 期。

②　郭志合：《微信辅助田野调查方法课程教学及实践研究》，《南京工业职业技术学院学报》2017 年第 2 期。

③　沈治国、李勤璞：《生态影像田野调查方法》，《浙江农林大学学报》2015 年第 3 期。

三、发挥大数据在搜集资料分析资料上的重要作用

中国实施信息化驱动现代化战略，建设网络强国，在短短的十多年中，信息化的应用跃居世界前列。随着计算机技术和互联网的快速发展，基于互联网的调查迅速崛起。随着网络化的快速发展，各种数据资料在经济社会各领域源源不断地产生和积累。智慧城市的发展，微博微信等社交网络的兴起，智能手机的普及，使得每一个地方都充满网络的触手，人们活动的方方面面都将在网上留下痕迹，被成千上万只网眼观察、记录，形成了庞大的数据集合。大数据作为一种新的资料搜集和分析方式，对传统的调查方法构成了巨大的挑战，也为新时期调查研究方法的发展提供了重大机遇。如何认识大数据与调查研究的关系，在调查研究中如何利用大数据，成为必须深入研究的新课题。

尽管到目前，学界对大数据还没有形成统一的定义，但对大数据的基本特征还是形成了一定共识。2015 年，国务院印发了《促进大数据发展行动纲要》（国发 ［2015］ 50 号），其中指出，大数据是以容量大、类型多、存取速度快、价值密度低为主要特征的数据集合，正快速发展为对数量巨大、来源分散、格式多样的数据进行采集、存储和关联分析，从中发现新知识、创造新价值、提升新能力的新一代信息技术和服务业态。[1]

在大数据时代，信息传播手段和方式都发生明显的变化，"海量信息和海量数据的并驾齐驱，正在深刻重构人们的社会关系"。[2] 正如舍恩伯格所说："大数据因为更强调数据的完整性和混杂性，帮助我们进一步接近事实真相。"[3] 当一个人的习惯、潜意识、社会关系等被大数据知悉掌

---

[1]　2015 年 8 月 31 日，国务院印发《促进大数据发展行动纲要》（国发 ［2015］ 50 号）。

[2]　陆学莉：《网络表达与治理互动关系的评价维度和互动态势分析》，《江淮论坛》2017 年第 2 期。

[3]　维克托·迈尔—舍恩伯格：《大数据时代：生活、工作与思维的大变革》，盛杨燕等译，浙江人民出版社 2012 年版，第 65 页。

握，大数据似乎成了算命先生，能够准确预测你的未来。① 正因为大数据的这些特性，一些社会学家正在探讨如何改革和创新费时费力的传统调查研究方法，如何从大数据记录人们行为的轨迹中，发现社会问题，分析社会关系。

大数据技术在给调查研究提供强大支撑的同时，也给调查研究带来不少隐患，需要客观看待大数据这一新兴事物对认识方式的影响。② 一是认识事物的表面化。在大数据的影响下，人们的思维从探讨事物之间的因果关系，转向关注相关关系，内在的科学规律有可能湮没在海量的数据之中。二是垃圾信息的泛滥。各种信息呈指数性增长，非结构化数据和结构化数据混杂在一起，人们被这些真假莫辨的数据包围，如果没有有效识别方法，可能在大数据面前无所适从。三是对信息技术的依赖性。大数据的价值不仅在于获取庞大的数据信息，更重要的在于对这些数据进行专业化处理，也就是对数据的"提炼加工"。③ 而要对这些数据进行加工，依赖于专业的信息技术，使得社会科学研究越来越受制于技术的发展，而可能忽视理解和体验能力的提升。

国务院印发的《促进大数据发展行动纲要》提出，要建立"用数据说话、用数据决策、用数据管理、用数据创新"的管理机制，实现基于数据的科学决策。④ 调查研究要充分整合和利用各类大数据，创新数据搜集和分析方式。大数据也必须结合传统的调查统计数据，才能对经济社会发展作出正确的推断估计。这样，就必然会产生两类数据融合的需要，就需要探索调查研究与大数据相结合的途径。要围绕数据的采集、整理、分析、发掘、展现和应用等环节，推动大数据与调查研究的深度融合，创新大数据时代的调查研究方法。

在不同学科中，调查研究方法具有内在的共性，但调查研究方法本身存在着多个层次。调查研究的最高层次是方法论，第二层次是调查研究的

---

① 侯水平：《大数据时代数据信息收集的法律规制》，《党政研究》2018年2期。
② 陈俊宇：《大数据技术的发展及其研究综述》，《中国管理信息化》2016年第20期。
③ 谢治菊：《大数据优化政府决策的机理、风险及规避》，《行政论坛》2018年第1期。
④ 2015年8月31日，国务院印发《促进大数据发展行动纲要》（国发〔2015〕50号）。

基本方法（譬如实地调查与问卷调查、定性分析与定量分析等），第三层次是一些具体的研究手段和工具，如网络和大数据。如果说调查研究方法的第一、二层次是相对稳定的，第三层次的工具则是经常变化的。认识任何社会现象，首先要明白的是用什么样的立场、观点和基本方法进行调查研究的问题，这个问题如果不解决，仅凭一些现代化的技巧和工具是不能解决根本问题的。① 毛泽东调查研究方法是认识中国社会的根本方法，坚持毛泽东调查研究方法，主要是坚持毛泽东调查研究的方法论和基本方法，而调查研究的具体方法和工具必须适应形势不断加以改进和创新。新时代要使调查研究方法插上现代科技的翅膀，同时使融合现代科技的调查研究方法成为贯彻实事求是思想路线的强大武器。

---

① 严家明：《毛泽东同志的农村调查方法仍然是现代社会调查的主要方法》，《兰州学刊》1984 年第 2 期。

结　语

　　毛泽东之所以成为伟大的民族英雄，是那个需要英雄的时代以及具有英雄品质的毛泽东个人"双向选择"、经过残酷淘汰后的结果。时势选择毛泽东以及毛泽东适应和改造时势的锐利武器是其扎根中国土地的科学的调查研究方法。

　　毛泽东调查研究方法，从其产生、发展、形成到今天，经历了一个世纪，实践证明这是中国同志了解中国情况行之有效的方法。当然，调查研究方法作为一种认识社会的工具，必然要因应社会的发展而与时俱进。在中国特色社会主义新时代，加强对毛泽东调查研究方法的研究，不仅是认识方法传承和创新的必然要求，还是中国共产党人在新时代践行群众路线、提升发展能力的必由之路。

　　本研究立足于新时代中国特色社会主义建设的需要，综合采用辩证分析、案例分析、实地调查、比较研究等方法，从理论上探讨毛泽东调查研究方法的渊源，从历史上描述毛泽东调查研究方法的发展过程，从技术角度分析毛泽东调查研究的具体方法，总结了毛泽东调查研究方法的基本特征和当代价值，提出了当代坚持和弘扬毛泽东调查研究方法的途径。

　　毛泽东调查研究方法博大精深，本研究只是一种粗浅探索的成果。本研究尚存在诸多缺陷，譬如史料和已有研究整理不完整、对方法内在逻辑分析不透彻、没能提炼出令人信服的方法概念和范式等等，这些都受能力所限在现阶段本人难以克服。回顾和总结研究经历，对于进一步研究毛泽东调查研究方法有一些体会和意见。

　　一是要有用。要围绕毛泽东调查研究方法从多维度展开有针对性的研究，不能用对毛泽东调查研究的理论与历史的研究来代替对方法的研究。形成的关于毛泽东调查研究方法的研究成果，要结合现代调查研究技术，形成认识当今社会的科学方法和先进工具。一些学者以毛泽东调查研究方法为基础，结合西方现代调查研究统计技术，从实践中探索毛泽东调查研究方法在当代的应用，但是还需要从理论上进行总结和阐述。① 运用毛泽东调查研究方法从事当代中国调查研究，并不断地总结经验和探索适合当代发展的调查研究方法，是未来推动毛泽东调查研究方法研究的着力点。

　　二是要融合。为什么关于毛泽东调查研究历史与理论的成果比较多，而聚焦方法及其当代应用的研究成果相对不足呢？这其中一个重要原因是存在学科局限。毛泽东的调查研究方法是中国社会学，也是中国社会科学各门学科需要继承和发扬的传统，但改革开放以来，中国社会科学不少学科都忙于引进西方的理论，忽视这一宝贵的传统。加强毛泽东调查研究方法及其当代应用的研究，需要融合各学科的力量。毛泽东调查研究方法有定量、也有定性，有方法论、也有具体方法，有科学性、也有群众性，各个学科的学者可以互相借鉴与融合，突破学科的局限，开展跨学科的研究。特别是社会学界的学者，要重视继承和发展我国已有的调查研究传统，并借鉴社会学"西学东渐"的经验和教训，扛起深入研究毛泽东调查研究方法的重任。②

　　三是要提升。改革开放以来，关于毛泽东的研究，已涵盖毛泽东生平的各个时期，涉及政治、经济、文化、军事、艺术、文学等各个方面，这些研究已形成了比较完整严密的理论架构和实践路径。关于毛泽东调查研究方法的研究，是毛泽东研究中的一个重要组成部分。未来进一步推进毛泽东调查研究方法的研究，不能停留在搜集资料方法、分析资料方法等具体层面的讨论上，要在马克思辩证唯物主义方法论的指导下，展示毛泽东

---

　　① 代表性的如陆学艺在 21 世纪初所做的调查研究。参见陆学艺：《当代中国社会阶层研究报告》，社会科学文献出版社 2002 年版。

　　② 张艳霞、杨心恒：《源之于"洋"植根于"土"——谈毛泽东社会调查理论和方法的形成与发展》，《毛泽东邓小平理论研究》2007 年第 2 期。

社会调查方法的清晰范式，构建起科学方法的概念、命题和逻辑框架。

四是要开放。受现代信息科技快速发展的影响，实证主义、人文主义等研究范式融合演变，关于社会科学方法的研究进入反思、批判和重构时期，这是中国学术走向世界的机遇。要因应全球化、智能化快速发展的形势，将毛泽东社会调查方法置于国际社会科学研究方法发展的大趋势之中进行分析，使不断丰富和发展的中国共产党调查研究方法成为国际上广泛认可的科学方法和认识工具。要挖掘毛泽东社会调查方法这个宝库，借鉴现代科技成果，在社会调查方法领域形成中国的学术体系和话语体系。

毛泽东一生对调查研究方法的实践历史之长、论述思考之深、应用成果之多，在调查研究史上是空前的。他是中国共产党调查研究方法的最早开拓者和路径设定者。毛泽东关于调查研究的方法实践和理论总结，浓缩了中华民族传统长达半个多世纪的艰苦探索，形成了新时代中国社会科学的逻辑基础，构建了转型期中国人民认识社会的初始范式，为我们提供了沿着科学的道路实现中华民族伟大复兴的自信源泉。

调查研究无止境，科学方法的传承创新亦无止境。"中国革命斗争的胜利要靠中国同志了解中国情况"①。每一个中国人，尤其是中国共产党人，都需要"了解中国是个什么东西（中国的过去、现在及将来）"②，这就不能没有科学的调查研究方法。毛泽东曾指出："民主革命阶段，要进行调查研究，社会主义革命和社会主义建设阶段，还是要进行调查研究，一万年还是要进行调查研究工作"③。毛泽东运用调查研究解决的当年那些问题已经成为历史，但科学的精神和路径一万年都需要。在历史发展的长河中，在调查研究的实践进程中，毛泽东调查研究方法作为中国共产党人的传家宝，永远不会过时。关于它的研究，也必将与时代发展常新，与人类的认识发展同步。

---

① 《毛泽东农村调查文集》，人民出版社 1982 年版，第 7 页。
② 《毛泽东农村调查文集》，人民出版社 1982 年版，第 21 页。
③ 《毛泽东文集》第 8 卷，人民出版社 1999 年版，第 262 页。

参考文献

1.《马克思恩格斯选集》(第1—4卷),人民出版社1995年版。

2.《列宁选集》(第1—4卷),人民出版社1995年版。

3.《毛泽东选集》(第1—4卷),人民出版社1991年版。

4.《毛泽东文集》第(1—2卷),人民出版社1993年版。

5.《毛泽东文集》第(3—5卷),人民出版社1996年版。

6.《毛泽东农村调查文集》,人民出版社1982年版。

7.《毛泽东著作选读》(上下册),人民出版社1964年版。

8.《毛泽东书信选集》,中央文献出版社2003年版。

9.《毛泽东周恩来刘少奇朱德邓小平陈云论调查研究》,中央文献出版社2006年版。

10.《毛泽东年谱(一八九三——一九四九)》(修订本),中央文献出版社2013年版。

11.《毛泽东年谱(一九四九——一九七六)》,中央文献出版社2013年版。

12.《周恩来选集》(上下卷),人民出版社1980、1984年版。

13.《邓小平文选(1938～1965)》,人民出版社1989年版。

14.《邓小平文选(1975～1982)》,人民出版社1983年版。

15.《邓小平文选》(第3卷),人民出版社1993年版。

16.《邓小平文选》(第1—2卷),人民出版社1994年版。

17.《江泽民文选》(第1—3卷),人民出版社2006年版。

18.《胡锦涛文选》(第1—3卷),人民出版社2016年版。

19.《习近平谈治国理政》,外文出版社2014年版。

20.《决胜全面建成小康社会 夺取新时代中国特色社会主义伟大胜利——在中国共产党第十九次全国代表大会上的报告》,人民出版社2017年版。

21.《之江新语》,浙江人民出版社2007年版。

22.习近平:《谈谈调查研究》,《学习时报》2011年11月21日。

23. 习近平：《在哲学社会科学工作座谈会上的讲话》，《人民日报》2016 年 5 月 19 日。

24. 曹锦清：《黄河边的中国：一个学者对乡村社会的观察与思考》，上海文艺出版社 2000 年版。

25. 陈光慧：《大数据时代中国政府调查统计体系改革研究》，《商业经济与管理》2016 年第 6 期。

26. 陈俊宇：《大数据技术的发展及其研究综述》，《中国管理信息化》2016 年第 20 期。

27. 陈启春：《近十年我国社会学研究方法综论——对 483 篇有关社会学研究方法论文的内容分析》，《河南社会科学》2006 年第 3 期。

28. 陈向明：《质的研究方法与社会科学研究》，教育科学出版社 2013 年版。

29. 陈智：《毛泽东的社会调查方法》，《四川师范大学学报》1994 年第 3 期。

30. 仇立平：《社会研究方法》，重庆大学出版社 2015 年版。

31. 范伟达、王竞、范冰：《中国社会调查史》，复旦大学出版社 2008 年版。

32. 费孝通：《中国农民的生活》，江苏人民出版社 1986 年版。

33. 风笑天：《社会学方法二十年：应用与研究》，《社会学研究》2000 年第 1 期。

34. 风笑天：《我国社会学恢复以来的社会调查分析》，《社会学研究》1989 年第 4 期。

35. 高菊村、陈峰、唐振南、田余粮：《青年毛泽东》，中共党史资料出版社 1990 年版。

36. 高燕、王毅杰：《社会研究方法》，中国市场出版社 2008 年版。

37. 龚育之：《毛泽东重要著作和思想形成始末》，人民出版社 1993 年版。

38. 郭志合：《微信辅助田野调查方法课程教学及实践研究》，《南京工业职业技术学院学报》2017 年第 2 期。

39. 韩明汉：《中国社会学史》，天津人民出版社 1987 年版。

40. 郝建林、张檀琴：《陈云和毛泽东的调查方法比较》，《山西高等学校社会科学学报》2011 年第 3 期。

41. 侯水平：《大数据时代数据信息收集的法律规制》，《党政研究》2018 年第 2 期。

42. 胡日旺：《毛泽东寻乌调查的历史考察》，《寻乌调查与马克思主义中国化的起步》，中央文献出版社 2006 年版。

43. 胡为雄：《读毛泽东〈兴国调查〉的启示》，《毛泽东邓小平理论研究》2006 年第 1 期。

44. 黄盈盈、潘绥铭：《论方法：定性调查中"共述"、"共景"、"共情"的递进》，《江淮论坛》2011 年第 1 期。

45. 江乐山：《毛泽东同志怎样运用群众语言》，《新闻通讯》1986 年第 1 期。

46. 姜铁军：《转变工作作风改进调查研究——学习习近平同志关于调查研究的重要论述》，《理论学习》2013 年第 10 期。

47. 金民卿：《青年毛泽东的思想转变之路——毛泽东是怎样成为马克思主义者的?》，社会科学文献出版社 2015 年版。

48. 柯惠新、田卉：《中国市场信息调查业发展回顾：机遇与挑战（一）》，《市场研究》2009 年第 2 期。

49. 李大航：《对调查统计方法改革与创新的思考》，《统计与咨询》2011 年第 4 期。

50. 张太原：《跟毛泽东学工作方法》，人民出版社 2021 年版。

51. 李逢彦、赵宝云、李伟：《邓小平调查研究方法简论》，《求实》2004 年第 6 期。

52. 李捷：《毛泽东对新中国的历史贡献》，社会科学文献出版社 2013 年版。

53. 李捷、于俊道：《毛泽东实录》，长征出版社 2013 年版。

54. 李金昌：《对我国调查统计方法体系改革的回顾与展望》，《统计研究》2002 年第 7 期。

55. 李晋玲：《毛泽东调查研究实践与理论的历史考察》，中共中央党校出版社 2008 年版。

56. 李强：《新中国社会调查研究方法回顾》，《中国社会科学报》2009 年 9 月 22 日。

57. 李银河、冯小双：《对北京市部分离婚者的调查》，《社会学研究》1991 年第 5 期。

58. 李佑新：《伟大的民族英雄——毛泽东与抗日战争》，湘潭大学出版社 2015 年版。

59. 李峥：《福建省林地变更调查技术方法体系研究》，《林业勘察设计》2016 年第 3 期。

60. 廖立勇：《论毛泽东保障群众利益思想及其当代启示》，《科学社会主义》2011 年第 6 期。

61. 林彬、王文韬：《对当代中国社会学经验研究及研究方法的分析与反思——90 年代社会学经验研究论文的内容分析》，《社会学研究》2000 年第 6 期。

62. 刘全、朱胜、何源：《网络调查数据质量的多级模糊综合评价方法》，《中国统计》2007 年第 5 期。

63. 刘圣陶：《毛泽东调查研究思想探析》，湖南师范大学博士论文，2007 年。

64. 柳庆：《毛泽东寻乌调查与兴国调查的历史经验及当代价值研究》，南昌大学硕士论文，2015 年。

65.卢光明、刘耀杰：《对传统社会调查研究方法的反思》，《求索》1989 年第 2 期。

66.鲁家峰：《作为谋事之基和成事之道的调查研究——论江泽民的调查研究思想》，《唯实》2016 年第 11 期。

67.陆学莉：《网络表达与治理互动关系的评价维度和互动态势分析》，《江淮论坛》2017 年第 2 期。

68.陆学艺、徐逢贤：《毛泽东与农村调查——纪念中国共产党诞生七十周年》，《社会学研究》1991 年第 5 期。

69.陆学艺：《改革中的农村与农民：对大寨、刘庄、华西等 13 个村庄的实证研究》，中共中央党校出版社 1992 年版。

70.陆学艺：《当代中国社会阶层研究报告》，社会科学文献出版社 2002 年版。

71.罗平：《大数据对数据处理的利弊——以大学生调查统计为例》，《经济与管理》2015 年第 4 期。

72.马楠楠：《毛泽东调查研究思想及其当代意义》，中央民族大学硕士论文，2013 年。

73.马玉卿、张万禄：《毛泽东成长的道路》，陕西人民出版社 1986 年版。

74.毛胜：《调查研究的问题导向》，《新湘评论》2016 年第 8 期。

75.彭嘉陵、鄂来雄：《"统计的魂在寻乌"——重温毛泽东苏区调查精神系列报道之寻乌篇》，《中国信息报》2014 年 6 月 5 日。

76.齐颖：《农民工监测调查方法制度解析与思考》，《中国信息报》2016 年 3 月 3 日。

77.秦红增、周大鸣：《田野工作的情感——兼论毛泽东早期调查的田野价值》，《思想战线》2002 年第 4 期。

78.社会学概论编写组：《社会学概论》，天津人民出版社 1984 年版。

79.沈治国、李勤璞：《生态影像田野调查方法》，《浙江农林大学学报》2015 年第 3 期。

80.石仲泉：《中央苏区调查与毛泽东对马克思主义中国化的贡献》，《毛泽东邓小平理论研究》2005 年第 5 期。

81.舒金城：《不做正确的调查同样没有发言权——论毛泽东关于调查研究方法的思想》，《毛泽东思想研究》2014 年第 4 期。

82.水延凯：《全国第二届社会调查方法学术研讨会综述》，《社会学研究》1997 年第 2 期。

83.水延凯：《中国社会调查史》，中国人民大学出版社 2017 年版。

84.宋斐夫：《〈湖南农民运动考察报告〉发表前后》，《毛泽东重要著作和思想形成始末》，人民出版社 1993 年版。

85. 宋林飞：《费孝通小城镇研究的方法与理论》，《南京大学学报》2000 年第 5 期。

86. 苏驼：《重视研究毛泽东同志关于社会调查研究的理论和实践》，《社会学通讯》1983 年第 4 期。

87. 孙飞艳：《陈翰笙毛泽东农村调查比较研究》，扬州大学硕士论文，2013 年。

88. 孙克信、于良华、佟玉琨、徐素华：《毛泽东调查研究活动简史》，中国社会科学出版社 1984 年版。

89. 谭炳华：《"文革"前十年毛泽东与刘少奇调查研究实践的比较研究》，湖南师范大学硕士论文，2006 年。

90. 陶永祥：《毛泽东与调查研究》，中央文献出版社 2004 年版。

91. 童星：《在新形势下继承和发展毛泽东社会调查的理论》，《全国毛泽东生平和思想研讨会论文集（上）》，1993 年。

92. 汪博兴：《网络调查与传统调查方法的比较分析》，《襄阳职业技术学院学报》2013 年第 2 期。

93. 王潮、洛蒙：《关于国内毛泽东调查研究思想的研究综述》，《黑龙江史志》2015 年第 11 期。

94. 王春峰：《试论毛泽东社会调查方法的科学性》，《学习论坛》2013 年第 12 期。

95. 王东、潘绥铭、黄盈盈：《毛泽东社会调查理论与方法对社会学方法本土化的价值——作为本土资源和成功典范的毛泽东社会调查理论与方法》，《甘肃理论学刊》2008 年第 3 期。

96. 王高贺：《习近平调查研究思想初探》，《求实》2015 年第 8 期。

97. 王文韬：《"田野"的困境——民族音乐学的当代实地调查方法刍议》，《交响》（西安音乐学院学报）2015 年第 1 期。

98. 王小康、陆卫明：《毛泽东农村调查研究的内容、方法及现代启示》，《甘肃社会科学》2019 年第 2 期。

99. 王宇凤：《论习近平的调查研究思想》，《中共济南市委党校学报》2017 年第 4 期。

100. 吴晶、胡浩、施雨岑：《面向新时代的政治宣言和行动纲领——党的十九大报告诞生记》，新华社北京 2017 年 10 月 27 日电。

101. 吴敬琏：《学术勇气与社会担当：悼念陆学艺》，《新世纪》2013 年第 20 期。

102. 谢治菊：《大数据优化政府决策的机理、风险及规避》，《行政论坛》2018 年第 1 期。

103. 徐素华：《调查研究方法与实用社会学方法的比较》，《毛泽东邓小平理论研究》1991 年第 4 期。

104. 严家明：《毛泽东同志的农村调查方法仍然是现代社会调查的主要方法》，《兰州学刊》1984 年第 2 期。

105. 杨明清：《调查研究是践行群众路线的重要途径——毛泽东调查研究理论的现实意义》，《理论学刊》2013 年第 11 期。

106. 杨明伟：《毛泽东对调查研究的思考——以毛泽东早期的几个调查报告为例》，《毛泽东邓小平理论研究》2013 年第 12 期。

107. 尹海洁：《试析近年我国社会学定量分析方法应用中的问题》，《哈尔滨工业大学学报》2003 年第 4 期。

108. 张家文：《关于网络调查研究方法的思考》，《鄂州大学学报》2010 年第 6 期。

109. 张庆军、罗天中、张琴：《大数据时代转变调查统计职能的初步思考》，《财政科学》2017 年第 7 期。

110. 张珊珍、李凌晨：《解读毛泽东〈寻乌调查〉的社会学研究价值》，《苏区研究》2015 年第 3 期。

111. 朱贵玉、赵东立：《毛泽东著作研究文集》，中国经济出版社 1991 年版。

112. 张艳霞、杨心恒：《源之于"洋"植根于"土"——谈毛泽东社会调查理论和方法的形成与发展》，《毛泽东邓小平理论研究》2007 年第 2 期。

113. 中共中央党史研究室：《中国共产党的九十年》，中共党史出版社、党建读物出版社 2016 年版。

114. 周德民等：《社会调查原理与方法》，中南大学出版社 2006 年版。

115. 周沛：《毛泽东农村社会调查与职业社会学家农村社会调查分析》，《南京大学学报》1995 年第 4 期。

116. 周批改：《下马看花、走马看花——关于毛泽东社会调查方法的思考》，《毛泽东思想研究》1999 年第 4 期。

117. 周世钊：《第一师范时代的毛主席》，《新观察》1951 年第 2 期。

118. 周艳：《网络调查方法在社会学中的应用及局限》，《电子测试》2013 年第 6 期。

119. 朱雁：《改革农村统计抽样调查方法》，《中国农业信息》2015 年第 19 期。

120. [美] 埃德加·斯诺：《西行漫记》，董乐山译，三联书店 1979 年版。

121. [美] 威廉·N. 邓恩：《政府决策分析导论》，谢明译，中国人民大学出版社 2011 年版。

122. [美] 维克托·迈尔—舍恩伯格：《大数据时代：生活、工作与思维的大变革》，盛杨燕等译，浙江人民出版社 2012 年版。

123. [美] 哈里·F. 沃尔科特：《田野工作的艺术》，马近远译，重庆大学出版社 2011 年版。

124.[英] 迪克·威尔逊：《毛泽东传》，国外研究毛泽东思想资料选辑编辑组译，国际文化出版公司 2013 年版。

125.[美] 罗斯·特里尔：《毛泽东传》，何宇光、刘加英译，中国人民大学出版社 2013 年版。

126.[美] 傅高义：《邓小平时代》，冯克利译，生活·读书·新知三联书店 2013 年版。

127.Eric Robert Wolf, Peasant Wars of the Twentieth Century, University of Oklahoma Press,1999.

128.Grace Skogstad，Internationalization and Canadian Agriculture: Policy and Governing paradigms, University of Toronto Press,2008.

129.Hsiung,Ping—Chun.MAO's Legacy of Investigative Research,Pursuing Qualitative Research From the Global South.Forum: Qualitative Social Research,Volume16,2015.

130.http://www.xinhuanet.com

131.http://dangshi.people.com.cn

132.https://www.wjx.cn

133.http://www.cnki.net

134.http://www.webofknowledge.com

附录 1：毛泽东调查研究活动简表

调查 时间	调查 地点	参与 人物	调查经过	调查方法 及有关说明
1917 年 7 月 中旬—8 月 16 日	长沙、宁 乡、安化、 益阳、沅江	萧子升	步行漫游湖南农村，历时一个月，行程九百余里。他们未带一文钱，写些对联送人或帮人干农活以解决食宿。广泛接触各阶层人士，了解风土民情，获得许多新鲜知识。	游学
1917 年 9 月 16 日	湘潭	张昆弟、 彭则厚	游览湘潭，夜宿昭山寺、浴湘江。毛泽东在游览和交谈中提出：人生不能单以解决衣食住为满足；吾辈必想一最容易之方法，以解决经济问题，尔后求遂吾人之理想之世界主义；人之心力与体力合行一事，事未有难成者。	游学
1917 年冬	浏阳文家市 铁炉冲	陈赞周	步行到浏阳文家市铁炉冲陈赞周同学家。走访了周围的农民，晚上同附近农民谈心，宣传种果树，说前人栽树后人乘凉，前人栽树后人食果。他在铁炉冲栽了几棵板栗树。	游学

续表

调查 时间	调查 地点	参与 人物	调查经过	调查方法 及有关说明
1918 年春	湘阴、岳阳、平江、浏阳	蔡和森	游览洞庭湖沿岸部分地区，历时半个多月。他们每到一地，都要拜访县劝学所（现教育局）的所长，了解教育情况；探望同学，了解他们参加工作后的情形；也参观一些名胜古迹，知悉一些民情风俗。路上还详细商谈组织新民学会问题。	游学
1918 年冬	北京长辛店铁路机车车辆工厂	工人	看望湖南青年，了解工厂生产和工人生活。	参观
1920 年 4 月	天津、济南、泰山、曲阜、南京		参观游览。看了孔子的故居和墓地，登了泰山，还看了孟子的出生地。	游览
1920 年 11下旬	醴陵、萍乡		因工作过于劳累，作短时间休息，到醴陵、萍乡考察游览。 以湖南平民教育促进会教员的身份第一次到安源煤矿考察。	考察，游览
1921 年春夏间	岳阳、华容、南县、常德、湘阴	易礼荣、陈书农	沿洞庭湖考察学校教育，了解农村社会阶层和乡村教育，了解风土民情。	考察，访谈。沿途曾写通讯投寄湖南《通俗报》。
1922 年 4 月底	常宁水口山、衡阳三师	夏曦、彭平之	以教书先生的身份由长沙来到水口山，了解铅锌矿工人情况和发展党团员情况。随后，到衡阳三师了解建党建团情况，并在三师作了关于社会主义的学术讲演。还在三师召开的骨干和党团员会上作报告，要求湘南学联担负起对水口山的宣传工作，不要放松深入各界的宣传。	考察，访谈，报告会

续表

调查时间	调查地点	参与人物	调查经过	调查方法及有关说明
1922 年夏初	岳州（岳阳）	程地广	与长沙新河车站铁路工人程地广去岳州，了解铁路工人的情况，筹备组织工人俱乐部。	考察
1925 年 2 月	韶山	毛福轩、毛新枚、钟志申、李耿侯、庞叔侃、毛简臣、李漱清、庞坦直	和杨开慧携毛岸英、毛岸青到韶山。毛泽东一边养病一边作社会调查。到朋友、同学、亲戚、左邻右舍农家走访，或邀请亲友到韶山南岸家中，谈家常、讲时事。还访问了韶山一带的知名人士。创办农民夜校，成立秘密农民协会，成立了中共韶山支部。	访问，座谈。
1925 年 5 月	安化县	姚炳南、陈昌、卢天放、刘肇经、张文毅	在安化停留八至十天。同共产党员、青年团员座谈。参加了安化县国民党临时县党部成立会，出席在孔庙、永兴庵召开的有共产党员、贫苦农民参加的会议。积极推进建党建团活动，组织秘密农协，开展维护农民利益的斗争。	观察，访问，座谈。
1926 年 3 月—9 月	广州	第六届农民运动讲习所学员	4 月 10 日在招生复试时，毛泽东向学生询问各地农村情况及农民生活状况。5 月主持拟定租率、田赋、地主来源等 36 个项目引导学生作调查，并要学生把家乡的情况，按调查项目填写。7 月带领 50 名学生到韶关地区实习一个星期，参观考察农民运动情况。	问卷调查，实地调查，组织调查，讲授调查方法，编写调查报告。

续表

调查时间	调查地点	参与人物	调查经过	调查方法及有关说明
1926年3月—9月	广州	第六届农民运动讲习所学员	8月中旬组织农讲所全体学生到海丰实习两星期。 8月20日至9月中旬应聘为国民党广东省农委举办的调查员训练班讲课。 9月主持编印《农民问题丛刊》，其中各省农村状况调查，为第六届农讲所学生所做。此期间收集民歌几千首，这些材料丢失了，毛泽东表示比较伤心。	问卷调查，实地调查，组织调查，讲授调查方法，编写调查报告。
1927年1月4日—2月4日	湘潭、韶山、湘乡、衡山、醴陵、长沙	党团员，农会、工会、妇女委员会等干部，群众	1月4日至9日，先后在湘潭县的县城、银田、韶山一带考察。 1月9日至14日，湘乡县考察唐家圫一带、湘乡县城、横铺萧家冲。 1月15日至23日，衡山县考察白果、福田铺、圣帝庙、宋家桥（世上冲）戴聘公祠、衡山县城。 1月24日回到长沙，将湘潭、湘乡、衡山三县的调查情况向中共湖南区委负责人作详细报告。随后在党校、团校各作一次报告。还在长沙郊区做了一些调查。 1月27日至2月3日，醴陵县考察县城、离县城二十五华里的东富寺。 2月4日，回到长沙，在长沙县郊区邀请农协负责人进行座谈，了解长沙农运情况。	考察，访问，座谈。形成《湖南农民运动考察报告》。

续表

调查 时间	调查 地点	参与 人物	调查经过	调查方法 及有关说明
1927 年 6 月	衡山	柳直荀，衡山主要党员干部，附近几县农会、工会、青年团、妇运会的负责人	了解党的组织、工人纠察队、农民自卫军情况以及国民党县党部县知事的动态等，了解马日事变后地方的形势。	考察，访谈
1927 年 8 月 13 日	长沙县清泰乡板仓农村	五位农民、一位篾匠和一位教师	回板仓看望杨开慧及孩子们的同时，找来五位农民、一位篾匠和一位教师，在杨开慧家里开了两天调查会。	调查会
1927 年 8 月 19 日	长沙	从湘潭韶山来的五位农民	征询对土地革命问题的意见。	征询，商谈。拟出"土地纲领"草案数条，并于当天经中共湖南省委讨论。
1927 年 9 月 26 日	莲花县城	朱亦岳等莲花县党组织负责人	召开莲花县党组织负责人会议，详细了解莲花县党组织、农民武装以及永新、宁冈农民武装斗争等情况。	会议。证实井冈山确有两支地方武装。
1927 年 9 月 29 日	永新县三湾村	秋收起义部队指战员	在对部队进行改编前了解情况，听取意见。	会议。
1927 年 10 月中旬	酃县水口（井冈山西麓）	当地党员干部，农民群众	了解罗霄山脉中段周围各县的敌情、阶级状况、土地占有情况、地理环境、物产资源等。	观察，访问。坚定了在罗霄山脉中段建立革命根据地的主张。

续表

调查 时间	调查 地点	参与 人物	调查经过	调查方法 及有关说明
1927 年 11 月	宁冈县	军官教导 队学员	在宁冈砻市龙江书院创办军官教导队，给学员讲政治课，组织学员作社会调查和参加群众斗争。对宁冈作详细调查，了解宁冈的政治、经济、土地、人口、社会风俗等情况。	教学，座谈，组织调查。写下宁冈调查，该资料丢失。
1928 年 1 月	遂川县城	当地居民	指挥部队做群众工作，同时开展社会调查，调查内容包括政治、经济、军事、文化及群众生活等状况，着重调查工农受压迫、被剥削的情况及其要求。	观察，访问。
1928 年 2 月 下旬	永新县	党员干部，群众	了解永新经济社会情况，了解群众工作、打土豪筹款子、发展工农分子入党情况。	观察，访问，座谈。写作永新调查，该资料丢失。
1928 年 6 月 下旬	永新县塘边 一带	农民群众	率红三十一团一营到永新县塘边一带发动群众打土豪，进行土地革命，深入群众作调查，就土地革命中的一些政策问题征求农民意见。	座谈，征求意见。
1929 年 2 月 中旬	吉安县东固 地区	红军	听取东固地方中共党组织和军队负责人的汇报，总结东固地区的红军从事革命活动的经验。	听汇报，座谈。把原定在东固地区固定区域的公开割据政策，改为变动不居的打圈子的游击政策。

调查时间	调查地点	参与人物	调查经过	调查方法及有关说明
1929 年 3 月中旬	长汀城辛耕别墅	钱粮师爷、老衙役、老裁缝、老教书先生、老佃农、流氓头等	了解长汀的政治、经济情况和风俗民情。	座谈会
1929 年 4 月中旬	兴国县城	党员干部，群众	调查兴国的政治、经济情况，翻阅县志并向群众了解兴国的历史及现状。主办了一期土地革命干部训练班，担任主要课程的讲授。	访谈，座谈，文献搜集。制定兴国县《土地法》。
1929 年 10 月上旬	永定县合溪	群众，基层干部	在永定县农村养病期间，了解革命斗争深入发展过程中出现的问题，了解苏维埃政府各项政策贯彻执行情况。	访问，座谈会
1930 年 5 月	寻乌县	古柏，郭友梅，范大明，赵镜清，刘亮凡，李大顺，刘茂哉，刘星五，钟步嬴，陈倬云，郭清如	对寻乌县的地理交通、经济、政治、各阶级的历史和现状，进行了全面系统、详细彻底的调查。不仅调查了农村，还调查了城镇，尤其调查了城镇的商业和手工业状况及其历史发展过程和特点。提出"没有调查，没有发言权"的口号。	观察，访问，调查会，蹲点，文献搜集。写作《寻乌调查》、《调查工作》（《反对本本主义》）。
1930 年 10 月下旬	新余县罗坊	傅济庭，李昌英，温奉章，陈侦山，钟得五，黄大春，陈北平，雷汉香等八户农民	深入调查八户农民家庭的详细情况，了解土地斗争后农村的经济和政治状况。	调查会。写作《兴国调查》。

调查时间	调查地点	参与人物	调查经过	调查方法及有关说明
1930 年 11 月 7 日—8 日	吉水、吉安境内（具体是东塘、大桥、李家坊、西逸亭等处）	群众	去吉安途中，利用点滴时间，了解土地革命的进展状况、村乡两级苏维埃政府在土地革命斗争中的组织和活动情况，以及存在的一些问题。	座谈，谈话。写出《东塘等处调查》。
1931 年 4 月 2 日			以中央革命军事委员会总政治部主任的名义，发出《总政治部关于调查人口和土地状况的通知》，提出"不做调查没有发言权，不做正确的调查同样没有发言权"的口号。	
1933 年 3 月	瑞金县云集区叶坪乡	王观澜，群众	听取王观澜的多次汇报，广泛深入地发动当地群众，认真地宣传、贯彻党的土地政策，依靠贫雇农，联合中农组织起来解决问题。	听汇报，查田试点
1933 年 4 月	沙洲坝	群众	住地叶坪遭敌机轰炸，随临时中央政府机关迁居沙洲坝。了解到当地群众饮用池塘水不卫生，便带领干部和群众挖掘一口水井。	观察，访问
1933 年 5 月 17 日—18 日	瑞金县武阳区	中华苏维埃共和国临时中央政府代表团，乡苏干部，群众	17 日率中华苏维埃共和国临时中央政府代表团前往瑞金县武阳区，准备出席在武阳区举行的赠旗大会，以这个典型推动夏耕运动。途经该区石水乡，听取乡苏干部的汇报，视察生产劳动。晚上召开乡苏干部座谈会，了解土地、劳动、优抚红军家属、耕田追肥等情况，还着重调查苏维埃代表制度和代表联系群众的情形。	视察，访问，座谈会

续表

调查 时间	调查 地点	参与 人物	调查经过	调查方法 及有关说明
1933 年 5 月 17 日—18 日	瑞金县武阳区	中华苏维埃共和国临时中央政府代表团，乡苏干部，群众	18 日，到达武阳区苏维埃所在地。晚上，同干部座谈，了解他们动员群众搞好春耕生产的经验。	视察，访问，座谈会
1933 年 11 月中旬	兴国县长冈乡	中央政府检查团，乡村干部，农民群众	召集乡村干部开调查会，还在与农民群众一起参加劳动中了解乡苏工作和农民生活情况。	调查会，考察，蹲点。写出《长冈乡调查》
1933 年 11 月下旬	上杭县才溪乡	中央政府检查团，农民和乡村干部	召集农民和乡村干部参加各种类型的座谈会，还走访红军家属和贫苦农民，对乡苏维埃政权建设、扩大红军、经济建设、文化教育等问题进行了详细的考察和研究	调查会，走访，蹲点。写出《才溪乡调查》
1935 年 5 月	西昌县锅盖梁地区	彝族沽基家族	让先遣队了解彝族人民，执行党规定的民族政策，与彝族沽基家族首领结盟修好。	安排调查
1935 年 11 月 6 日	直罗镇以北地区和以南地区	党员干部，群众	派游击队两个连进驻直罗镇对黑水寺游击，并调查直罗镇以北地区和以南地区的道路、地形、人家及葫芦河能否徒涉等情况。	考察
1937 年 10 月 6 日			把保留下来的中央苏区的调查材料编在一起，写《农村调查》序言一，准备印《农村调查》一书。	
1941 年 3 月 17 日			延安出版《农村调查》，毛泽东为此书写了详细的"序言"(即"序言二")	

续表

调查时间	调查地点	参与人物	调查经过	调查方法及有关说明
1941 年 3 月 19 日			为《农村调查》一书写了"跋"	
1941 年 8 月 1 日			中共中央发出毛泽东起草的《关于调查研究的决定》。	
1941 年 8 月 6 日		谢觉哉、林伯渠	致信谢觉哉，了解陕甘宁边区的财政经济情况。致信林伯渠，询问边区财政经济情况，并索阅预算表及边区财政意见书、三年计划等。	写信询问
1941 年 8 月 12 日		萧军等	致信萧军，邀请早饭后一叙。畅谈有关文艺和文艺界方面的问题，并共进午餐。	交谈
1941 年 9 月 13 日	延安	妇女生活调查团	向中共中央妇委、西北局联合组成的妇女生活调查团作关于农村调查的讲话。	讲话
1941 年 1 月 12 日			出席中共中央书记处工作会议。会议同意张闻天赴绥德及晋西北考察研究计划。	
1943 年 10 月下旬	南泥湾	任弼时、彭德怀、三五九旅官兵	到南泥湾视察八路军第三五九旅屯垦和生产情况。在五六天时间里，深入部队驻地，了解战士们的生产和生活情况。	视察，访问
1944 年 7 月 3 日	延安杨家岭	出席陕甘宁边区合作社会议的全体代表	毛泽东到会并讲话，阐述了合作社的创办意义、主要业务、时局意义，会后接见合作社代表，了解陕甘宁边区合作社发展情况。	讲话，询问
1947 年 8 月	佳县谭家坪	群众	在陕北转战途中到达佳县谭家坪，在一位老乡家住了二十多天，向十多户群众作了调查研究。	蹲点，访问，座谈会

续表

调查时间	调查地点	参与人物	调查经过	调查方法及有关说明
1948 年 3 月 27 日—29 日	兴县蔡家崖	周恩来、任弼时、贺龙、李井泉，地方干部，群众代表	听取晋绥边区战争、土地改革、整党、工农业生产、工商业政策和支前工作等情况汇报，先后召开贫农团代表、土地工作团代表和地方干部代表等座谈会，详细调查农村各阶级比例、土地占有、土改工作团怎样发动群众等情况。	听汇报，座谈会
1948 年 4 月	岢岚县城、代县伯强村、河北阜平县西下关村、阜平县城南庄	丛一平、郝德清，党员干部，贫农代表	一路举行多次座谈会，了解土地改革、农业生产和人民生活情况，以及文化教育、整党等情况，总结新民主主义革命的经验。	听汇报，座谈会
1950 年 2 月 27 日	哈尔滨	周恩来	到哈尔滨的车辆厂视察。	视察
1952 年 10 月 25 日—11 月 1 日	乘专列视察天津、河北、山东、河南等地	杨尚昆、罗瑞卿、滕代远、黄敬等陪同，地方官员，群众	听取地方官员关于工农业生产、水利建设、黄河治理等情况汇报。察看黄河故道，查阅《河南通志》，了解黄河泛滥史。	观察，访问，视察，座谈会，谈话，收集文献资料
1953 年 2 月 15 日—26 日	乘专列视察河北、河南、湖北、江苏、江西、安徽、天津	罗瑞卿、杨尚昆、杨奇清、武竞天等陪同	听取各地工农业发展汇报，了解长江流域治理情况，总结各地发展经验。	观察，访问，视察，座谈会，谈话，收集文献资料
1954 年 4 月 23 日	天津		参观永利化学厂和造纸厂。	参观
1955 年 7 月 19 日	北京	三名河南籍战士	阅中央警卫团三名河南籍战士受毛泽东所派回乡探亲后写的调查材料，并作批语。	阅批调研报告

续表

调查 时间	调查 地点	参与 人物	调查经过	调查方法 及有关说明
1955 年 12 月 21 日—25 日	从北京到杭州	各地（市）委书记	分别与河北省、河南省、湖北省、湖南省、江西省的省市领导进行座谈，座谈内容为"农业十七条"。	座谈。 在调研的基础上写了《关于农业合作化问题》，组织编辑了《中国农村的社会主义高潮》一书，并且为该书写了序言和按语。
1956 年 2 月—4 月	北京	周恩来、刘少奇、陈云、邓小平、彭真、薄一波，各部委领导干部	自 2 月 14 日开始，在中南海颐年堂听取国务院三十五个部门的工作汇报，以及国家计委关于第二个五年计划的汇报，至 4 月 24 日结束，实际听汇报的时间为四十三天。	听汇报，座谈会。形成《论十大关系》的讲话。
1956 年 5 月 18 日	广州	七个省籍的十名警卫战士	从晚上到深夜，听取身边七个省籍的十名警卫战士回家乡所作农村调查的情况汇报。	听取调研汇报
1956 年 5 月 30 日	长沙	谭震林、罗瑞卿、杨尚昆、周小舟、菜农	在湘江船上听取中共长沙市委关于工业生产情况的汇报，下午一时半游湘江，上岸后访问了一户菜农。	听汇报，访问
1956 年 9 月 25 日	北京	参加中共八大的拉丁美洲十一个国家的共产党代表，朱德、邓小平、王稼祥	提出了"下马看花"和"走马看花"两种调查研究方法，特别强调"下马看花"的重要性；提出要亲自动手，调查一两个农村，做到心中有数。	讲话，总结调查经验。

续表

调查 时间	调查 地点	参与 人物	调查经过	调查方法 及有关说明
1957 年 7 月 8 日	上海	上海党政干部，机床厂干部和工人	视察上海机床厂，之后乘船游黄浦江，在船上听取上海市工作汇报。	视察，听汇报
1958 年 1 月 5 日	杭州		到杭州市爱国卫生模范单位小营巷视察卫生工作。先后走进巷内的六十一号、五十六号、四十二号居民大院，到居民家中了解卫生情况和生活情况，询问蚊蝇消灭了没有。随后，来到浙江省农科所，了解经该所改进的新式农具双轮双铧犁的功能和推广使用情况，听取他们的汇报，建议浙江省成立一个专门部门进行农具研究工作，还向所长借了一本关于土壤学的书。又到农科所的试验田，实地观看双轮双铧犁耕地的操作演示，并亲自扶犁耕地，实际感受双轮双铧犁的功能。	观察，访问，听汇报
1958 年 2 月 12 日—14 日	辽宁，吉林	地方党政干部，厂矿负责人，工人	参观东塔飞机发动机制造厂、沈阳一一二飞机制造厂总装配车间、沈阳地方国营小型开关厂，观看沈阳郊区一个农业社的打井情况、抚顺露天煤矿、抚顺制铝厂、长春第一汽车制造厂、长春电影制片厂。听取辽宁、吉林党政干部汇报，并谈话。	参观，听汇报，谈话

续表

调查时间	调查地点	参与人物	调查经过	调查方法及有关说明
1958 年 3 月—4 月	四川，重庆，湖北，湖南，广东	地方党政干部，厂矿负责人，工人，农民	参观成都市容，游览成都武侯祠、杜甫草堂。视察成都量具刃具厂，郫县红光农业合作社，隆昌气矿，三三工地，重庆钢铁公司，重庆建设机床厂，长江航运公司，长江天险，武汉市老通城餐馆，长沙驻军某连队，广州郊区棠下农业社。	巡视，参观，游览，听汇报，访问，座谈
1958 年 8 月	河北，河南，山东，天津	地方党政干部，大学、厂矿负责人，工人，农民	视察新乡县七里营人民公社，襄城县梁庄、薛元等农业社，长葛县"五四"农业社，商丘县道口乡中华农业社，山东省农业科学研究所，山东省历城县北园乡北园农业社，天津市东郊区四合庄乡新立村公社，天津大学、南开大学，北京丰台区红十月农业生产合作社、小屯农业生产合作社。	巡视，参观，听汇报，访问，座谈
1958 年 9 月	湖北，安徽，江苏，上海，浙江	地方党政干部，大学、厂矿负责人，工人，农民	视察武昌第一纱厂，武汉大学，武汉钢铁公司，武汉重型机械厂，黄石的武钢大冶铁矿，鄂城县临江公社棉花试验田，安庆钢铁厂，安庆第一中学，舒城县舒茶人民公社，安徽省博物馆，安徽钢铁厂，合肥钢铁厂，芜湖造船厂，马鞍山钢铁厂，上海钢铁一厂	巡视，参观，听汇报，访问，座谈

续表

调查时间	调查地点	参与人物	调查经过	调查方法及有关说明
1959 年 4 月 5 日	上海锦江饭店礼堂	参加中共八届七中全会同志	毛泽东在讲话中提出他想沿黄河、长江进行考察，说：从黄河口子上沿河而上，搞一班人做警卫，搞个地质学家，搞个生物学家，或者搞个文学家，搞这么三个，只准骑马，不准坐卡车，更不准坐火车、汽车，就是骑马。骑骑走走，走走骑骑，一起往昆仑山，然后到猪八戒的那个通天河，翻到长江上游，然后沿江而下，从金沙江到崇明岛为止。我有这个志向，我现在开支票，但是哪一年兑现不晓得。我很想学徐霞客。	作题为"工作方法"的讲话
1959 年 4 月 13 日	济南东郊公社大辛庄	地方党政干部	乘汽车到东郊公社大辛庄生产队看冬小麦生长情况。详细询问小麦地的深翻和下种量、施肥、浇水等情况，以及今后的管理措施。他叮嘱郑松：到小麦收获时，你们要亲自组织一批干部收割和验收，仔细称一称，看一亩地究竟能产多少斤。当看到一片麦田长得很密，说要合理密植，不可太稀，不可太密，要搞好通风透光，防止倒伏。	观察，访谈，听汇报
1959 年 4 月 14 日	武清县杨村豆张庄	地方党政干部	从天津回北京途中，在武清县杨村豆张庄下车，看火箭人民公社小麦生长情况。	观察
1959 年 6 月	武汉，长沙，湘潭，韶山，宁乡	地方党政干部，农民群众，乡亲	多次下车同群众交谈，了解基本核算单位、口粮、密植等问题。	观察，访谈，听汇报

调查 时间	调查 地点	参与 人物	调查经过	调查方法 及有关说明
1959 年 9 月 18 日—25 日	济南，郑州， 邯郸	地方党政 干部，工 人，农民	听取地方党政干部汇报。视察济南泺口黄河大堤。到山东省农业科学研究所，视察棉花试验田，看了大白菜、多穗高粱、红薯等农作物。冒雨视察东郊公社大辛庄大队的一片玉米丰产田和玉米、大豆间作田。在田间接见历城县三级干部会议的全体代表和东郊公社的干部、社员代表共七百多人。视察邯郸国棉二厂，随后到磁县成安镇（今成安县）视察棉田，接见植棉技术员和社员，了解棉花的品种、产量及棉田的灌溉等情况。视察成安镇粮棉厂，登上了棉花垛顶，看了轧花车间、清花车间、打包车间和种子库。	视察，谈话，座谈，访问
1959 年 10 月 23 日—29 日	天津，济南， 合肥，马鞍 山	地方党政 干部，工 人，农民	带大量书籍南下以备阅览。听取地方党政干部汇报。参观天津市街道工业展览，看了和平、南开等六个区的展室。又到天津市干部俱乐部参观包饺子、做花卷的机器。参观中共安徽省委的"试验田"——东风钢铁厂，看了炼钢车间和轧钢车间。下午，参观合肥市蜀山公社，了解农、林、牧、副、渔、工六业俱兴的情况和使用沼气的情况。参观马鞍山钢铁厂，看了破碎车间、电炉车间、转炉车间、耐火材料加工车间和炼焦厂。	视察，谈话，座谈，访问

续表

调查 时间	调查 地点	参与 人物	调查经过	调查方法 及有关说明
1960 年 3 月 11 日	长沙	地方党政干部，工人	视察长沙汽车电器厂的生产自动线和技术革新成果。视察后，参观湖南烈士陵园，并观看湘剧。	视察
1961 年 1 月	北京		1 月 13 日上午，在中南海怀仁堂主持中央工作会议全体会议，并讲话。毛泽东说：我希望同志们回去之后，要搞调查研究，把小事撇开，用一部分时间，带几个助手，去调查研究一两个生产队、一两个公社。在城市要彻底调查一两个工厂、一两个城市人民公社。请同志们回去后大兴调查研究之风，一切从实际出发，没有把握就不要下决心。 1 月 18 日下午，在中南海怀仁堂主持中共八届九中全会全体会议，并讲话。毛泽东说：近几年来我们也做了一些调查研究，但是比较少，对情况不甚了了，对刮"共产风"情况就不明。还说：我今天讲了这么多，拿调查研究作为一个题目。希望 1961 年成为一个调查年，大兴调查研究之风。调查要在实际中去调查，在实践中间才能认识客观事物。	会议讲话
1961 年 2 月 5 日	杭州汪庄	田家英	听取田家英关于浙江嘉兴县魏塘公社和合生产队调查情况的汇报。	听取调查汇报

续表

调查时间	调查地点	参与人物	调查经过	调查方法及有关说明
1961 年 2 月 19 日—23 日	广州小岛招待所	陈伯达、胡乔木、陶铸、田家英	2 月 19 日晚上，听取陈伯达汇报调查情况。2 月 21 日晚上，听取陈伯达、胡乔木汇报调查情况，陶铸参加。2 月 23 日晚上，听取田家英汇报调查情况。	听取调查汇报
1961 年 3 月 5 日	广州小岛招待所	参加中共中央政治局常委扩大会议同志	毛泽东说：我这次出来以后，沿途和河北、山东、江苏、上海、浙江的同志谈了一下，也和江西、湖南的同志谈了一下。他们所反映的问题和你们了解的情况差不多。他们普遍感到社、队大了，要求划小一点。我们搞了三个调查研究组，目前他们来这里起草一个农村人民公社各级的工作条例，初稿已经起草好了，准备让几个省来几个同志参加讨论修改。	会议讲话
1961 年 3 月 23 日	广州	参加中央工作会议全体会议同志	会议对《中共中央关于认真进行调查工作问题给各中央局，各省、市、区党委的一封信》进行讨论。毛泽东逐节介绍《关于调查工作》一文的主要内容，强调调查工作的重要性。他说：这篇文章中心点是要做好调查研究工作。文章第二节讲调查就是解决问题。	会议讲话
1961 年 3 月 24 日	广州		指示田家英农村调查工作延续到 5 月，去江苏搞二十几天，选三个点（田家英领导的农村调查组，后来没有去江苏，继续在浙江调查）	安排调查

续表

调查时间	调查地点	参与人物	调查经过	调查方法及有关说明
1961 年 4 月	武昌	地方党政干部	了解社、队规模，供给制，食堂，粮食，手工业、副业问题，还有商业问题，提出科学技术也要调查研究。	听汇报，谈话
1961 年 4 月 9 日	长沙	地方党政干部，胡乔木	了解湖南群众对"六十条"的反映及整风整社的情况。听取胡乔木汇报在湘潭韶山公社调查的情况。	听汇报
1961 年 4 月			派刘少奇带领调查组到湖南长沙、宁乡县农村，就公共食堂、供给制、粮食、房屋、山林、社员家庭副业、自留地、商业、集市贸易等问题，同基层干部和社员群众进行座谈，广泛听取意见	安排调查
1961 年 5 月	上海		阅胡乔木、邓小平、彭真、张平化、阎红彦、戚本禹、胡耀邦等的调研报告，并给予批示。	阅批调研报告，安排调查。纠正大兴调查研究之风中存在的问题。
1961 年 5 月			派周恩来带领工作组到河北邯郸农村蹲点调查，同社员群众和党团员谈话，开座谈会，在一个食堂搞试点，解决如何把食堂散好和如何安排好社员回家吃饭的问题。 派朱德到四川、陕西、河南进行调查，主要在四川的宜宾、自贡、内江了解工厂、气井和盐井的情况，并同农村社员进行座谈；同时又专门派一个小组到灌县进行手工业生产情况的调查。	安排调查研究

续表

调查时间	调查地点	参与人物	调查经过	调查方法及有关说明
1961 年 5 月			派邓小平、彭真率领五个调查组，在北京市的顺义、怀柔县进行调查。	安排调查研究
1961 年 6 月			派陈云去上海。陈云在上海市青浦县小蒸人民公社住了十五天，召开了十次座谈会，听公社党委汇报，向农民作调查，同他们交换意见，并且到农民家中亲自观看农民养猪、种自留地、住房和吃饭等生产、生活情况。	安排调查研究
1961 年 10 月 6 日	北京		阅胡耀邦报送的农村考察报告。	阅调查报告
1961 年 12 月 14 日—18 日	无锡、济南、天津	地方党政军干部	在专列上听取江苏、山东、河北省委负责人的汇报。	巡视，听汇报，座谈会
1962 年 2 月 25 日	杭州	田家英	要求他组织一个调查组，到湖南农村作调查，主要了解贯彻执行"六十条"的情况和问题。	谈话
1962 年 8 月 20 日	北京	参加中央工作会议中心小组会议同志	刘少奇提出要派工作小组到农村去加强领导，毛泽东认为中央、中央局、省、地、县五级组织二十到二十五万人下去，专门搞三类队和二类队。	会议讲话
1963 年 4 月 8 日	天津	地方党政干部	在专列上听取城市"五反"、农村"四清"的汇报。	听汇报会。当汇报到保定地委指定干部进行蹲点时，毛泽东认为蹲点调查研究是简便易行的，搞一两个点就清楚了。

续表

调查时间	调查地点	参与人物	调查经过	调查方法及有关说明
1963 年 10 月 11 日	邯郸	中共河北省委以及部分地委负责人	在专列上听取河北水灾情况汇报。毛泽东询问河北受灾面积，粮食安排，各专区没有受灾的是哪些县，群众情绪安定下来没有，抗灾当中可歌可泣的事例有没有新闻记者报道、剧团有没有演他们的戏等。	听汇报，谈话
1963 年 11 月 12 日	天津	中共河北省委负责人	在专列上毛泽东询问灾区群众身体、口粮、燃料、副业等情况。在谈到救灾物资分配问题时，毛泽东认为应该走群众路线，防止干部包办，不光救灾这样搞，别的也要这样搞。	听汇报，谈话
1964 年 2 月 6 日	北京	钱学森，李四光，竺可桢	在中南海菊香书屋谈话两小时，就农业、地质、核武器等问题进行广泛的交谈。	交谈
1964 年 3 月 28 日	邯郸	中共山西省委负责人、河北省委负责人等	听取农村社会主义教育情况汇报，当汇报到山西省已经搞了和正在搞"四清"的大队占百分之十三时，毛泽东认为不要太多太急；当汇报到去年 12 月份以来，全省普遍讲了"双十条"、公社"四清"进行大队试点时，毛泽东认为每一个步骤都要紧密结合生产；毛泽东还讲到官僚主义，说到干部不能什么事都由秘书代劳。	听汇报，谈话
1964 年 3 月 29 日	邯郸	林铁	听取河北救灾和农村社会主义教育问题的情况汇报。	听汇报，谈话

续表

调查时间	调查地点	参与人物	调查经过	调查方法及有关说明
1964 年 3 月 30 日、4 月 1 日	郑州	中共中央西北局、陕西省委、安徽省委、河南省委以及河南几个地委负责人	主要听取"四清"和"五反"情况汇报。谈到如何领导好新的生产高潮时，毛泽东认为一肚子吃饱，二觉睡好；当谈到社会主义教育运动怎么入手时，毛泽东认为各地情况不同，首先解决好人民内部问题，先解决好"四清"问题，再解决敌我问题。	听汇报，谈话
1965 年 3 月—6 月	武昌、长沙、井冈山、杭州、上海	地方党政军干部，工作人员，群众代表	听取湖南、湖北领导的汇报。重上井冈山，接见井冈山的革命老同志、党政负责人、工人、农民、宾馆服务人员、警卫、医务人员等，以及湖南来的护送上山的同志。同复旦大学教授刘大杰、周谷城谈话。听取河北新城县（今高碑店市）张八屯公社高镇大队蹲点搞社会主义教育运动情况的汇报。	巡视，听汇报，谈话
1966 年 10 月 24 日	北京	聂荣臻、钱学森	听取聂荣臻、钱学森等汇报核弹和导弹结合实验的准备情况。毛泽东说：要准备失败，失败了也不要紧，接受教训就是了。	听汇报，谈话
1966 年 11 月—12 月	北京	红卫兵	多次接见了北京和来自全国各地的红卫兵和革命师生。从 8 月 18 日以来的三个多月中，一共接见了 1100 多万人次。	接见，谈话
1967 年 5 月 20 日	北京	警卫战士	到中央警卫团一中队三个分队的宿舍，同警卫战士谈话，询问生活、生产、训练和工作等情况。	观察，访问

续表

调查 时间	调查 地点	参与 人物	调查经过	调查方法 及有关说明
1967 年 5 月	北京	邓小平、汪东兴	派汪东兴看望邓小平并转达毛泽东意见。在一天深夜，毛泽东派机要秘书徐业夫接邓小平到住处谈话。	谈话
1967 年 7 月—9 月			视察华北、中南、华东地区。	视察，谈话
1969 年 4 月 7日	北京	周富铭	毛泽东约见北京二七机车车辆厂负责人周富铭，了解该厂情况。	听汇报，谈话
1969 年 6 月 26 日	武汉	湖北省革委会和武汉军区的负责人	在专列上听取工作汇报，并询问蹲点的情况。	听汇报，谈话
1969 年 7 月 28 日	北京	陈长江	派警卫中队干部陈长江回家乡江苏海安县，调查农村中出现的合并生产队的现象。	安排调查
1971 年 8 月 15 日—9 月 12日	武昌、长沙、南昌、杭州、绍兴、上海	地方党政军干部	这是毛泽东一生最后一次外出巡视。在专列上同各地党政军干部谈话，主要讲路线问题，甩石头，掺沙子，挖墙脚。	巡视，谈话
1973 年 7 月 17 日	北京	周恩来、周培源、杨振宁	了解美国哥本哈根学派、日本物理学家坂田昌一的研究进展，以及了解国内加强基础理论研究的情况。	座谈，谈话

说明：此表主要依据《毛泽东年谱》制作。

附录 2：《寻乌调查》已有研究的知识
图谱与内容分析

引　言

　　毛泽东带领红四军于 1930 年 5 月打下寻乌县城，在寻乌做了"最大规模"的调查。一年后在宁都小布对搜集的大量材料进行精心整理，形成了著名的《寻乌调查》（本文一般使用"寻乌调查"，使用"《寻乌调查》"时特指寻乌调查的文本）。1982 年中共中央文献研究室在 1941 年延安出版的《农村调查》一书的基础上，编辑《毛泽东农村调查文集》，《寻乌调查》第一次公开发表。公开发表的《寻乌调查》共五章，70799 个字，从寻乌的政治区划、交通、商业、旧有的土地关系、土地斗争等方面全面深入地展现和分析了寻乌当时的经济社会情况。

　　自《寻乌调查》公开发表以来，国内学界对寻乌调查进行了大量研究。但研究的专著甚少。在国家图书馆"文津"检索中，只搜到一部专著《寻乌调查与马克思主义中国化的起步》（中央文献出版社 2006 年版），该专著实际上是关于《寻乌调查》研究的论文集。国内现有对寻乌调查的研究，大部分体现为论文，且大部分已为中国知网（cnki 数据库）所收录。在中国知网学术期刊中，以（主题＝寻乌调查 or 题名＝寻乌调查）进行检索（检索日期：2020 年 10 月 10 日），找到论文总数 159 篇，剔除 6 篇与本研究无关或重复的论文，合计有效论文 153 篇。本研究针对这 153 篇论文，运用知识图谱方法进行分析。但知识图谱只能了解已有研究的基本分布，故本研究精选出 57 篇代表性的学术文献，利用 Nvivo 对其进行内容分析。

　　2020 年 5 月是毛泽东寻乌调查 90 周年，本研究在 cnki 数据库的论文检索截至 2020 年 10 月 10 日，也就是说，相关的纪念文章大部分已经发表。在寻乌调查 90 年之际，回顾和梳理学界对寻乌调查的已有研究，对于进一步推动寻乌调查的相关研究，对于新形势下改进调查研究，对于学习毛泽东深入唯实的作风，都具有不可忽视的理论和现实意义。

一、关于《寻乌调查》已有研究的知识图谱

知识图谱（Knowledge Graph）是利用可视化的图表展示关于某项研究的发展历史、核心结构和基本分布的文献分析方法，它能为进一步研究提供扎实的、有价值的参考。国内尚未检索到针对寻乌调查已有研究而进行的知识图谱分析。本研究针对从 cnki 数据库搜集到的 153 篇论文，利用中国知网可视化分析以及运用 CiteSpace，分析关于寻乌调查已有研究的历史趋势和基本分布，并根据本人对这一领域的认识进行阐释。

（一）发表年度趋势

基于 cnki 数据库，对关于寻乌调查的已有研究的发文时间进行可视化分析，如图 1。从中可以看出，改革开放以来关于寻乌调查的研究可以分为三个阶段。

一是早期研究阶段（1978—1991 年），这一阶段平均每年的论文在 2 篇左右。1983 年有 3 篇，主要是 1982 年《毛泽东农村调查文集》出版后，有关的读后感及简要的内容分析。1991 年出现这一阶段的高峰，有 6 篇

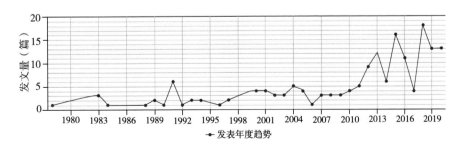

图 1 关于寻乌调查已有研究的发表年度趋势

论文，原因在于 1990 年是寻乌调查 60 周年，为纪念寻乌调查 60 周年而作的论文集中在 1991 年发表。

二是缓慢增长阶段（1992—2011 年），这一阶段平均每年的论文在 3 篇左右，其中的高峰是 2004 年，有 5 篇论文，原因在于 2003 年是毛泽东诞辰 110 周年，相关的纪念论文在 2004 年发表。

三是快速增长阶段（2012 年至今），这一阶段关于寻乌调查的论文大幅上扬且波动较大，年度论文的中位数达到 10 篇。究其原因，习近平 2011 年 11 月在中央党校作了《谈谈调查研究》的讲话，其中专门谈到寻乌调查，号召学习毛泽东"深入、唯实的作风"，此后党的群众路线教育实践活动等一系列教育活动大规模开展，寻乌调查作为群众路线和实事求是的光辉榜样受到学界和社会各界的高度关注。

从寻乌调查已有研究的三个阶段可以看出，正是实践中发展的需要以及重要年份的纪念，推动了寻乌调查的研究。

（二）关键词分布

在关于寻乌调查的已有研究中，关键词排前三的是"寻乌调查"、"毛泽东"、"《寻乌调查》"，这些词中心性都比较高，显示了已有研究主题比较集中。排前十的关键词还包括红四军、反对本本主义、寻乌县等词，显示已有研究涉及了这些主题。（见表 1）

对这些关键词进行审视，发现体现新时代特征的关键词缺乏，已有研究中关键词增加缓慢，且大都在传统研究范畴内，这说明关于寻乌调查的研究需要在内容和形式方面加大创新力度。

表 1　寻乌调查已有研究的主要关键词

频次	中心性	频次
寻乌调查	0.49	106
毛泽东	0.26	98
《寻乌调查》	0.37	31
红四军	0.07	19
反对本本主义	0.09	18

续表

频次	中心性	频次
寻乌县	0.12	14
富农问题	0.12	10
开调查会	0.07	9
中央苏区	0.07	8
调查研究	0.07	8

（三）发表期刊与学科分布

发表关于寻乌调查的论文最多的是《党史文苑》，有 7 篇；该刊曾用刊名《江西党史研究》，由中共江西省委党史研究室和江西省中共党史学会主办。其次是《苏区研究》，有 5 篇；该刊是江西省社会科学界联合会主管的期刊。这两本江西省的刊物，在学界的影响虽然不大，但关于寻乌调查的研究是比较严谨的，重视史料，对寻乌调查价值的分析也是比较深入的。

排在第三的是《中共党史研究》，这是党史研究领域的权威刊物，由中共中央党史和文献研究院主办；但在该刊发表的三篇关于寻乌调查的文章，只有 1 篇是专题研究的论文。排在第四的是《求实》，是由中共江西

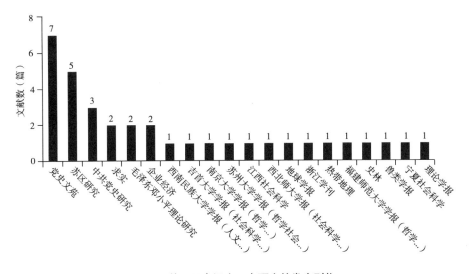

图 2　关于寻乌调查已有研究的发表刊物

省委党校主办的 CSSCI 来源期刊；该刊发表的 2 篇关于寻乌调查的论文，属于学习性和启示性论文。由此可见，在重要的刊物上还缺少关于寻乌调查的研究的高质量研究成果。（见图 2）

关于寻乌调查已有研究的学科背景（见图 3），绝大部分是马克思主义与中国共产党的研究，占到 70% 以上，这是研究寻乌调查的主力所在。参与寻乌调查研究的学科很多，特别是社会学及统计学、农业经济学科的研究数量不少，拓展了寻乌调查的研究领域和内涵。

（四）作者与机构

根据统计，中国知网论文数据中，研究寻乌调查最多的是罗平汉，有 7 篇论文；其次是温锐，有 4 篇论文；6 位作者有 3 篇，分别为陈晋、陈敏、周建新、陈涛、苗体君和储小华。通过对作者发表关于寻乌调查第一篇论文的时间分析，可以看出上个世纪八九十年代进行研究的作者较少，增加缓慢。而进入新世纪特别是 2012 年以后，对寻乌调查进行研究的学者密集增加，显示了寻乌调查越来越受到学界的重视。（见图 4）

研究寻乌调查的作者主要分布在中山大学、中共中央党校、中共江西寻乌县委和江西财经大学等单位。（见图 5）中山大学主要是人类学系和哲学系的教师从人类学和马克思主义中国化角度进行寻乌调查的研究。中共中央党校主要是罗平汉等人的研究。中共江西寻乌县委主要是党政领导

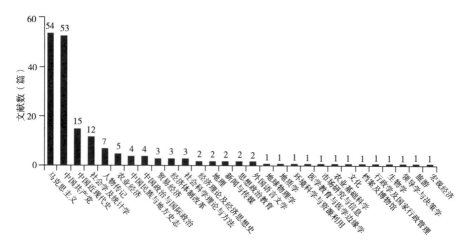

图 3 关于寻乌调查已有研究的学科背景

所写的宣传性和纪念性的文章。江西财经大学的研究者，主要是温锐及其合作者。由此可见，关于寻乌调查的作者分布，有江西省内的学者，也有省外重要学术机构的学者，但总体看，还没能形成团队优势，也没有设立专门研究机构。

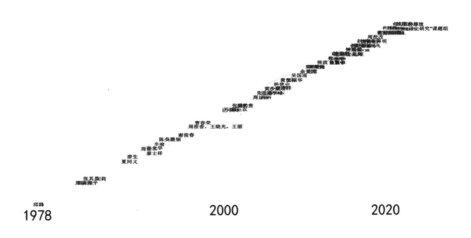

图 4　关于寻乌调查的研究者发文时区图

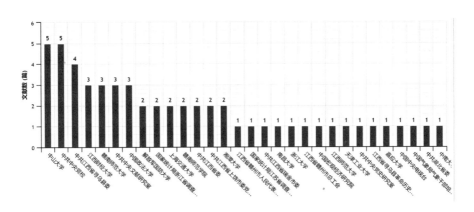

图 5　关于寻乌调查的研究作者的机构分布

二、关于《寻乌调查》已有研究的内容分析

在通读 153 篇关于寻乌调查的研究文献的基础上，根据文章的主要内容，参照作者与发表刊物，精选出 57 篇代表性的学术文献，利用 Nvivo11 进行内容分析。根据扎根理论，对这 57 篇文献进行阅读，并逐级分析编码。首先，对文章进行逐段阅读分析，将有价值的内容归纳为 172 个自由节点，对这些自由节点进一步概念类属化，得到如"直面问题"、"求真务实"、"深入群众"等 59 个三级节点，这 59 个节点大致相当于本书在内容分析时引用的已有研究成果的关键观点。其次，将 59 个三级节点进行进一步归纳整合得到"条件"、"动因"、"历史作用"等具有一定概括性的 17 个二级节点，关于寻乌调查已有研究的框架开始初步显现出来。最后，经过深入思考各项节点内容之间的关系，进行概括和整合，将寻乌调查已有研究成果归纳为 5 个一级节点，即"关于动因、条件与历史作用"、"关于方法论和具体方法"、"关于文本内容和版本"、"关于特征与特色"、"当代价值和启示"。这 5 个节点基本概括了改革开放以来关于寻乌调查的研究维度。一、二级节点编码结构如表 2，各节点的内容和基本观点如下。

表 2　关于寻乌调查的已有研究 Nvivo 分析节点

5 个一级节点	17 个二级节点
（一）关于动因、条件 与历史作用（15）	1. 动因（4） 2. 条件（4） 3. 历史作用（7）
（二）关于方法论和具体方法（9）	1. 方法论（4） 2. 具体方法（5）
（三）关于文本内容和版本（11）	1. 从制度角度（3） 2. 从社会角度（3） 3. 从经济角度（2） 4. 版本和译本（3）

续表

5 个一级节点	17 个二级节点
（四）关于特征与特色（10）	1. 总体特征（2） 2. 调查特征（3） 3. 文本特征（3） 4. 文风特色（2）
（五）当代价值和启示（14）	1. 对当代工作的启示（4） 2. 方法指导（3） 3. 学术价值（3） 4. 史料作用（4）

注：括号内为参考点，本处参考点的数量相当于三级节点数量。

（一）关于动因、条件与历史作用

1. 动因：直接目的，理论目的，斗争需要

关于毛泽东进行寻乌调查的直接目的，多数学者引用《寻乌调查》序言，认为是为了弄清富农问题和商业状况（金民卿，2015；俞银先，2020）①。

在一些学者看来，将马克思主义与中国实际相结合是毛泽东开展寻乌调查的理论目的，他迫切想找到一条属于中国自己的革命道路。石仲泉（2015）②认为，毛泽东站在江西、福建、广东三省交界处，期望中国共产党能依靠自身在农村所建立的坚实的基础，领导一场既可以推翻地主阶级又可以推翻帝国主义的革命。他同时期待着写出一篇具有理论指导意义的文章，文章的中心论点是通过深入细致的调查研究，理论与实践相结合，让马克思主义更好地指导中国的革命。

汤若杰、刘慧（2009）③认为，毛泽东没有出席在上海召开的共产党代表大会，决定继续留在江西南部，在那里他能够研究由当地积极分子领

---

① 金民卿：《寻乌调查在马克思主义中国化发展史上的重要地位》，《苏区研究》2015年第 3 期；俞银先：《用好传家宝练好基本功——纪念毛泽东同志寻乌调查 90 周年》，《党史文苑》2020 年第 6 期。

② 石仲泉：《毛泽东开辟中央苏区的四篇著作和〈寻乌调查〉的贡献》，《毛泽东研究》2015 年第 6 期。

③ 汤若杰、刘慧：《英译本〈寻乌调查〉"导言"》，《史林》2009 年第 2 期。

导并得到红四军帮助的革命事例。毛泽东觉得在收集案例和数据后,可以更为深入地了解像寻乌这类地方的政治经济状况和风土人情。

2. 条件:天时、地利、人和

罗平汉(2011)[①]、刘意(2012)[②]等人认为,毛泽东进行寻乌调查,同时把握了"天时、地利、人和"。"天时"主要是指在红军拿下寻乌、暂时休战的难得时机,毛泽东展开寻乌调查,这为他提供了充分的时间;"地利"主要是指介于江西、福建、广东三省之间的寻乌占据地理优势且极具代表意义;"人和"主要是指得到了中共寻乌县委书记古柏的帮助,调查会参会人员对寻乌的情况都有一定了解,是寻乌的"本地通",提高了调查会的针对性和有效性。

一些学者关注古柏在寻乌调查中的作用。汤若杰、刘慧(2009)[③]指出,在一位比毛泽东小13岁的24岁寻乌本地人古柏同志的帮助下,毛泽东找到了了解这一地区历史、人口、经济以及政治的钥匙。邵百鸣(2012)[④]具体描述了古柏在调查中所做的工作。他指出,在整个调查的20多天中,古柏夫妻和毛泽东同住在县城边马蹄岗的楼房里,古柏根据毛泽东提出的调查内容和要求,提供了调查对象,召集他们开会座谈,带着毛泽东走街串巷,上门访问,帮毛泽东做笔记、整理记录、刻蜡版、油印等,还兼当翻译,有时还提出自己的意见供毛泽东参考。

3. 历史作用:理论作用,方法意义,工作作用

学界对寻乌调查的历史作用阐述得比较充分,归纳起来,主要从理论作用、方法意义、工作作用三个方面,阐述寻乌调查在马克思主义中国化时代化、毛泽东调查研究理论发展和推动当时革命工作等方面的作用。

一些学者阐述了寻乌调查的理论作用。金民卿(2015)[⑤]认为,通过

---

① 罗平汉:《革命与利益——读毛泽东的〈寻乌调查〉与〈兴国调查〉》,《理论视野》2011年第6期。

② 刘意:《关于毛泽东〈寻乌调查〉的研究述评》,《成都大学学报》,2012年第3期。

③ 汤若杰、刘慧:《英译本〈寻乌调查〉"导言"》,《史林》2009年第2期。

④ 邵百鸣:《毛泽东的得力助手古柏》,《当代江西》2012年第5期。

⑤ 金民卿:《寻乌调查在马克思主义中国化发展史上的重要地位》,《苏区研究》2015年第3期。

寻乌调查，毛泽东在把马克思主义同中国具体实际相结合中，探索更加具有独立自主性，理论创新更加成熟。寻乌调查对实践中提出的重大现实用马克思主义的观点进行了分析，形成了许多重大的理论观点和政策成果。石仲泉（2015）①认为，《寻乌调查》与同时期的《反对本本主义》十分难能可贵，其中初步体现了实事求是、群众路线和独立自主等毛泽东思想活的灵魂。这是开辟中央苏区、探索中国革命道路的重大理论收获，也是毛泽东能领导中国革命走向胜利的成功之源。

关于方法意义，石仲泉（2005）②认为，《寻乌调查》是调查研究方法的系统运用，使中国共产党对调查研究的认识初步地具有了理论形态。在延安时期，这个理论形态又有丰富和发展。曾雷（2015）③认为，《寻乌调查》在中国共产党调查研究文献中有很高的地位，说它是典范也完全不为过，同时它也具备典型性，是毛泽东一生所进行的农村调查中的经典和丰碑，比较完整地体现了毛泽东调查研究的方法体系和实施路径。寻乌调查是当时中国国情的客观反映，是与中国实际紧密结合后对中国问题的解决提供的一个行之有效的蓝本。

从推动当时革命工作的角度，林雄辉（1991）④认为，抽肥补瘦原则是毛泽东在寻乌调查中提出的；在土地革命过程中中国共产党执行"抽肥补瘦"，是赣南闽西土地斗争得以顺利开展的重要保证；从宏观层面来看，它推动了全国土地运动的进行与展开，起到了不可估量的作用。黄伟、郑德荣（2012）⑤认为，《寻乌调查》是我党制定农村政策的牢靠依据；首先

---

①　石仲泉：《毛泽东开辟中央苏区的四篇著作和〈寻乌调查〉的贡献》，《毛泽东研究》2015 年第 6 期。

②　石仲泉：《中央苏区调查与毛泽东对马克思主义中国化的贡献》，《毛泽东邓小平理论研究》2005 年第 5 期。

③　曾雷：《寻乌调查：中国共产党调查研究的光辉典范》，《中国纪检监察报》2015 年 12 月 1 日。

④　林雄辉：《"抽肥补瘦"原则是毛泽东在寻乌调查中提出的——与范华同志商榷》，《党史研究与教学》1991 年第 3 期。

⑤　黄伟、郑德荣：《毛泽东〈寻乌调查〉与党的思想路线形成论析》，《高校理论战线》2012 年第 7 期。

为了达到检验土地革命路线的目的，以及为了更进一步了解土地斗争，制定了农村斗争战略；其次，在对土地关系进行研究后，剖析农村各阶级的政治思想，从而对阶级有了更准确的估量；最后，对于土地资源的分配、土地革命的推进以及土地法的修订等问题提出了详尽的方法。曾耀荣、江明明（2016）[①]认为，毛泽东在寻乌调查中所形成的对富农问题的认识，对中国革命产生了深刻的社会影响。在此后有关富农问题的决定也是受到了寻乌调查的直接影响。

（二）关于方法论和具体方法

关于寻乌调查方法的研究较少，已有的成果主要从方法论、具体方法等两个方面进行分析。

1. 方法论：马克思主义与西方社会科学

学者普遍认为，《寻乌调查》是毛泽东在马克思主义指导下，以阶级分析为工具，对中国一个区域进行深入解剖的实证调查（姚玉珍，2011；刘意，2012）[②]。

汤若杰、刘慧（2009）[③]分析了西方社会科学与马克思主义对寻乌调查的影响。他们认为，在寻乌调查中，毛泽东坚持马克思主义的分析方法，同时部分采用了西方社会科学的方法论。毛泽东认识到若只是片面地去应用马克思主义的分析方法会产生严重的负面影响，他反对一些革命家像一些所谓马克思主义专家那样充满"书呆子气"。所以毛泽东通过《寻乌调查》，告诉他的同志一定要将理论与实际相结合才能获得正确认识。

张珊珍、李凌晨（2015）[④]探讨了《寻乌调查》社会人类学方法和经济学方法的运用。他们认为《寻乌调查》将定性和定量研究相结合，开创了社会学"本土化"的先例。同时，《寻乌调查》是用经济分析法研究中

---

① 曾耀荣、江明明：《寻乌调查与毛泽东对富农问题的认识》，《苏区研究》2016年第1期。

② 姚玉珍：《毛泽东〈寻乌调查〉的现实启示》，《老区建设》2011年第14期；刘意：《关于毛泽东〈寻乌调查〉的研究述评》，《成都大学学报》2012年第3期。

③ 汤若杰、刘慧：《英译本〈寻乌调查〉"导言"》，《史林》2009年第2期。

④ 张珊珍、李凌晨：《解读毛泽东〈寻乌调查〉的社会学研究价值》，《苏区研究》2015年第3期。

国社会的典范。用经济方法观察和分析中国社会，是毛泽东一贯的思维方式，这不仅使他常常能够一步到位，找准一切社会生活的本质所在，而且帮助他强化了经济基础决定政治地位和政治态度这一基本观念。

2. 具体方法：搜集资料，分析资料，统计方法

关于搜集资料的方法。邱艳清、周建新（2009）[①] 认为，《寻乌调查》是在党的工作人员的协助下，重点找了 11 个人在寻乌马蹄岗开了十多天的调查会形成的，搜集资料所用到的方法主要是开调查会。调查会的主持人是毛泽东，他亲力亲为提出问题并对会议的内容亲手作了记录。彭机明（2003）[②] 在对毛泽东主持召开寻乌调查会时用到的调查提纲进行深入分析后，提出毛泽东开调查会拟订调查提纲的特点：既围绕重点，打好外围战，又打好攻坚战，给因为实际情况而会产生的种种变化留下了更改的余地。

关于分析资料的方法。朱潇潇（2014）[③] 认为毛泽东牢牢抓住一个核心要点——财富的分配。比如，从历史、政治、社会、经济的角度对地主和商业业主的财富状况进行了非常到位的分析。俞银先（2020）[④] 认为，寻乌调查主要采取解剖"麻雀"的分析方法，针对群众最关心的土地问题，毛泽东从土地关系、家庭收支、剥削状况、社会制度层层深入分析，得出了"旧的社会关系，就是吃人关系"等结论。

关于统计学方法的应用。王珍生（2014）[⑤] 认为，《寻乌调查》是中国统计学的源头，运用了多种统计原理和统计工具，呈现了大量的频次和比例分析，是一部将统计工作原则和调查工作理论集于一身的理论和实践相结合的著作。

---

① 邱艳清、周建新：《毛泽东农村调查研究的意义——以〈寻乌调查〉为讨论的中心》，《党史文苑》2009 年第 5 期。

② 彭机明：《从〈寻乌调查〉学习毛泽东的调查艺术》，《中共桂林市委党校学报》2003 年第 2 期。

③ 朱潇潇：《〈寻乌调查〉与毛泽东的群众路线思想》，毛泽东党建思想暨党的群众路线理论研讨会交流论文，2014 年 1 月 8 日。

④ 俞银先：《用好传家宝练好基本功——纪念毛泽东同志寻乌调查 90 周年》，《党史文苑》2020 年第 6 期。

⑤ 王珍生：《寻乌调查：中国统计思想活的灵魂》，《中国信息报》2014 年 6 月 25 日。

（三）关于文本内容和版本

关于《寻乌调查》的文本内容，学界主要从制度、社会、经济三个角度进行解读。关于《寻乌调查》的版本，迄今研究的成果很少，译本只有美国学者汤若杰英文翻译版《Report from Xunwu》。

1. 从制度角度的解读：公田、打会制度，山林制度

关于公田、打会制度的研究。郑有贵（2018）[①] 根据《寻乌调查》的文本，分析中国传统乡村凑份立公田、打会等制度在乡村发挥的支撑作用。他认为，《寻乌调查》第四章"公共地主"部分，充分揭示了祖宗公田如何在宗族治理和宗族文化中发挥支撑作用，神道公田如何在神道活动中发挥支撑作用，政治公田如何在乡村文化教育事业发展和基础设施建设方面发挥支撑作用，以及打会如何在民间融资中发挥支撑作用。

关于山林制度的研究。王福昌（2000）[②] 认为寻乌的山林制度至少能反映三省交界各县的情况，虽存在着很多局限和问题，但在当时的全国有一定的普适性，从今天的眼光看也有合理内涵。若是将当时山林制度中的精华部分加以持续利用，应有助于今日的生态保护。岳晓伟（2011）[③] 根据奥斯特罗姆所提出的"公共资源"理论，对寻乌当时山林制度进行了比较分析，指出了寻乌当年的山林制度的问题和值得借鉴的经验，并对当前山林管理制度进行了评述，阐述了未来山林制度改革的思路。

2. 从社会角度的解读：社会生产生活，民俗，宗教

关于社会生产生活的研究。温锐、蒯鹏（2016）[④] 解读《寻乌调查》及相关史料时提出，占寻乌农村总人口 70% 的贫农群体的生产生活状况可概括为：经济短缺——"禾头根下毛饭吃"；社区帮扶——维持低层次的生存；出路探索——"打工经商"闯新路等三个主要层面。《寻乌调查》

---

①　郑有贵：《从〈寻乌调查〉探析传统乡村凑份互助文化》，《党的文献》2018 年第 3 期。

②　王福昌：《〈寻乌调查〉记载的山林制度》，《古今农业》2000 年第 2 期。

③　岳晓伟：《〈寻乌调查〉山林制度与奥斯特罗姆"公共资源"理论探究》，《经济视角》2011 年第 3 期。

④　温锐、蒯鹏：《清末民初寻乌贫农生产生活状况再认识——基于毛泽东〈寻乌调查〉及相关史实的分析》，《党史研究与教学》2016 年第 5 期。

客观反映了"禾头根下毛饭吃"与当年经济短缺间的关系，尤其是在当时的情况下，广大的贫农是如何通过社区帮扶政策和外出务工经商来拓宽生存空间，生产生活如何能在低层次中实现常态化运转，并如何摆脱"依赖土地求生存"单一经济向多元经济的转型。寻乌调查是当时中国农村生产生活的百科全书。

从民俗角度的解读。杜谆（2017）① 对《寻乌调查》进行文本分析，发现毛泽东民俗思想承续了自晚清以来特别是新文化运动时期移风易俗的时代主题，构建了赣闽粤三省边区农村民俗资料的体系。毛泽东对民俗的关注并不是为了学术研究，而是出于改造社会的实践需要。以阶级斗争为理论指导，毛泽东在《寻乌调查》中论述了民俗对于划分阶级成分、把握阶级关系的重要作用。

从宗教角度的解读。包大为（2018）② 认为，《寻乌调查》对神道地主、同善社等的记述，留下了不可多得的民间信仰历史资料。通过《寻乌调查》，分析当时民间信仰运行的方式和存在的社会基础，可以为引导宗教与社会主义相适应提供历史参照，同时也可为马克思主义宗教研究提供新视角。

3. 从经济角度的解读：资本和土地，小农经济

李扬（2014）③ 依据《寻乌调查》中对寻乌商业的描述，抓住资本和土地这两个重点，在对旧寻乌的商品经济发展水平、资本来源情况和土地兼并状况展开分析的基础上，揭示了寻乌经济内生发展逻辑，展示了土地革命在寻乌爆发并得到民众拥护的经济根源。

温锐、邹雄飞、陈涛（2016）④ 认为，长期以来，传统中国农村的家庭小农户经济，被片面地理解为与商品经济不相融的"小农经济"或"自然经济"。然而，通过毛泽东的《寻乌调查》可以看出，在清末民初时期，

① 杜谆：《毛泽东民俗思想研究——以〈寻乌调查〉为中心的考察》，《毛泽东思想研究》2017 年第 2 期。

② 包大为：《〈寻乌调查〉中关于宗教的政治经济分析及其现实启示》，《攀登》2018年第 2 期。

③ 李扬：《旧寻乌经济的内在逻辑及对当代经济的启示》，《中外企业家》2014 年第 1 期。

④ 温锐、邹雄飞、陈涛：《传统中国农村的社区管理及其启示——以清末民初江西寻乌为例》，《南昌大学学报》2015 年第 3 期。

寻乌农村的家庭小农户与当时水平的商品市场已经融合在一起，不可分离。农民的身影在当时低水平的市场网络中随处可见，城乡交织的城镇与道路融合农业生产、多元兼业与打工经商，将农民日常生产生活带入了商品交换的平台。

4. 版本与译本：译本的得失，版本之"谜"

1990 年，美国西华盛顿大学历史系副教授汤若杰（RogerR.Thompson）翻译的《Report from Xunwu》，在斯坦福大学出版社出版发行，美国众多大学和科研机构收藏此译本，由此《寻乌调查》成为了众多海外学者研究中国 20 世纪 30 年代农村经济和社会革命的重要文献。2003 年汤若杰将《寻乌调查》译著再版的精装版赠送给了位于寻乌马蹄岗的毛泽东寻乌调查纪念馆。（陈其明，2013）[1]

陈学斌、余婷（2018）[2] 将汤若杰的英译本《Report from Xunwu》与毛泽东的《寻乌调查》原著进行对比分析，指出由于一些翻译的内在"不可译性"和译者对原语语言及文化的认知缺失，译本中存在着"文化失真"和误译现象。关于客家文化元素的英文表达，陈学斌、余婷提出了自己的看法并对译本提出了修改建议。

汤若杰（2009）[3] 认为，《寻乌调查》版本还需要进一步研究。根据汤若杰的研究，1937 年毛泽东曾计划在自己亲自选编的《农村调查》一书中刊载《寻乌调查》，但没找到《寻乌调查》原稿。1941 年出版的《农村调查》的"前言"开篇即提到《农村调查》原稿遗弃一事。新中国成立后，毛泽东曾对《寻乌调查》的部分章节修订完善，准备编入《毛泽东选集》。但是，令人不解的是，在《毛泽东选集》准备出版的前夕却对《寻乌调查》进行了删除。直到 70 年代末 80 年代初的某个时候，《寻乌调查》才从档案中被重新找了出来。《寻乌调查》失踪半个世纪迷雾重重，至今也未能有很好的解释，但是可以知道的是，我们所进行研究的对象绝不是虚无不

---

① 陈其明：《毛泽东寻乌调查纪实（下）》，《党史纵览》2013 年第 10 期。

② 陈学斌、余婷：《英译〈寻乌调查〉中的客家文化失真及误译》，《赣南师范大学学报》2018 年第 1 期。

③ 汤若杰、刘慧：《英译本〈寻乌调查〉"导言"》，《史林》2009 年第 2 期。

存在或者说是他人所伪造的文献。

（四）关于特征与特色

已有研究认为，《寻乌调查》总体上体现理论与实践相统一的特征，调查过程中体现直面问题、求真务实、深入群众的特征，文本上体现全面、客观而详尽的特征，以及生动活泼的文风特色。

1.总体特征：理论与实践的统一

石仲泉（2015）[①] 认为，《反对本本主义》与《寻乌调查》可称为"寻乌二著"，一个是理论著作，一个是实践作品。两篇著作形成的时间先后难以考证，但思想上一脉相通，《反对本本主义》可以视为《寻乌调查》的先导总纲，也可以认为《反对本本主义》是对寻乌调查实践的理论总结。《寻乌调查》与《反对本本主义》联系起来，开辟了中国共产党理论与实践相结合的光辉道路。

石仲泉（2015）[②] 进一步认为，《寻乌调查》诠释了"没有调查，没有发言权"的科学论断，将调查研究提高到思想路线高度，明确提出从马克思主义的神秘观念中走出来，在马克思主义指导下通过调查研究得出科学结论。寻乌调查所运用的方法和技术，展现的调查研究所需要的正确态度，表明毛泽东调查研究理论和方法已经在实践中形成了一套框架体系。

2.调查特征：直面问题，亲力亲为，深入群众

俞银先（2020）[③] 认为，寻乌调查的鲜明特色是直面问题，亲力亲为，不假手于人。在二十多天的调查与思考中，毛泽东从城区到乡下，从商铺到农田，他行走在群众中，亲眼看、亲耳听、亲手写。调查提纲是他亲自拟定，调查会也是由他亲自来主持，调查中的记录是由他亲手作，调研报告也是出自他之手，厚积才能薄发，在他的不懈努力下，最终呈现出一份

---

　①　石仲泉：《毛泽东开辟中央苏区的四篇著作和〈寻乌调查〉的贡献》，《毛泽东研究》2015 年第 6 期。

　②　石仲泉：《毛泽东开辟中央苏区的四篇著作和〈寻乌调查〉的贡献》，《毛泽东研究》2015 年第 6 期。

　③　俞银先：《用好传家宝练好基本功——纪念毛泽东同志寻乌调查 90 周年》，《党史文苑》2020 年第 6 期。

极具价值的《寻乌调查》。

高淑云、徐燕（2004）[①]认为，"求实"、"求深"、"求真"、"求新"是寻乌调查中的四个鲜明特点，体现着毛泽东对真理的执着追求。徐新玲（2014）认为，在寻乌调查中，毛泽东把脚踩在土地上，走到社会和群众中去，亲近百姓，亲身作为，了解底里。

3. 文本特征：全面、客观而详尽

金民卿（2015）[②]认为，在毛泽东所进行的调查研究中，寻乌调查规模最大、调查资料最详细、调查内容最丰富。《寻乌调查》是他众多调查报告中字数最多的一篇，是了解寻乌历史最全面的资料。寻乌调查对象全面，具有典型性。直接参加调研的人员共 11 人，既考虑到调查对象的广泛代表性，又考虑到他们能够真实全面地反映情况。

姚玉珍（2011）[③]认为，寻乌调查是毛泽东一生中有关农村调查方面的经典之作，是中国共产党调查研究历史上的一座丰碑。《寻乌调查》涵盖内容丰富之极，其中的思想认识深刻之极，是我们所不能想象的，它是调查研究中的"富矿"，也是一部寻乌的"百科全书"。

石仲泉（2015）[④]认为，《寻乌调查》的内容实在太丰富了，如此细致生动，特别酣畅淋漓，是一部不可多得的纪实作品；从另一方面来说，它的确也可以称得上是一面真实记录那个时代中国小城镇历史变迁的镜子。

4. 文风特色：生动活泼的马克思主义文风

彭机明（2003）[⑤]认为，寻乌调查将科学方法与艺术写法结合起来，

---

① 高淑云、徐燕：《学习和发扬毛泽东〈寻乌调查〉的思想作风》，《求实》2004 年第11 期。

② 金民卿：《寻乌调查在马克思主义中国化发展史上的重要地位》，《苏区研究》2015年第 3 期。

③ 姚玉珍：《毛泽东〈寻乌调查〉的现实启示》，《老区建设》2011 年第 14 期；刘意：《关于毛泽东〈寻乌调查〉的研究述评》，《成都大学学报》2012 年第 3 期。

④ 石仲泉：《毛泽东开辟中央苏区的四篇著作和〈寻乌调查〉的贡献》，《毛泽东研究》2015 年第 6 期。

⑤ 彭机明：《从〈寻乌调查〉学习毛泽东的调查艺术》，《中共桂林市委党校学报》2003 年第 2 期。

汇总整理调查材料去粗存精、去伪存真，写作讲究语言的生动性与具体性。重视对表达方法的运用，凸显其散文般简洁明快的韵味。

周批改、段扬（2017）[①]专门研究了《寻乌调查》的文风特征，认为鲜明体现了生动活泼的马克思主义文风。全文外表如行云流水酣畅自如，与此同时其内在结构却又充满了逻辑与条理，严密而细致。在细微准确的数据和实实在在的案例中，夹杂着群众口语、民间方言、地方俚语语言，通俗易懂，不失幽默有味。在文章的写作手法和表达方式上，对叙述、议论、说明与描写等方法的掌控十分娴熟，使得文章形象、生动而真实，使人印象深刻。

（五）关于当代价值和启示

1.对当代工作的启示：群众路线，乡村振兴，制度建设

朱潇潇（2014）[②]认为，《寻乌调查》带给我们最大的思考就是：群众路线的方针要与群众的需要密切相关，而不是制定者或者执行者的主观臆造；除此之外，群众路线发展的方向必须是出于群众愿意去往的方向，而不是任何其他人来代替群众作出选择。在新时代重新学习《寻乌调查》，有助于引导党员和干部树立正确的群众观点，立足于人民对美好生活的需要，努力解决群众的实际困难和直接利益问题。

温锐、邹雄飞、陈涛（2015）[③]认为，寻乌调查翔实而生动地记录了清末民初江西南部农村的生产生活，展现了农村管理的具体内容、经费来源、管理绩效与历史经验，是传统中国乡村管理中一个难能可贵的范本模板，为当前中国村民自治提供了一种可资借鉴的路径和方法。张杨、程恩富（2018）认为，通过对《寻乌调查》等的文献研究，有助于将马克思主义基本原理和乡村振兴战略相结合，从历史文化中发掘乡村振兴的文化资

---

① 周批改、段扬:《〈寻乌调查〉的文体研究》,《中国井冈山干部学院学报》2017 年第 4 期。

② 朱潇潇:《〈寻乌调查〉与毛泽东的群众路线思想》,毛泽东党建思想暨党的群众路线理论研讨会交流论文, 2014 年 1 月 8 日。

③ 温锐、邹雄飞、陈涛:《传统中国农村的社区管理及其启示——以清末民初江西寻乌为例》,《南昌大学学报》2015 年第 3 期。

源价值。

朱潇潇（2014）^①认为，借鉴《寻乌调查》的分析方法，以财富的分配为核心，对富人阶层或精英阶层进行细致的梳理和分析，尤其是对某些地方近来出现的财富阶层试图"迎合"或者"绑架"公权力，导致社会和权力运行与人民群众渐行渐远的现象进行仔细深入的调查研究，真正站到人民群众的立场上，务求从源头、从制度保障的角度真正做到"将权力关进制度的笼子"。

2. 方法指导：学习、坚持与发展

石仲泉（2005）^②认为，我们学习《寻乌调查》，重新分析这些材料，要聚焦于毛泽东进行调查时所主张的立场、观点和方法，不是要去死记那些具体材料及其结论。要知其然并知其所以然，深入了解他是如何对农村基层和社会底层的基本情况了解得如此透彻的，这是我们学习寻乌调查的意义所在。

石仲泉（2015）^③进一步指出，毛泽东的调查研究思想至今仍有重要指导意义。当今世界处于不断变化中，我们国家也在发生着巨大的改变。当代中国共产党人面临许多新的复杂情况，同样需要深入实际，像当年毛泽东那样去做调查研究。当然，调查研究的对象、范围、内容、方法、手段等等，都要更新迭代，与时偕行。

魏自豫（2014）^④读了《寻乌调查》后在方法方面提出了八点启示：一、调查要有目的；二、调查要有提纲；三、调查要透过现象看本质；四、调查要讲究语言生动；五、调查要利用行政记录；六、调查要解剖麻雀；七、调查要善于归纳；八、调查要讲究效率，力求全面系统。

---

① 朱潇潇：《〈寻乌调查〉与毛泽东的群众路线思想》，毛泽东党建思想暨党的群众路线理论研讨会交流论文，2014年1月8日。

② 石仲泉：《中央苏区调查与毛泽东对马克思主义中国化的贡献》，《毛泽东邓小平理论研究》2005年第5期。

③ 石仲泉：《毛泽东开辟中央苏区的四篇著作和〈寻乌调查〉的贡献》，《毛泽东研究》2015年第6期。

④ 魏自豫：《品读〈寻乌调查〉后的八点启示》，《中国信息报》2014年9月4日。

3. 学术价值 : 调查研究的典范，社会研究的经典

石仲泉（2015）① 认为，《寻乌调查》在马克思主义调查研究历史上，可媲美恩格斯的著作《英国工人阶级的状况》。这两篇著作是马克思主义著作中用调查研究形成的并蒂莲和双高峰。恩格斯的《英国工人阶级的状况》是对资本主义英国的工业、工厂和工人状况进行调查的经典之作，《寻乌调查》则是在 20 世纪对半封建半殖民地中国的农业、农村和农民问题进行调查研究的经典之作。

曹树基（2012）② 认为，就算是用现在的眼光来看待《寻乌调查》，它也极具水准，有很高的学术价值，是当时中国乡村调查的巅峰之作之一。正是因为《寻乌调查》的超然地位，几十年来，众多学者们对它的内容不断进行征引。

4. 史料作用 : 革命资料，方志与民俗文献

黎志辉（2019）③ 分析了《寻乌调查》的史料价值，认为 1930 年毛泽东在这里开展了未受农村或土地革命视野所局限的"寻乌调查"，而且当地留存了许多可以印证、补充乃至更正《寻乌调查》的其他史料。以《寻乌调查》对革命的观察和记叙为基本线索，辅以寻乌当地族谱、当事人记录等史料，可以概括中共在寻乌的革命缘起过程。

一些学者认为《寻乌调查》作为地方志修改订立的范本，起到了榜样作用。曹春荣（1997）④ 认为，《寻乌调查》堪称《寻乌县简志》，或者说是《寻乌县志资料汇编》，其中《寻乌城》一节又可以称为圩场志。《寻乌调查》具有重要方志学价值，为当今方志史料学、方志编纂学、方志目录学等提供了重要参考。迟宪平（2004）⑤ 认为，《寻乌调查》在搜集方志资

①　石仲泉：《毛泽东开辟中央苏区的四篇著作和〈寻乌调查〉的贡献》，《毛泽东研究》2015 年第 6 期。

②　曹树基：《中国东南地区的地权分化与阶级分化——毛泽东〈寻乌调查〉研究》，《南京大学学报》2012 年第 5 期。

③　黎志辉：《寻乌调查与中共革命的微观阐释——以对毛泽东〈寻乌调查〉的史料补充为基础》，《党史研究与教学》2019 年第 6 期。

④　曹春荣：《试析〈寻乌调查〉的方志学意义》，《赣南师范学院学报》1997 年第 5 期。

⑤　迟宪平：《从〈寻乌调查〉谈地方志编写》，《中国地方志》2004 年第 1 期。

料方面独具特色，即第一步进行调查采访，搜集当地的资料；第二步采用科学的方法进行分析，从详细记录的历史和现状资料中揭示出事物内在的规律性。

辛渝（1992）① 认为，《寻乌调查》中的民俗资料涉及寻乌生产生活的各个方面，如在方言、谚语、赌博、借债、伐木、采茶、收租、土地买卖、祠堂、婚姻等方面就有不少，是一部珍贵而又极具参考价值的民俗文献。

三、寻乌调查已有研究的总结与前瞻

从以上基于 cnki 数据库论文的知识图谱和内容分析来看，学界对寻乌调查的研究成果是丰富的，可以总结如下：一是成果众多，聚焦研究寻乌调查的论文有 153 篇，相关的研究成果更是数不胜数；二是研究者广泛，全国 52 家机构超过 100 位作者参与对寻乌调查的研究；三是拥有一些高质量的研究成果，对寻乌调查的意义价值和文本内容进行了较深入的探讨；四是研究内容比较全面，从关于动因与条件、版本与文本、方法与特征、历史意义与当代价值等多方面进行了分析。然而，关于寻乌调查的研究与寻乌调查的重大历史意义相比，还有较大的差距，在史料搜集的全面、理论分析的深度、研究的系统性等方面，都还有进一步提升和拓展的空间。

一是研究的薄弱环节需要加强。譬如，关于毛泽东寻乌调查的具体线路，虽然有一些研究进行了描述和论证，但总体尚不明确，也存在着不少争议。未来的研究，要通过文献研究和实地考证相结合的方式，明确毛泽东寻乌调查的时间、地点和具体线路。如果条件具备，最好能够结合毛泽东调查的过程及方法，绘制毛泽东寻乌调查的路线图。还譬如《寻乌调查》在海外的传播，至今还只有汤若杰的英译本及少量的介绍，而寻乌调查作

---

① 辛渝：《毛泽东〈寻乌调查〉中的民俗资料及其价值》，《西南民族学院学报》1992年第 6 期。

为 20 世纪二三十年代中国农村转型的"百科全书"，在世界学术史上应有其一席之地。

二是研究要更加扎实和深入。譬如，已有对寻乌调查的研究，引用的史料比较零散，有些似是而非显得不严谨，特别是一些珍贵的地方文献没有整理和挖掘出来。学界至今尚没有出版寻乌调查史料汇编等基础性的资料。笔者在前期的走访中，发现一些与寻乌调查的相关资料还散布在民间，有必要进一步搜集、考证和整理。还譬如，学界对寻乌调查的方法还停留在一般性的论述阶段，关于寻乌调查的具体方法是什么、方法体系的逻辑是什么，这些深层次的内涵需要进一步挖掘。

三是研究要立足实践需要进一步提升。譬如，关于寻乌调查的方法，在大数据时代还有没有价值？这一重要问题亟待回答。本人认为寻乌调查深入实地、解剖麻雀、直接面对面的调查方法，在大数据时代依然是认识中国社会的根本方法。但这个是涉及认识中国社会的根本方法论问题，需要结合当代认识方法的变迁，从各个学科加强研究。还譬如，关于寻乌调查的研究，大量的还是传统的理解式的分析，缺乏量化的研究，需要运用现代工具作定量与定性相结合的分析，使对寻乌调查的研究跟上时代发展的步伐。